U0030166

by

Wolfram Eilenberger

跟著維根斯坦、海德格、班雅明與卡西勒，
巡禮百花齊放的哲學黃金十年

魔法師的年代

沃弗朗・艾倫伯格——著　區立遠——譯

歷史帶給我們最好的一件事，就是它所喚起的熱情。

約翰．沃夫岡．馮．歌德（Johann Wolfgang von Goethe），《格言與思考》

目錄

I. 序幕——魔法師們

上帝來了【維根斯坦】

「沒關係，我知道你們永遠也不會懂的。」一九二九年六月十八日，這場在英國劍橋進行的口試，也許是哲學史上最奇特的博士學位考試，便以這樣一句話結束了。口試委員由柏特朗・羅素（Bertrand Russell）與喬治・愛德華・摩爾（George Edward Moore）組成；應試的是一位來自奧地利、四十歲的前億萬富豪，而且在過去十年裡，他以當小學老師維生。[1]他的名字叫路德維希・維根斯坦（Ludwig Wittgenstein）。維根斯坦在劍橋並非默默無名，恰好相反。從一九一一年到第一次世界大戰爆發之前的這幾年中，他在劍橋的羅素門下讀過哲學，而且因為他鋒芒畢露的天才與古怪的性情，讓他迅速在學生之間成為備受崇拜的人物。「上帝來了，我在五點十五分那班火車上碰到祂。」約翰・梅納德・凱因斯（John Maynard Keynes）在一九二九年一月十八日的一封信上如此寫道。這個日期正是維根斯坦重返英國的第一天，凱因斯——此時大概是全世界最知名的經濟學家——在火車上碰巧遇到了他。此外，維根斯坦的老友摩爾也在這班從倫敦開往劍橋的火車上。這說明了當時的人際圈相當緊密，氛圍有多麼適合產生各種傳聞。

但是我們也不用想像他們在火車小包廂裡的氣氛會有多熱烈，因為維根斯坦對**輕鬆閒聊**跟熱情擁抱沒什麼興趣。相反地，這位從維也納來的天才弄性尚氣，而且還會記恨很久。在他面前，你只要講錯一個字或者開一個政治玩笑，就會讓他厭惡多年，甚至斷絕關係。凱因斯跟摩爾就有好幾次批其逆鱗。然而：上帝回來了！他們還是對此感到非常高興。

因此，維根斯坦才到劍橋第二天，這個所謂的「劍橋使徒社」（Cambridge Apostel）就在凱因斯家裡舉行了聚會（劍橋使徒社是一個菁英色彩鮮明的非正式學生社團，尤其因為成員間混亂的同性戀關係而聲名狼籍），來歡迎這位回頭浪子。[2]在隆重的晚宴上，維根斯坦被晉升為榮譽社員（「天使」〔Angel〕）。對大多數人來說，上一次聚會已經是十五年前的事，在那之後發生了很多事。然而維根斯坦從外觀上來看，讓使徒們覺得幾乎毫無改變。不只因為他在這天晚上還是那套數年如一日的衣著穿搭：無領鈕扣衫、灰色法蘭絨褲以及有農家氣息的厚重皮靴；也因為這十幾年的時光彷彿在他身上沒有留下任何痕跡。所以乍看之下，他更像是許多同樣受邀前來的菁英大學生的其中一員——在這之前，這些學生對這位古怪奧地利人的認識，僅來自於他們教授的描述。當然他們也知道，他是《邏輯哲學論叢》（*Tractatus logico-philosophicus*）的作者；多年以來，這部傳奇性的哲學著作即使不是主宰一切，也深深影響了劍橋的哲學討論。在場沒有人敢說自己看得懂這本書，這更增添了《邏輯哲學論叢》的魅力。

維根斯坦於一九一八年在義大利當戰俘期間完成了這本書；當時他滿心以為自己「**基本上終極解決了**」一切思想的問題，所以自此決定把哲學丟到一邊。幾個月後，身為歐洲富可敵國的工業鉅子家族的繼承人，他把個人財產盡數過戶給兄弟姐妹。他當時在信上對羅素說，他接下來想以「誠實的勞動」為生（當時他罹患嚴重的憂鬱症，不斷有自殺的念頭）。具體地說，他要去鄉下當小學老師。

維根斯坦就在這樣的情況下回到了劍橋。他之所以回來，據稱是為了研讀哲學。然而這位天才此時已經四十歲，沒有任何學位，而且阮囊羞澀。他過去幾年所存下的那點積蓄，在英國幾個星期就用完了。摩爾小心地探問，他有錢的兄弟姐妹是否願意給他財務支援，維根斯坦卻用激烈的語氣拒絕他的關心：「請您接受我的書面聲明：我不只有富裕的親戚，而且如果我向他們請求，他們也會願意資助我。**但是我一毛錢也不會跟他們討的**。」[3]這是在他博士學位口試前夕的事。

該怎麼辦呢？在劍橋，沒有人懷疑維根斯坦不世出的天賦。每個人，包括大學中最有影響力的人物都想留住他、給他援助。然而，即使劍橋的氣氛就像個大家庭，但是根據規定，一個輟學生不可能獲得研究獎學金或甚至穩固的教職。於是他們不得不出此下策：讓維根斯坦提交他的《邏輯哲學論叢》作為博士論文。羅素曾在一九二一至一九二二年間促成該書的出版，並特地為他寫了一篇前言。他認為相較於自己在邏輯、數理與語言哲學上不無開創性的著作，他昔日學生的這部作品更為優秀。所以難怪羅素會在走進口試大廳時咒罵，「這輩子真沒遇過這麼荒謬的事。」[4]然而，考試就是考試，所以摩爾與羅素在友善地審查了作品幾分鐘之後，還是決定提出幾個重要的問題。就是關於維根斯坦充斥著晦澀格言與神祕單行詩的《邏輯哲學論叢》的核心謎題。這本嚴格依照一套精心設計的十進位數字系統編排的書，開頭第一句就是讓人印象深刻的謎題：

1　世界是實況（der Fall）的全部。❶

❶ 編按：以下引文中譯見：《邏輯哲學論叢》，陳榮波譯，輔仁大學哲學研究所哲學論集，第十二期，台北：輔仁出版社，一九七四。以下引文不再加註。

又譬如下面這幾句話，就連維根斯坦專家也感到困惑（而且至今仍然如此）：

6.432 世界中的事物狀況如何，完全與較高層次者無關。天主不在世界中展現自己。

6.44 奧祕不是世界中的事物狀況如何，而是世界的存有。

儘管有著這些謎團，但這本書基本的啟發還是很清楚。維根斯坦的《邏輯哲學論叢》屬於現代哲學裡一個悠久的傳統，如同史賓諾沙（Baruch de Spinoza）的《倫理學》（*Ethica, ordine geometrico demonstrata*）（於史賓諾沙死後的一六七七年出版）、休謨（David Hume）的《人類理解研究》（*An Enquiry Concerning Human Understanding*, 1748）以及康德（Immanuel Kant）的《純粹理性批判》（*Kritik der reinen Vernunft*, 1781）。這些作品都努力畫出一條界線，試圖區分在我們的語言當中，哪些語句本身有意義並因此可以為真，而哪些語句只不過是表面上有意義，並因其假象使我們的思維與文化被誤導。換句話說，《邏輯哲學論叢》探討的問題是，作為人類，哪些事情我們說起來能有意義，哪些則不能，並為這個語言的病症提出療法。因此這本書以下面這句斷言作為結束，並非偶然：

7 不能夠說的東西，我們應保持緘默。

而且就在一個小數點之前，在6.54，維根斯坦公開了他個人的治療方式：

6.54　我的命題（Sätze）在於向任何瞭解我的人闡述如下：當他以它們為階梯，爬過它們之後，畢竟認知它們為非意含的（unsinnig）。（他必須超越這些命題；然後他才能正視世界。換句話說，他爬過去之後，必須捨棄這階梯。）

在口試中，羅素就針對這點提出問題。這具體而言是怎麼回事呢？用一連串無意義的命題讓人正確地觀看世界嗎？維根斯坦在前言裡難道不是明確宣告，「**這裡所傳達的思想之真理**，」就他看來，「**是無法抗拒而明確的**」嗎？但是如果按照他自己的說法，這本書包含的全是沒有意義的命題，那麼前言所說的又怎麼可能呢？

這個問題並不是維根斯坦第一次被問到，特別是羅素早就問過他了。在多年來頻繁的書信來往中，這幾乎是兩人充滿緊張關係的友誼中的經典話題。所以，「看在老交情的份上。」羅素再度提出了他的好問題。

可惜的是，我們不知道維根斯坦具體的答辯為何。但我們相信，他應該就像平常一樣有點結巴，帶著熾熱的眼神，用一種極其獨特的語調——與其說因為他是外國人，其實更重要的是，因為他對人類語言所使用的語詞，能感受到一種特殊的重要性與音樂性。然後，在數分鐘結結巴巴的獨白之後，在反覆尋找那真正能解釋清楚的說法之後，他應該會再度覺得自己說夠了、解釋夠了，於是結束他的回答。要讓每個人理解所有事情，根本是不可能的。他在《邏輯哲學論叢》前言中也明確表示過了：「**也許，只有已經具備了本書內所表達之思想——或者至少是類似思想——的人，才**

能了解這本書。」

問題僅在於（而且維根斯坦也十分清楚）思考過這些事情的人屈指可數，甚或一個都沒有。他這位昔日備受尊崇的老師，《數學原理》（*Principia Mathematica*）的作者羅素，也一定不在其中；畢竟維根斯坦一直認為他的哲學程度不高。摩爾就更不用說了，儘管他是當時學界裡極其出色的思想家和邏輯學家，維根斯坦卻私下表示，摩爾「是個絕佳的例子，說明了一個毫無智力可言的人所能達到的成就也就是那樣」。

如果要先爬上那座荒謬的思想階梯，並且將其一腳踢開，才能正確地觀看世界，那麼他要如何對這些人解釋清楚呢？在柏拉圖的洞穴譬喻裡，那位智者在見到真正的日光之後，對於如何讓其他被困在洞穴裡的人理解他的真知灼見，不也束手無策嗎？

今天這樣就夠了。已經解釋夠了。於是維根斯坦站起身來，走到桌子的另一邊，親切地拍了拍摩爾與羅素的肩膀，說出了那句至今每個哲學博士生在口試前夕一定會夢到的話：「沒關係，我知道你們永遠也不會懂的。」

這齣戲就在這裡結束。但是摩爾還需要撰寫口試報告：「根據我的評估，維根斯坦先生提交的博士論文是一部天才的作品；無論如何，這本論文完全能滿足在劍橋大學取得哲學博士學位的要求。」[5]

不久後，研究補助就批准了。維根斯坦再度重返哲學界。

攻頂者【海德格】

同一時間，還有一個人也可以說是真正踏進了哲學界，那就是馬丁・海德格（Martin Heidegger）：這一年的三月十七日，他走進達佛斯（Davos）貝維德大酒店（Grand Hôtel & Belvédère）的宴會廳。確實，這位年已三十九歲、來自黑森林的思想家，從少年時代起就相信自己終將踏上這個偉大的哲學舞臺。所以他登場的一切表現，都不是不經意的表現。他的輕便西裝剪裁合身，跟其他受邀前來的重要人物的傳統燕尾服（Frack）截然不同；他的頭髮一絲不苟地向後梳齊，臉龐被山上太陽曬的像農夫一樣黑。他很晚才進到大廳，而且一進來，並沒有到前排為他保留的座位就座，而是毫不猶豫走到台下，跟同樣前來參加的大批學生與年輕學者坐在一起——這些全都不是偶然。乖順地服膺主流規範，完全不在他的考慮之內。因為對於像海德格這樣的人來說，在虛假中沒有真正的哲學可言。而在瑞士的豪華大酒店裡，在這種學者冠蓋雲集的場合上，他簡直無法不感覺到一切都是虛假的。

去年在「達佛斯大學課程」（Davoser Hochschulkurse）發表開幕演說的人是愛因斯坦（Albert Einstein）。今年海德格受邀擔任一位主講人。接下來的幾天中，他將發表三場演說，最後還要與恩斯特・卡西勒（Ernst Cassirer），這場會議中第二位重量級的哲學家，進行公開辯論。即使外在框架令他十分厭惡，但是這場會議所能帶來的聲望與認可，還是激起了海德格深切的渴望。[6]

不過在兩年之前，在一九二七年春天，他發表了《存有與時間》（*Sein und Zeit*），而且幾個月內就被公認為思想史的新里程碑。透過這部傑出的作品，這位來自巴登邦梅斯基希鎮的教會執事之子，不過是證明了他數年來被譽為德語哲學界的「地下國王」（用他當時的學生〔以及情人〕漢娜・鄂蘭〔Hannah Arendt〕的話來說）是其來有自。這本書是海德格於一九二六年，在巨大的時間壓力下寫出的，而且實際上只完成了一半。靠著《存有與時間》這部世紀鉅作，海德格滿足了學院的形式要求，得以離開令他厭倦的馬堡（Marburg），回到他的母校弗萊堡（Freiburg）。一九二八年，海德格在那裡接下了聲望顯赫的教授職，接替了他昔日的老師與提攜者，現象學者埃德蒙・胡賽爾（Edmund Husserl）的位置。

如果凱因斯在維根斯坦返回劍橋時，選擇用「上帝」這種超越者的語詞形容他；那麼鄂蘭使用「國王」一詞，則是指出一種權力意志，也就是對於同儕居高臨下的身段。任何人只要在海德格身上觀察幾秒鐘，他這種優越的姿態就會清楚顯露。不論走到哪裡或出席什麼場合，海德格從來不會僅僅是眾人中的一員。在達佛斯的大禮堂裡，他拒絕跟其他哲學教授一樣坐到貴賓席上，就強烈透露出這種訊息。與會者交頭接耳，低聲議論，都在講一件事：海德格來了。現在可以開始了。

從容不迫【卡西勒】

但是卡西勒不太可能跟著禮堂中其他人一起騷動。不要讓人看出來，要保持形象，尤其是不要失態；這是他一生的信條。他的哲學核心也是如此。在鎂光燈之下有什麼好害怕的？畢竟大型學術會議及其儀式和程序，對一位五十四歲的漢堡大學教授來說都再熟悉不過了。他獲得正教授的職位至今正好十年。在一九二九至一九三〇年的冬季學期，他甚至接下了漢堡大學校長之職——猶太人在德國大學史上很少當上校長；他是第四人。作為一個布雷斯勞（Breslau）的富商家族之子，瑞士豪華飯店的場所禮儀，他自孩提時起就習以為常。正如和他背景類似的圈子一樣，每年的夏季月分，他都會帶著妻子東妮（Toni）一起到瑞士的山上療養。尤其是在一九二九年，卡西勒正值聲望巔峰，也是他創作力最旺盛的時期。在過去的十年裡，他寫下了三卷的巨著《符號形式的哲學》（*Philosophie der symbolischen Formen*），其中最後一卷在達佛斯會議之前幾星期才出版。這部作品確立了卡西勒作為新康德學派（Neukantianismus）無可爭辯的頭號人物，而這套學說正是當時德國學院哲學的主流。

與海德格不同，卡西勒成為思想大師的過程一點也不引人側目。他的聲譽是在數十年的哲學史寫作和編輯工作裡逐漸建立起來的。無論是歌德（Goethe）全集還是康德作品集，他都主持過編纂；此外他在柏林當外聘講師（Privatdozent）的數年期間，曾寫過一部大部頭的近代哲學史。他在眾人面前最引人注目的，並非特殊的人格魅力或大膽激進的語言，而是令人讚嘆的博學，以及有時超乎常人的記憶能力；他在必要時可以把重要的哲學和文學經典句子倒背如流。卡西勒特別出名的是他四平八穩的性格，總是以和諧穩健為重。在達佛斯，他代表的（而且這點他很清楚）那種哲學形式和學院當權派的立場，恰好就是海德格（以及他麾下的門生、正在撰寫教職論文的年輕學者們；靠著慷慨的補助，這支突擊隊幾乎全數到齊）極力抨擊的對象。在開幕典禮的照片中，卡西勒坐在第二排左邊，旁邊是他的妻子東妮。他白髮蒼蒼，眼神專注地望著講桌。在他前排左邊的椅子是空的。椅子扶手上貼著一張寫著「保留座」的標籤。那是海德格的位子。

達佛斯神話【海德格與卡西勒】

後來的紀錄顯示，海德格故意違反達佛斯會議的場所禮節，確實造成了一些效果。這次會議讓東妮・卡西勒相當不知所措，使得她在回憶錄裡（一九四八年她在流亡紐約期間寫了《我與恩斯特・卡西勒的生活》〔*Mein Leben mit Ernst Cassirer*〕[7]）把會議年份整整記錯了兩年。她記得在會議上見到一位「身材矮小、完全不起眼的男人，有著黑色頭髮、突出且深色的雙眼」；作為出身於維也納上流社會的商人之女，她「立刻覺得他看起來像個工匠，可能來自奧地利南部或是巴伐利亞（Bayern）」。後來在晚宴時，她這個印象「很快就從他的口音得到了證實」。當時她就預感到這個人會為她先生惹麻煩。她在關於達佛斯的回憶最後寫道，「海德格有反猶主義的傾向；我們對此並不陌生」。

卡西勒與海德格在達佛斯的辯論，至今被視為思想史上的劃時代事件。用美國哲學家麥可・傅利曼（Michael Friedman）話來說，這場重大的辯論簡直是「二十世紀哲學的分水嶺」。[8]當時與會者都意識到自己見證了一個時代的交替。譬如海德格的學生奧圖・柏爾諾（Otto F. Bollnow）（他在一九三三年之後成了顯赫的納粹哲學家）就在日記中寫道：「我感到非常振奮，……見證了一個歷史的時刻，完全就像歌德在《法國戰役》（*Kampagne in Frankreich*）中描述過的那樣：『在此時此地，開啟了世界史的一個新時代』——就我們的情況，則是哲學史的一個新時代——而且你們可以宣稱，你們親眼見證。」[9]

確實如此。如果這場達佛斯會議沒有舉行，未來的思想史家一定得事後自己杜撰一個。在這個劃時代的事件中，即便是最小的細節也反映了整個一九二〇年代的各種強烈對比。來自柏林的猶太工業家後裔遇上來自巴登地區的天主教教會執事之子，漢薩市民沉穩的面容遇上直接且不加掩飾的鄉農性格；卡西勒是豪華大飯店，海德格是山上小木屋。在耀眼的高山陽光底下，他們滙聚一堂，而他們各自所代表的世界，則以不真實的方式一較高下。

達佛斯療養度假酒店這種夢幻且與世隔絕的氛圍，也是托馬斯・曼（Thomas Mann）一九二四年問世的小說《魔山》（*Der Zauberberg*）的靈感來源。因此，與會者甚至會有個印象，彷彿一九二九年的達佛斯辯論只是小說裡的辯論情節。托馬斯・曼在小說中為那個時代設定的意識型態模型——由小說人物洛多維科・塞騰布里尼（Lodovico Settembrini）與李奧・納夫塔（Leo Naphta）體現——也可以恰如其分作為卡西勒和海德格的寫照。

人的問題【問題背景】

主辦者為達佛斯會議選定的主題也是劃時代的：「人是什麼？」這個問題在康德哲學裡就已經

是核心的議題。康德的整套批判思想，就是從一個既簡單也不容反駁的觀察出發：人類是會問自己一些最終無法回答的問題的生物。這些問題尤其牽涉到上帝存在、人類自由的謎題與靈魂不朽。所以在康德的首要定義裡，人類是一種**形上學的生物**。

不過這又意味著什麼？對康德而言，正因為這些形上學的謎題沒有終極的解答，所以才為人類打開了一個可以力求完美的視域。這些謎題讓我們努力去經驗盡可能多的知識（認知）、盡可能自由與自律的行為（倫理）、盡可能證明自己值得一個最終有可能不死的靈魂（宗教）。在這個脈絡下，康德認為這些形上學問題具有一種**規範性**的或指引的功能。

直到二十世紀的一九二〇年代，康德哲學的這些規定一直對決定著德語區的哲學有著決定性的影響——甚至對所有當代哲學都有影響。這表示要做哲學，就要在這些問題的軌道上思考，尤其對卡西勒與海德格來說。這同樣適用於維根斯坦；前面我們提到，他試著用較為邏輯導向的辦法尋找一條界線，什麼事情是理性的人可以論說的，什麼事情又是他必須保持沉默的。不過維根斯坦在《邏輯哲學論叢》中提出的解決方式，顯然在某方面比康德更進一步，因為他明顯認為，連人類這種竟然會提出形上學問題（也就是進行哲學思索）的根本衝動，也可以用哲學解決。他在《邏輯哲學論叢》中寫道：

> 6.5 如果我們不能用語言說出一個答案，則我們就不能說出這個問題。
>
> 沒有這**謎底**存在。

如果我們能夠提出一個問題，那麼，我們也就**能**回答它。

6.51 ……因為只有在有問題存在的地方，才可以懷疑；只有在答案存在的地方，才可以問問題；只有在**可以用語言表達的地方**，才可以回答。

6.53 哲學中的正確方法陳述如下：除了可以說的東西（即自然科學的命題）——亦即與哲學毫無關係的東西——以外，什麼也沒說，然後，不管是什麼時候，如果有人想要說形而上的東西，我們就要向他指明，在他的命題中有一些記號未能給予指謂意義……

想要在邏輯與自然科學的精神引導下完全擺脫形上學的問題，是這個時代典型的期待。不只維根斯坦的作品如此，達佛斯會議的許多與會者，譬如當時三十八歲的外聘講師魯道夫・卡納普（Rudolf Carnap），也深受這種期待鼓舞；他當時所寫的書，像是《世界的邏輯結構》（*Der logische Aufbauder Welt*）以及《哲學中的假問題》（*Scheinprobleme in der Philosophe*）（兩本書都於一九二八年出版），都標舉了這個路線。一九三六年移民美國後，卡納普成了所謂「分析哲學」（analytische Philosophie）學派的領導人物，而該學派宗奉的就是維根斯坦。

沒有根基【問題背景】

然而不論達佛斯會議的與會者認同哪種哲學或宗奉什麼學派，不管他是觀念論、人文主義、生命哲學、現象學或者邏輯主義者，所有哲學家在一個關鍵點上的看法都相同：昔日康德建立其龐大的哲學體系時所依據的那個世界觀與科學基礎，已經敗壞不堪，或至少亟需修正。康德的《純粹理性批判》，特別是他對於時間與空間之直觀形式的理解，明顯是以十八世紀的物理學為基礎，然而牛頓的世界觀於一九〇五年被愛因斯坦的相對論革命推翻了。時間和空間既不能分開來獨立看待，在任何值得一提的意義下，它們都非先驗，也就是說並非先於經驗且既定的。舊時代認為人類本質不會隨時間演進而改變、是永恆預定的，但是達爾文（Darwin）的演化論早已一舉摧毀了這種舊日觀點的可信度。達爾文指出，既然在這個星球上所有物種的發展中，偶然性的因素比以前所認為的要大得多（這點也被尼采運用到文化領域上且影響深遠），人們也就很難再相信，歷史是朝著一個目標或甚至是在理性的引導下前進的。就連人類意識本身可以被澈底通透地觀察這一點——這是康德先驗研究法的起點——似乎最晚從佛洛伊德（Sigmund Freud）開始，就再也不是那麼理所當然。不過最重要的是，有數百萬無名士兵在第一次世界大戰中葬送了生命，這個恐怖事件讓所有啟蒙運動哲學的說法——人類以文化、科學和技術的手段實現文明的進步——喪失了一切可信度。在這十年間的種種政治、經濟危機背景下，對人類的探索比過去任何時候都更加迫切。只是昔日人們回答此問題所憑藉的基礎，已經澈底成了一個問號。

一九二八年意外過世的哲學家馬克斯・謝勒（Max Scheler），《人在宇宙中的地位》（*Die Stellung des Menschen im Kosmos*）（一九二八）一書的作者，曾在他最後一場演說中針對這種危機感做出如下形容：「在人類近一萬年的歷史中，我們首度來到了這樣一個時代，人類在其中首次澈底地成了一個問題；人類再也不知道自己是什麼，同時也明白自己不知道答案。」[10]

這就是卡西勒和海德格在達佛斯高峰辯論中面臨的問題場域。在之前的十年裡，兩人所寫的主要著作就是從這個問題場域裡激發出來的。然而他們沒有嘗試像康德那樣，直接就「人是什麼？」（Was ist der Mensch）這樣的問題給出直接且實質的答案，而是——兩人的思想原創性就在此處展現——把重點放在這個問題場域背後那個被默認的問題上。

人是這樣的存在，他必然要提出自己無法回答的問題。好的，這樣說沒有錯。但是在一個人在能夠為自己提出這類問題之前，究竟必須先存在哪些條件？這種問題本身的可能性條件為何？對問題本身的探問，這樣的能力是怎麼來的？來自怎樣的動力？答案在兩人的主要著作的書名中已經顯露出來了：卡西勒的是《符號形式的哲學》，海德格的則是《存有與時間》。

兩種想像【海德格與卡西勒】

根據卡西勒，人主要是一種使用符號、創造符號的存在，一種**符號的動物**（animal symbolicum）。換句話說，人是透過使用符號，賦予自己與自身世界意義、立足點以及方向的存在。人類最重要的符號系統，就是他自然的母語。然而此外還有許多其他的符號系統（用卡西勒的術語來說，**符號形式**〔symbolische Formen〕），譬如神話、藝術、數學或者音樂。這些符號活動，不論是語言的、圖像的、聽覺的或姿勢的符號，一般說來並非不證自明。正好相反，這些符號都需要其他人的詮釋才能達意。把符號輸入這個世界中，然後被其他人加以詮釋與改變，這整個持續不斷的過程就是人類文化的進程。唯有這種運用符號的能力才會讓人類得以提出形上學問題，甚或關於自身與世界的問題。康德的純粹理性批判，對卡西勒而言成了一個符號形式體系的計畫，讓我們藉此為自身與世界賦予意義。卡西勒的理論因此也就成了一種**文化批判**，範圍廣闊多樣，也有著無法避免的矛盾。

海德格也強調語言媒介對於人類「此在」（Dasein）的重要性。然而海德格認為，人類的形上學本質真正的基礎，並不是一套被普遍交流的符號系統，而是一種極為個體性的感受：憂懼（Angst）。更確切地說，那是當一個人充分意識到其自身存在的有限性時產生的恐懼。當他知道自身的有限性，知道人類主要是「**被拋**到這個世界上的**此在**」（geworfenes Dasein），那麼這種恐懼就會促使他去理解、去認知種種他相當個人的存在可能性。海德格把這個目標稱為**屬己性**（Eigentlichkeit）。此外，人類的存有方式（Seinsweise）還有個特性，就是不可再追問下去的時間指涉性（Verwiesenheit auf die Zeit）：一方面，每個人都是不經同意就被拋進一個獨特的歷史情境裡；另一方面，他知道自身存在的有限性。

所以，卡西勒所說的那個普遍使用符號的文化領域，根據海德格的詮釋，其實旨在讓人無暇理會自身的憂懼，尤其是忘記自己的有限性及其屬己性的目標。然而，依照海德格的說法，哲學真正的功能在於讓人類看到他憂懼的真實深淵，並由此在真正的意義下得到自由。

面臨選擇【海德格與卡西勒】

我們不難猜想，從康德的老問題「人是什麼」之中，依照卡西勒或海德格的答案，會得出兩個迥然不同甚或相反的文化理想和政治發展：前者承諾所有使用符號者都有平等的人性權利，後者則是以菁英的姿態勇於追求屬己性；前者希望人類在文明的過程中馴化最深層的恐懼，後者則要人勇敢面對恐懼；卡西勒承認文化形式的多元主義和多樣性，海德格則相信在過於多元的環境裡必然會喪失自我；卡西勒主張溫和的連續性，海德格則訴求大破大立的意志。

所以當卡西勒與海德格於一九二九年三月二十六日早上十點左右正式辯論時，他們各自都有資格宣稱自己的哲學體現整個世界的圖像。這場達佛斯辯論的重要性也就在於，兩個關於現代人類發展路徑截然不同的想像，要在此一決高下。這兩個想像所包含的充滿矛盾的吸引力，直到今天都從內在形塑且決定了我們的文化。

到了這場辯論進行之時——這時已是達佛斯會議的第十天❷——，在場的學生與年輕學者們早已做出他們的判斷。就像所有典型的世代衝突一樣，年輕的一代全都支持年輕的海德格。之所以會如此，或許還有個並非不重要的原因：在會議期間，卡西勒大多時候都因為發燒而躺在飯店房間裡（彷彿恰好用自己的身體證明了他市民階級的教育理想已經無可救藥地過時）；而海德格則是一有

❷ 譯註：會議期間為三月十七日到四月六日。

空閒就拿起滑雪器材，在格勞賓登（Graubünden）的阿爾卑斯山的黑標滑雪道❸上，與活躍的年輕學生們一起呼嘯而下。

班雅明在哪裡？【班雅明】

在這魔幻的一九二九年的春天，當卡西勒教授和海德格在達佛斯山上會面，以籌畫人類存在的未來的同時，自由記者兼作家華特・班雅明（Walter Benjamin）正在柏林這個大城市裡為完全不同的事情煩惱。班雅明剛剛被他的情人，拉脫維亞的劇場導演阿斯雅・拉齊斯（Asja Lacis），從位在杜塞道夫街（Düsseldorfer Straße）上新租不久的愛巢裡踢了出去，因此不得不——再一次——搬回只有幾公里遠的代爾布呂克街（Delbrückstraße）的父母家裡。屋裡等著他的，除了有瀕死臥床的母親，還有他的妻子朵拉（Dora）與十一歲的兒子史帝芬（Stefan）。這荒謬的狀況並不是什麼新鮮事，反而成了一種模式：班雅明會先被新戀情沖昏頭而離家，並因此浪擲金錢，但不久後又與情人關係破裂——他的家人在過去幾年裡對這樣的事已經司空見慣。不過這一次特別嚴重，因為班雅明正式告知妻子朵拉，他下了最大的決心要和她離婚，以便能和那位剛跟他分手的拉脫維亞情人在一起。

如果我們想像班雅明也來參加這場達佛斯的大學會談的話，一定會很有意思。我們可以設想，

❸ 譯註：滑雪道的難度標示，黑標的難度最高，斜度超過四十度。

他是以《法蘭克福日報》（*Frankfurter Zeitung*）或《文藝世界》（*Literarische Welt*）的特派記者身分與會；這些報紙是他時常發表書評的地方。我們能想像，他長期作為旁觀者，會坐在離大禮堂最遠的角落裡，抽出他黑色封皮的筆記本（「**做筆記不可鬆懈，就像民政局掌管外國人登記的名冊一樣**」），把鑲著大圓鏡片的鎳框眼鏡扶正，開始用蠅頭小字寫下最初的觀察。譬如說，地毯或椅墊是什麼花紋，然後簡短批評一下海德格的西裝剪裁，感嘆一下這個時代根本性的精神貧困，因為哲學家們爭相頌揚「**簡單生活**」（simple life）；譬如海德格特別使用一種「**鄉野的語言風格**」，遣詞用字偏愛「**最突出的仿古文風**」，以便「**自以為掌握了語言生命的源頭**」。也許他會隨即把目光投向沙龍裡那幾張沙發——不久後那位「**帶著精品皮件的先生**」（Etui-Mensch）卡西勒就會舒服地坐到沙發上——並且指出，這些布爾喬亞的傢俱代表著滿是灰塵和霉味的哲學；奉持這種哲學的人天真地以為，現代世界的多樣性還可以被約束在一個像緊身內衣般統一的體系裡。光從外表來說，班雅明看似海德格和卡西勒的完美混合體。他也很容易突然生病發燒，缺乏運動細胞到了可笑的程度；然而儘管他身材矮小，他散發出的氣質、魅力與得體的言談，卻讓人第一眼就留下深刻的印象。

事實上，這次達佛斯會議所探討的主題也是他撰述的核心：康德哲學在科技新時代的背景下的轉型、日常語言的形上學本質、學院派哲學的危機、現代意識和時代感受的內在撕裂狀態、城市生活日漸增加的商品化程度、在全面社會敗壞的時代中尋求救贖……除了班雅明，還有誰在過去數年間對這些主題發表過文章？為什麼沒有人派他採訪達佛斯會議？或者問得更心酸一點：為什麼沒有人請他前來擔任講者？

答案是從學院派哲學的立場來說，一九二九年的班雅明根本是名不見經傳的人物。雖然他一再嘗試謀求教職以開啟他的學院之路（在伯恩、海德堡、法蘭克福、科隆、哥廷根、漢堡與耶路撒冷），但卻一次又一次慘遭拒絕。原因除了環境不利、反猶偏見，他自己的猶豫不決更是主因。

一九一九年，當他在伯恩大學以博士論文《德國浪漫派的藝術批評概念》（*Begriff der Kunstkritik in der deutschen Romantik*）獲得最高成績畢業時，他的學院之路似乎仍十分寬廣。他的指導教授，德國文學學者理查・赫爾柏茲（Richard Herbertz），提供了他有薪職的講師合約，然而班雅明對此一直拿捏不定。此時他和父親鬧翻，以至於從所有方面來看，他都無法繼續留在物價高昂的瑞士。於是他決定以自由撰稿人為生。然而在接下來的十年裡，他仍一再嘗試向大學謀職，主要是他益發認知到，靠寫作來維持他的生活和無度的花費是非常困難的。在這段狂野的時間裡，班雅明的生活開銷實在太大了。不只因為他喜歡上餐廳、夜總會、賭場、妓院且無法自拔，也因為他酷愛蒐藏，譬如他會在歐洲各地物色古董童書，看上的目標幾乎都非買下不可。

在與父親的關係完全破裂之後，班雅明的生活就陷入長期的財務困難，雖然他為報社供稿的收入甚至並不差，因為一九二〇年代的德文報紙市場呈現爆炸性成長，因此副刊文章的需求也很大。所以每當班雅明手頭特別拮据時，又會開始考慮到大學謀職，畢竟學院的教職對這個年輕且時常旅行的家庭來說，不只是財務基本的保障，更解決了生存的問題：而這兩件事，正是這位有著嚴重的內心矛盾的思想家既渴望、同時也畏懼的事。

寧可失敗【班雅明】

班雅明對學院生涯的企圖心在一九二五年慘遭滑鐵盧。這個如今已成為傳奇的轉捩點，就是他在法蘭克福大學的教職資格申請遭到否決。在社會學家哥特福瑞德・薩洛蒙—德拉圖（Gottfried Salomon-Delatour）（班雅明在法蘭克福大學裡唯一的支持者，日後達佛斯大學論壇的主要籌辦者之一）的引介之下，班雅明提交了一本論文《德國哀悼劇的起源》（*Der Ursprung des deutschen Trauerspiels*）。乍看之下，這本論文試圖把巴洛克的哀悼劇傳統納入德國文學的正典之列。他這本書，特別拜該書的〈批判知識論的前言〉（Erkenntniskritische Vorrede）之賜，在今日普遍被認為是二十世紀的哲學與文學理論的里程碑。然而在當時，這份教職論文甚至連正式程序的門檻都達不到，因為校方聘請的評鑑者對於這本書的分量完全無法消受，在過目一次之後就極力勸說作者主動撤回申請，否則就算進到考試委員會裡也絕對不會通過。

然而即使此次遭到極大的屈辱，班雅明還是無法完全與大學之夢一刀兩斷。所以在一九二七至一九二八年的冬季學期，他仍然透過他的贊助者與友人，作家雨果・馮・霍夫曼斯塔（Hugo von Hofmannsthal）的引介，試圖加入以艾爾溫・潘諾夫斯基（Erwin Panofsky）與卡西勒為首的漢堡學者的圈子（即一般所稱的瓦爾堡學派〔Warburg-Schule〕），但這件事也以失敗告終。潘諾夫斯基的回應相當負面，使得班雅明甚至必須向幫他說話的霍夫曼斯塔道歉，因為把他牽連到這麼不愉快的事情裡來。可以確定的是，卡西勒對於班雅明想加入圈子之事也是知情的。這對班雅明而言特別痛苦，因為他於一九一二至一九一三年在柏林讀書時，曾熱切地聽過當時還是編制外講師的卡西勒的課。學者的圈子很小，有人支持才可能加入，而班雅明被普遍認為是個毫無希望的個案：路線太過獨立，風格太背離傳統，寫學院作品太像寫副刊，而理論又過於原創，到了無法解讀的程度。

事實上，達佛斯的宴會大廳恰巧成了對他進行過學術羞辱的名人堂（通訊記者班雅明如果在場，一定逃不過他的注意），最耀眼的一位就是班雅明深惡痛絕的海德格。一九一三到一九一四年間，兩人還曾在里克特（Heinrich Rickert）的研討課上一起做過讀書報告（里克特後來是海德格的博士論文指導教授）。班雅明密切注意著海德格成名的過程，而且非常嫉妒。一九二九年他又打算創辦一份刊物（暫定名稱為《危機與批判》〔*Krise und Kritik*〕）；根據他對新結識的好友兼預計的共同創辦人貝托爾特・布萊希特（Berthold Brecht）所述，這份刊物的核心任務就是要「粉碎海德格」。不過這個計畫同樣無疾而終，是他又一次的嘗試，又一次早夭的計畫。

班雅明才三十七歲就做過不下十次這種事。在之前的十年裡，他作為一名自由創作的哲學家、新聞工作者以及評論家，最顯著的身分就是層出不窮的宏大計畫的失敗者。不論是創辦刊物或出版社、學術資格論文或者龐大的翻譯計畫（翻譯普魯斯特與波特萊爾〔Charles Baudelaire〕全集）、犯罪小說系列或者充滿雄心的劇場作品，通常他都氣勢恢宏地完成宣告與綱要，卻只有極少數計畫能進展到草稿或有部分的片段。畢竟他同時得賺取生活費，來源主要是雜文、專欄與書評等日常稿約。至一九二九年二月為止，他在全國性報紙上發表了數百篇這樣的文章，主題範圍從猶太教的數字神祕學、〈列寧的書信技巧〉（Lenin als Briefschreiber）甚至到兒童玩具。在關於糧食的計量或針線鈕扣的報導之後，他能接著長篇大論地談超現實主義或羅亞爾（Loire）河谷的城堡。

這又有何不可呢？能寫的人，就什麼題目都能寫。尤其是如果作者的切入方式主要是把所處理的對象視為某種「單子❹」（Monade），意思是從對此對象的存在之探究，可以映照出現在、過去與未來的世界整體的狀態。這也是班雅明特有的方法與魔力所在。他的世界觀是極度符號式的：每個人、每件藝術作品、每個再日常不過的物件，在他眼裡都是個等待解謎的符號。而且每個符號都與其他所有符號處在一種高度動態的連結中。所以對班雅明來說，要對這樣的符號進行朝向真理的詮釋，就只能指出，每個符號都與那巨大的、本身持續變動的符號整體連繫在一起，並在思想上將此事進行展示：這就是哲學。

我的人生需要一個目標嗎？【班雅明】

所以班雅明看似荒謬、雜亂無章地選擇題材，實際上是奉行一種特有的認知方法。而且他越來越越著重這種論述方式，因為他越來越確信，往往在最怪異的（並因此通常被忽略的）各式表達、物件或人物身上，才會浮現出社會整體最真實的印記。班雅明許多至今為人傳頌的**思想圖像**（Denkbilder），譬如我們在《單行道》（*Einbahnstraße*）（一九二八）或《柏林童年》（*Berliner Kindheit um Neunzehnhundert*）裡所見的那些，不僅鮮明地受到浪蕩子波特萊爾的詩作影響，同樣

❹譯註：萊布尼茲（Gottfried Wilhelm Leibniz）的哲學術語，指自我完整、不可繼續分割的原初單位。

也顯示出對杜斯妥也夫斯基（Dostojewski）小說中邊緣人的喜愛，或者對普魯斯特奮力追尋往事的偏好。對於暫時性的、迷宮一般的事物，以及對於猶太教神祕哲學的祕義詮釋技法，這些思想圖像都展現了對於浪漫主義的偏愛。而這一切還會視情況配上馬克思主義的唯物論，或費希特（Fichte）和謝林（Schelling）自然哲學的觀念論等背景音樂。班雅明的文字驗證了一種新的認知模式；而其誕生的背景，則是當時一種典型的意識型態迷路的氛圍。所以他的自傳作品《柏林童年》（於他死後出版）開頭幾行，讀起來就像在對他的工作方式進行遊戲式的介紹：

對一座城市不熟，說明不了什麼。但在一座城市中迷失方向，就像在森林中迷失那樣，就需要學習。在此，街巷名稱對迷失者來說聽上去必須像林中乾枯嫩枝發出的響聲那樣清脆，而城市深處的小巷道必須像峽谷那樣清楚地映現每天的時辰。這樣的藝術我很晚才學會；它實現了我的夢想，這個夢想最初的印跡是在我在練習簿吸墨紙上的迷宮……❺11

尤其是在這種長期無法完成、主題極度多樣以及充滿現實矛盾的書寫中，班雅明才能找到那條能讓人真正認識世界與自己的唯一道路。套用他《德國哀悼劇的起源》的〈認識批判論的前言〉裡相當盤根錯節的措辭來說：進行哲學思考的人的最首要任務，從來都是「要從偏僻的邊緣裡、從看似過度的發展裡，讓理念的形貌浮現出來；也就是說，正是由於這類矛盾可以有意義地並置，才讓

❺ 編按：引文中譯見：《柏林童年》，王涌譯，二〇一二，麥田，頁三十七。

整體的形貌得以被標誌出來」。然而，班雅明認為，這種對理念的描述「無論如何，都不算大功告成，除非我踏遍它整個可能的外圍」。[12]

所以非常明顯地，這遠遠不只是什麼任意的知識論，它也是人類存在的藍圖（Existenzentwurf），把康德原先的問題「人是什麼？」直接改換成「我該如何生活？」。因為對班雅明來說，用於描述理念的哲學技藝，同樣可以作為生活藝術來運用。一個自由的、渴望知識的人必須全心全意地「**探索偏僻的邊緣**」，而且不能將自己的存在「**視為已經成功**」，除非他已經跨出一切可能的邊緣之外，或者至少已經碰觸過邊界。

因此班雅明的知識之路就跟他的存在藍圖一樣，也構成一個外圍，和其他人形成一種當時典型的緊張關係。而這種緊張關係，在一九二〇年代裡，同樣促成並且增益了維根斯坦、卡西勒和海德格等人的思想。班雅明並不想以邏輯方式解釋世界結構，而是著重於探究充滿矛盾的同時性。如果說，卡西勒以一套符合科學的符號概念為基礎，想要為人聲混雜的系統建立統一性；那麼班雅明就是要邁向一種充滿對立、永恆動態的認知狀態。他不採取海德格憂懼死亡的立場，而是把歡慶的陶醉和狂歡的片刻視為真實感受的契機。而且他把這一切建立在充滿宗教意味的歷史哲學之上；這個歷史哲學對救贖的可能性保持開放態度，然而並不能如庸俗的馬克思主義那樣特意創造（或甚至只是預言）這個救贖的片刻。

一人共和國【班雅明】

在這種於行為與思想間力求一致的努力中，班雅明在一九二〇年代來回奔波於巴黎、柏林與莫斯科這條軸線上，無論在精神或身體方面都持續相當抑鬱，他預料自己將澈底崩潰。他一面沉迷於自我毀滅——召妓、賭博以及嗑藥——，也常在幾個月或甚至短短幾天的陷溺後，又進入生產力旺盛與靈感爆發的階段。就跟威瑪共和一樣，班雅明對均衡的中道沒有興趣。對他來說，所謂的真實與人的自我，一直都只能在人的存在與思維充滿張力的邊緣地帶裡找到。

在這個意義之下，一九二九年的春天就是班雅明過去十年的人生所形成的代表性局面。[13]就像一直以來那樣，他的選擇總是有點太多了：他覺得自己至少夾在兩個女人之間（朵拉與阿斯雅）、兩座城市之間（柏林與莫斯科）、兩個生涯之間（新聞工作者與哲學家）、兩位最好的朋友之間（猶太教學者哥舒姆・舒勒姆〔Gershom Scholem〕與共產主義者貝爾托德・布萊希特）、兩個重大計畫（創辦雜誌與開始撰寫一本新的主要著作，即後來的《拱廊街計畫》〔*Passagen-Werk*〕）與其他各式各樣收了錢卻還沒完成的稿約之間，他全都難以抉擇。如果要找出一位知識份子的生涯處境，最能反應出所處時代的各種緊張狀態，那一定非一九二九年春天的班雅明莫屬。他一個人就是整個威瑪時代，所以這當然不會有好結果，事實也顯示如此。畢竟我們談論的這個人，據他自己透露，就連「煮一杯茶」的能力也沒有（這件事他自然怪罪於他的母親）。

至於班雅明決定詆毀、背棄那位他至此為止唯一可以信賴的人，則標誌了他人生歷程的轉捩點。而那位被他傷害的女性看得比這位哲學家本人要清楚得多。一九二九年五月，朵拉・班雅明在一封寫給兩人共同的熟友舒勒姆（改名前叫傑哈德〔Gerhard〕）的信裡說：

親愛的傑哈德：我跟華特的關係非常糟，我無法再向你描述更多，因為這件事太讓我傷心了。他現在對阿斯雅言聽計從，還做了一些筆墨無法形容的事情，我這輩子已經無法再跟他說任何一句話。他現在只剩下腦袋跟性欲（Kopf und Geschlecht），而且你知道，或者你猜得出來，在這樣的情況下，他的腦袋要不了多久就會落居下風……先前的離婚交涉之所以失敗，是因為他既不願意從繼承的財產中（十二萬馬克，他媽媽已經重病了）把跟我借的錢還給我，也不願意為史帝芬負擔一點費用，現在還要告我欠他錢……我把所有的書都給了他，但他過沒幾天又來索討童年的藏書；這個冬天他在我這裡住了幾個月也都沒付錢……在我們為彼此奉獻所有自由八年之後……他來告我；現在他突然又看得上眼這被他鄙視的德國法律了。[14]

朵拉非常了解他。不過五個月之後，幾乎就在紐約華爾街「黑色星期五」股市崩盤的同一時間，在一九二九年深秋時，班雅明的精神崩潰了。他無法閱讀、無法言語，更不可能寫字，於是住進了一間療養院。隨著股市大崩盤，人類跨入一個新的時代，而這個新時代之黑暗而危機四伏，就連班雅明也難以想像。

II. 跳躍——一九一九年

博士班雅明逃離了他的父親，少尉維根斯坦進行了財務自殺，編制外講師海德格放棄了他的信仰，卡西勒先生在電車上捕捉了他的頓悟。

怎麼辦？【班雅明】

「如果一方面我們知道某個人性格的所有細節，即他面對事情的反應方式；另一方面我們也知道那個人所在區域發生的一切事情，那麼我們就能準確說出那個人的遭遇以及他會做的事情。」[1] 這個說法成立嗎？一個人的生命旅程真的能以這樣的方式決定、判定和預定嗎？所以自己的人生遭遇也可以事先確定嗎？一個人還有多少自由空間可以打造自己的人生？一九一九年九月，二十七歲的班雅明懷著這樣的問題，著手撰寫《命運與性格》（*Schicksal und Charakter*）。正如文章開頭第一句話顯示的，他極力想在這個時代猜出未來的模樣，而這正是歐洲整個年輕世代的知識份子所共有的，因為他們在大戰結束後，面臨了一個重大的考驗：他們必須重新檢視自身的文化與存在。而寫作就是他們釐清自我的手段。

然而在戰後第一個夏季，班雅明也出於個人因素而處在一個轉折的處境裡。此時他已大致跨入了成年的生活。他於一九一七年結了婚，一九一八年有了小孩，而且在一九一九年六月底完成了哲學博士的學位。至於在第一次世界大戰方面，他倒是免於無情戰火的波及。他逃過了一九一五年的第一次徵兵令，因為在體檢前夕，他和好友舒勒姆徹夜不睡，還喝了大量的咖啡，結果第二天早上體檢時脈搏異常，體位被判定不合格。這是當時逃避兵役常見的技倆。一九一六年班雅明又躲過了一次，這次更是費盡心思。他請未婚妻朵拉對他催眠了好幾個星期，讓他深信自己罹患嚴重的坐骨神經痛。結果極為成功：軍醫判定他的症狀無可疑之處。即便最後仍無法免除兵役，但至少軍方批准班雅明到瑞士一間醫院進一步檢查。一旦到了瑞士，只要繼續待在那裡，就沒有被強制入伍的危險。所以一九一七年秋天，朵拉與華特決定留下來。

避難所【班雅明】

他們先在蘇黎世暫住，在戰爭期間，德國甚至於整個歐洲的年輕知識份子都匯聚此地。譬如一九一六年，雨果・巴爾（Hugo Ball）和特里斯坦・查拉（Tristan Tzara）就在這裡宣揚達達主義（Dadaismus）；當時在「伏爾泰酒館」（Cabaret Voltaire）幾步之遙處，就住著一位名叫佛拉迪米爾・伊里奇・烏里揚諾夫（Wladimir Iljitsch Uljanow）的男子，正以列寧（Lenin）的假名策劃著俄國革命。然而這對年輕的新婚夫婦並沒有和這些圈子往來，而是在兩人的共同好友舒勒姆的陪伴下，很快又前往位於瑞士中部的伯恩（Bern）；華特就在伯恩大學哲學系註冊，以攻讀博士學位。

伯恩是一座至今以步調緩慢聞名的城市；這兩位——更確切來說是三位——柏林的流亡者住這裡時，大抵上孤立於當地的文化生活之外。班雅明和舒勒姆相當鄙視大學課堂的水準。因為覺得學校要求過低，他們不只杜撰了一個名為「慕里」（Muri）的幻想大學，還編造了一些荒謬的課程如「復活節彩蛋——論其優點與危險」（神學系）、「侮辱的理論與實踐」（法律系）或「自由落體理論及課後練習」（哲學系）。[2]他們也利用在伯恩的這段時間，進行兩人私下的閱讀與研究，譬如整晚逐句討論新康德主義者柯亨（Hermann Cohen）的著作。[3]

這樣的生活有著根本的不確定性，尤其是情欲方面的矛盾不安，因此特別投合班雅明的性格。最遲至一九一八年四月兒子史帝芬出生之後，他的創作力如泉湧，在不到一年的時間裡完成了博士論文。由於戰爭的結束指日可待，他不得不開始具體規劃未來的職業。尤其是班雅明的父親因為家產在戰爭中遭受嚴重損失，因此也催促兒子儘快自食其力。

關鍵的日子【班雅明】

當這個年輕的家庭在一九一九年夏天前往布里恩茨湖（Brienzersee）湖畔的一間膳宿公寓度假時，他們在這之前已經辛苦工作了好幾個月。「朵拉與我已經精疲力竭。」班雅明在一九一九年七月八日給舒勒姆的信上如此寫道。小史帝芬的健康狀況也是原因之一，因為他幾個月以來「一直在發燒」，所以夫婦倆「根本無法休息」。[4]尤其朵拉因為「一連幾個月過度勞累」，導致「貧血與體重急遽減輕」。班雅明自己則是仍然得與催眠得來的坐骨神經痛奮戰——那疼痛並不輕微，此外他還對好友舒勒姆說，他「最後六個月裡一直為耳鳴所苦」。今天我們大概會說，這是處在過勞或心力耗竭的邊緣。

所以班雅明一家非常需要這次夏天的假期。膳宿公寓有個好聽的名字：「我的休憩」（Mon repos）。迎著湖景、三餐供膳，還有專程陪同小孩的保姆——確實，班雅明一家的情況儘管嚴峻，但還不至於財務窘迫。他們本來可以吃好睡好、讀點書，華特還可以時不時把他所愛的波特萊爾的一兩首詩譯為德文。一切本來可以很美好。

然而就跟班雅明的其他計畫一樣，這次的度假也是多災多難。這很大程度也是他自己造成的。因為班雅明為了繼續獲得父親的財務支援，決定暫時不要告知柏林的老家他已經順利完成博士論文的消息。

然而他的父親對於兒子的進展完全沒有信心，便決定與太太到瑞士突襲拜訪。他的雙親到達他們度假地的時間點，我們確切知道是在一九一九年的七月三十一日。

要是知道班雅明父子的性格，又知道他們見面時的具體情境，並不需要什麼特別的公式，就能準確預測這對父子會面的過程將如何開展。班雅明在一九一九年八月十四日給舒勒姆的信上提到「那幾天真是**糟透**了」，並且不好意思地加上一句「現在我完成博士的消息不用再保密了」。

班雅明的父親在知道他已經完成學業後，有鑑於時局非常動盪，便堅決要求兒子儘快找個體面的、最好是穩定而且有薪水的工作。這對班雅明來說並不容易，因為當父親逼問他對於接下來的出路有何打算，他唯一的真心話是：批評家（Kritiker），爸爸。我要當個批評家。

至於這句回答具體來說代表什麼、又意味著什麼，他在博士論文裡已經做了詳細的鋪陳：《德國浪漫派的藝術批評概念》是一本厚達三百頁的書。[5] 在一九一九年八月初的這幾天裡，班雅明要對他這位幾乎沒有受過哲學薰陶，而且還長期抑鬱的商人父親解釋，「批判」（Kritik）這個概念是多麼重要——對自身的文化與個人的自我是多麼意義重大，特別是批判完全可以是個能賺取報酬的事情——這一定讓他感到十分痛苦。

不過至少值得嘗試一次。尤其是在學位論文艱澀的標題背後，隱藏著一個班雅明深具自主性的訴求，那就是在一個新的理論基礎上，從根本上公開自我的成長與整個文化的演進。而使這公開成為可能並且永遠產出新內容的核心活動，班雅明在博士論文裡簡單地稱之為：**批判**。他深信，在追隨康德的費希特、諾瓦利斯（Novalis）與謝林等人的作品裡，已經出現一種特定形式的精神活動，其對於人類的個人生活與自身文化所具有的獨特重要性，一直都還沒有為人所發現。

浪漫主義的論題【班雅明】

對班雅明來說，這些浪漫主義早期思想家的最關鍵啟發，在於進行批判活動的時候——如果我們正確理解何謂批判——，無論是批判的主體（即藝術評論家）或者是被批判的客體（即藝術品）在本質上都會有所改變。在批判的過程中，兩者都會經驗一種轉變（Transformation），而且在理想情況下是朝向真理的轉變。所以，班雅明認為透過批評者的活動，藝術品的本質會持續變得豐富，而這一個論題便是建立在德國浪漫主義的兩個根本思想圖像之上：

一、一切存在之物，不只與其他事物的關係是動態的，就連與自身的關係也是動態的（命題：一切事物皆與自身相關）。

二、當一主體批判一客體，就同時也啟動、活化了這主體與客體中的對外連繫與對自身的連繫

（命題：一切關係都透過批判而被啟動）。

班雅明在博士論文裡根據這兩個設定的推論，首先澈底改變了他作為評論者的自我形象，後來也對二十世紀與二十一世紀藝術評論的自我理解造成了革命性的影響。當中影響最大的論題是：藝術批判的功能「**首先，不在於評判好壞，而在於使其完整、擴充以及系統化**」。[6] 其次，藝術評論者自己也因此立刻得到該藝術品部分創作者的地位。第三，這種對批判的理解，決定了藝術品的本質永遠不是穩定的，而是藝術品的存在及其意義，在歷史的流轉中會經歷動態的改變。第四，從「一切事物皆與自身相關」的命題可以推論出，對於藝術品的每個批判也都是藝術品對自身的批判。

所以，如果正確理解的話，評論家與藝術家都是在創作者的相同位階上。一個作品的本質並非固定，而是會持續改變。是的，實際上是藝術作品持續對自身進行批判。

我們可以想像，班雅明的這些命題聽在他父親這樣的人的耳裡，會引起何等的困惑與不解。

新的自我意識【班雅明】

事實上，班雅明理論藍圖的可信度，取決於你多大程度認為那兩個根本的浪漫主義思想圖像——一切事物既與他者也與其自身有關聯——是清楚明白的。不過，儘管這兩個命題乍看之下如此怪異，也許實際上一點也不奇怪。至少班雅明本來可以為他的父親指出一個人類的基本現象，而且這個現象多麼不可反駁、多麼具體可經驗，以至於根本不允許任何理性的懷疑：即人類自我意識的既存事實。畢竟每個人都擁有一種十分特殊與奇妙的能力，就是能夠把自己的一些想法連結到另一些想法上。我們全都能夠在私下「思考自己的思考」。我們每個人都經驗過極其私我的認知過程，在此過程中，不只被批判的客體（被思考的思考），也包括那進行批判的主體（進行思考的思考），都不僅是經歷到一種改變，事實上是得到了主客合一的經驗。對浪漫主義者來說，恰好是自我意識這種自我反思的基本情境，最能闡明任何形式對客體的批判關係是怎麼一回事。也就是說，這個例子普遍地說明了，何謂「**一個存有者被另一個存有者認知到，相當於被認知者的自我認知**」。[7]

班雅明本來可以對父親解釋這種神奇的、變化中的自我關係永遠在進行中。不過當人思索他的自我關係以及與世界的關係的基礎時，最能鮮明有效地展示這點。所以偉大的藝術作品實際上不過只是這樣反思過程的結果，而這結果成了一個作品。這樣的作品在沉思的面向上特別豐富、多元、引發靈感且獨特，並因此特別促進我們的認知：

> 所以說，批判就像對藝術品做實驗：這個實驗引發沉思，成為沉思對自身的意識與認知。……只要批判是對藝術品的認知，那麼批判就是藝術品的自我認知；只要批判對藝術品做出評斷，那麼這個評斷就是在藝術品的自我評斷中進行的。[8]

班雅明認為，這就是浪漫主義的「藝術批判」概念的哲學核心，儘管浪漫主義者自己沒能充分清楚地掌握到這一點，因為釐清這件事需要時間距離（一百五十多年）與一套犀利的詮釋。換句話說，需要的就是批判。這正是班雅明想要奉獻餘生來進行的任務。尤其是因為這種批判活動也會對他造成影響：班雅明已經認知到，他自己就是一個持續在變化中的「作品」。事實上任何人只要可以對自己的思考進行思考——而這是每個人都能做到的——那麼他本身就是個這樣的作品。每個人都可以練習用批判的眼光檢視自己、認識自己；每個人在某種程度上都能用批判的態度陪伴自己成長並加以形塑。所以每個人都能成為真正的自己。我們可以稱這種活動為批判，或者說得更簡單一點：這就是探討哲學問題。

逃走【班雅明】

在布里恩茨湖畔的那兩週，當班雅明嘗試對父親說明自己未來想當自由評論家的職業構想時，他本來可以提出上面這些（或與此類似的）話。或許他實際上也真的這麼說了，只不過他無法說服他的父親。而這並不令人意外，因為真正關鍵的問題從頭到尾都沒有被解決，那就是這種生活模式所需的花費，將要如何、由誰來負擔？

他該如何完成自己的使命，而且不向自己的（譬如說被父母指定的）「命運」低頭？他會怎麼做呢？

依照班雅明的性格，每次遇到無法解決的情況，他總是會做相同的事，這次也不例外：他倉皇地搬家，一連換了幾個地方住，並同時埋頭於幾個新的大型計畫。

他們在秋天先到了克洛斯特斯（Klosters）與盧加諾（Lugano），然後再到奧地利的布萊頓斯坦（Breitenstein），朵拉的姑媽在那裡經營一家療養院；這個精疲力竭而且經濟拮据的年輕家庭就在那裡住了下來。「我們的錢已經完全用完了。」班雅明一九一九年十一月十六日在信上對舒勒姆這麼說。無論如何，在伯恩的博士指導教授還是給了班雅明一個好消息：「赫爾柏茲非常友善地接待了我，還提到我或許可以跟他寫教授資格論文（Habilitation），或甚至拿到外聘講師的職位。我的父母當然非常高興；他們不反對我進行教授資格論文，但是他們不保證能資助我。」[9]

所以班雅明並沒有完全失敗，只不過這惱人的財務問題還是有待解決。就在這幾個星期、這幾個月裡，維根斯坦也在糾纏著財務問題，只是他的情況與班雅明非常不同。

蛻變【維根斯坦】

維根斯坦真的知道這個決定的後果有多嚴重嗎？他跟兄弟姐妹們討論過這個問題嗎？他是不是三思一下比較好？不，他完全不想重新考慮。「那好吧，」維根斯坦的家庭律師嘆氣說，「所以您已經下定決心要財務自殺了。」[10]確實。維根斯坦的決心十分堅定。他不但不猶豫，而且（這時他身上的白色少尉軍服還沒換下）還特意追問了好幾次，是否他這次簽下名字之後，就絕對不可逆地放棄了他所有的財產，而且沒有漏洞或特別條款可鑽、也沒有撤銷的餘地。財務自殺，這個說法真不錯。

這時維根斯坦回到維也納還不到一個星期。他是從義大利戰俘營返鄉的最後一批軍官。此時，在一九一九年八月三十一日這一天，他在一間氣派的律師事務所裡，把他所有財產——價值約當今的數億歐元——過戶到他的兄姐名下：赫爾米娜（Hermine）、海倫娜（Helene）以及保羅（Paul）。維也納昔日是帝國首府，現在則是個卑微的、破產的阿爾卑斯山共和國的首都；在戰後的第一個夏季，這個國家正處在混亂的邊緣。因為戰亂的緣故，奧地利居民半數以上都支持併入（同樣陷入分裂的）德國，不過一戰的戰勝國對此表示反對。在這個夏季有百分之九十六的奧地利兒童得不到足夠的糧食；通貨膨脹讓食品價格一飛沖天，貨幣價值直線下跌，城裡的道德秩序也蕩然無存。哈布斯堡王朝舊日的社會階層已全面崩解，而新的機構與制度還無法正常運作。沒有任何事情一如往昔，包括這位此時三十歲的維根斯坦，也因為這幾年的戰爭經歷而變了一個人。

一九一四年夏天，戰爭才剛爆發沒幾天，維根斯坦就自願登記入伍；他希望從根本上改變自己的人生。他出身於維也納頂尖的上層社會，家族是歐洲財力最雄厚的工業巨頭之一，劍橋大學畢業生；他當時已經被視為百年一見的哲學天才，羅素與弗雷格（Gottlob Frege）等師長對他期望極高，相信他能做出「重大的下一步」。某種角度來說，這場戰爭完全實現了維根斯坦個人的期望：他展現了勇氣，在加利西亞（Galizien）、俄羅斯以及義大利的前線服役期間不只一次面臨死亡的威脅、開槍殺過人、在閱讀托爾斯泰（Leo Tolstoi）的一本小書時找到了基督的信仰，而且最重要的是，在前線擔任哨兵的漫長夜晚裡完成了他的哲學著作：他深信這本書不只是哲學發展的「重大的下一步」，甚至還是最後與終極的一步。

然而這實際上達成了什麼事呢？基本上什麼也沒發生。至少對他來說是如此，因為他每天都還是會突然陷入「這一切都毫無意義」的痛苦之中。一九一八年夏天，在最後一次上前線之前的返鄉假期裡，他為《邏輯哲學論叢》做了最後的修改；在前言裡他這樣寫道：

> 因此，我認為這些問題在實質上已有決定性的解決。而且，如果我在這裡沒有錯誤的話，則這本書的第二價值在於顯示當這些問題都已解決了，它的成就是多麼微小。

換句話說：對於人類生活的根本條件，對那些使人有意義、有價值與每天給他希望的事物，哲學是如此無能為力也無從評斷。至於哲學為什麼基本上沒有這個能力——為什麼沒有任何邏輯推論、論述、有效的意義理論能夠沾到真正的人生問題的一點邊——維根斯坦認為，他這本書給出了這個問題的最終解答。

倫理的行動【維根斯坦】

從戰場回來快兩個月時，維根斯坦對出版商斐克（Ludwig von Ficker）解釋，事實上「此書的用意是在倫理方面的……」，因為這本書是由兩個部分組成：「一部分被寫在書裡，另一部分則是我**沒有**寫出來的。而後者才是重要的部分。也就是說，那倫理的部分被我的書——彷彿從內部——給限制住了。」[11]

那可說（sagbar）的範圍，也就是維根斯坦在此書用邏輯的語言分析「從內部」予以限制的空間，僅僅涉及由事實構成的世界；那是我們在根本意義上唯一能有意義地談論的領域。然而對這個事實的世界盡可能精確掌握，畢竟是屬於自然科學的任務。根據維根斯坦的看法，那是「與哲學毫無關係的東西」（《邏輯哲學論叢》6.53）。照這樣說來，問題——或者說真正的哲學解答——對維根斯坦來說，就在下面這個看法裡（或者更精確地說，下面這個**感覺**裡）：

> 6.52　我們感覺到即使一切**可能的**科學問題都已獲得解決，我們的人生問題仍然原封不動。當然，到那個時候，也就沒有問題留下來，這本身正是答案。

儘管當時盛行的思潮是實證主義，其認為對人的生活來說，只有那些可以被有意義地論及，以及毫無疑義證明其存在的事物，才有意義；也就是所謂的「事實」。然而維根斯坦卻透過這種純科學世界觀的真正方法論的基礎——亦即邏輯分析——證明了，這件事實際上是倒過來的。那總歸來說讓我們人生**有意義**、讓這個我們所居住的世界**有意義**的東西，在於直接可說的範圍之外。維根斯坦的哲學途徑具有嚴格的科學性，但是他的倫理觀卻是存在主義式的。美善的生活並不取決於客觀的原因，而是建立在澈底主觀的抉擇之上。這些東西不能有意義地**被言說**，而是必須在具體的日常實踐中**被展現**。這就是維根斯坦在一九一九年決定要做的事。

返回舊日的維也納世界對他而言已無法想像，即便那個世界仍然存在也一樣。他視自己為一個謎團與災難，無論一戰或哲學都無法使他解脫。從戰場回來後他有了很大的改變，但是問題一點都沒有釐清。為了解決內心深處長期的混亂，他在義大利「卡西諾營區」當戰俘的幾個月裡，為自己擬定了一個簡直不顧一切的計畫。首先，把他所有財產都移轉給他的兄姐。第二，再也不談哲學。第三，靠誠實的勞動過長期貧窮的生活。

別無所求的不幸【維根斯坦】

維根斯坦才剛回來幾天，就以無可轉圜的態度執行他的計畫。這讓他其他的手足深感憂慮，特別是他的大姐赫爾米娜。在八月底的這幾天裡，她深怕第四次看到有弟弟因自殺而離開她，因為之前約翰（Johaness）（一九〇二年）、魯道夫（Rudolf）（一九〇四年）、庫爾特（Kurt）（一九一八年）都死於自殺。

最大的弟弟約翰為了逃離嚴厲的父親去了美國，之後在佛羅里達的一樁划船意外中「溺斃」，然而實際的狀況從未被調查清楚。一八八八年生的三弟魯道夫則是在二十二歲時，在柏林的一間餐廳因服用氰化鉀而死。魯道夫在遺書中表示，他因為一位友人之死而過於悲痛。然而根據其他說法，他是看到馬革努斯．希爾斯費爾德（Magnus Hirschfeld）一份關於「同性戀大學生」的個案研究；研究對象雖然匿名，但是他覺得自己已經暴露了，擔心被人指認與揭發。[12]特別悲慘的是小弟庫爾特（教名康拉德〔Konrad〕）的自殺。他在一九一八年十月裡，戰爭結束前的最後幾天，在從義大利撤出的路上對自己的腦門開了一槍；這或許是為了逃避被義大利軍俘虜的命運。

跟其他家族成員的境遇比較起來，維根斯坦家五兄弟中排行第四的保羅過得很好。就跟維根斯坦家所有小孩一樣，他也有著高度的音樂天分。早在戰前很久，他就已經努力往鋼琴演奏家的生涯努力發展。在一九〇〇年前後，維根斯坦的父親在豪華家宅裡舉辦的音樂晚會是維也納社交界的盛事。年輕的保羅被認為具有罕見的天賦。然而在戰爭最初的幾個月裡，他受了嚴重的傷，右臂必須截肢。此外他接著進了俄國戰俘營，直到一九一六年才付了贖金脫身。在返回維也納之後，他一開始也考慮過自殺，不過很快就找到活下去的動力：他用一種自己開發出來的腳踏板技術單手演奏鋼琴，而且經過無數的練習後，他的單手鋼琴也達到極高的水準，因此他真的可以繼續鋼琴演奏家的生涯，後來也成為享譽國際的人物。

所以現在小路（Luki）（家人都如此稱呼路德維希），這個最小的弟弟也處在一個不穩定的危險狀態。考慮到他在戰爭中的經歷，大家都認為還是滿足他的要求比較好。尤其是如果回顧他當兵時的所有作為，你會覺得那就是一次持續非常久的自殺嘗試。維根斯坦在軍中晉升非常快，因為他總是向上級堅持，希望能被派到最靠近前線、盡可能更危險的地方去。

在戰爭期間的日記本上，維根斯坦彷彿受到強迫般地提到一個想法：只有在直接面對死亡的極限情境裡，只有當個人存在處於全然聽天由命的狀態中，一個人自我的真實面貌才會顯現，尤其是他真正對上帝的信仰，意即他獲得幸福的能力才會顯現。譬如一九一六年夏天在加利西亞的幾則日記裡，我們可以清楚看到，語言的邏輯分析，以及齊克果（Sören Kierkegaard）與托爾斯泰風格的基督教存在主義倫理學，是多麼緊密地彼此交織在維根斯坦的思想裡：

> 為了要幸福地生活，我必須與世界一致。而這也就**意味著**「做一個幸福的人」。這樣一來，我也就與那陌生的意志一致，而且我看起來是依賴於那意志。這就表示：「我奉行上帝的意志」。[13]
>
> 對於死亡的恐懼，最能標誌出一個錯誤的、意即一個惡劣的生命。[14]
>
> 善與惡只會通過**主體**出現。而主體並不屬於這世界，而是世界的一道邊界……從本質來說，只有自我才是善的與惡的，世界不是。自我，自我是極度神祕之物。[15]

在一九一九年八月，維根斯坦一定已經不再恐懼死亡。然而，關於根本上最關鍵的問題——一個美善的、充滿意義的，甚至是幸福的人生，對於像他這樣的人來說，究竟是否在可能達成的範圍內——他還是跟先前一樣，深深被自己的懷疑所折磨。所以他在一九一九年九月就著手執行他生存計畫的第二步：完全拋棄財產之後，他開始在維也納昆德曼街（Kundmanngasse）的師範學院接受為期一年的小學教師培訓。也就是說，他再也不碰哲學了。再也不碰！

海德格當時對維根斯坦新的人生計畫一無所知。如果他知道的話，應該會對這個計畫深感震撼。因為那時候他也才剛從戰場回來，而他唯一想做的就是探究哲學。

懷胎【海德格】

「哲學家這個職業是困難的。」一九一九年一月九日，從戰爭中回來的海德格在寫給恩格貝爾特．克雷布斯（Engelbert Krebs）的信上這樣寫道，這是一位長他一輩且對他頗多提攜的朋友。因為「不論是對於自己，或是牽涉到稱呼你為老師的人，內心的真誠會讓你做出犧牲、割捨與掙扎，但這對一個學術工匠來說，從來都不關他的事。」[16]毫無疑問。他這麼說是完全認真的，包括對自己、對他的思想與道路都是。海德格繼續寫道：「我相信，我內心有著做哲學的使命」。

戰爭頭幾年，由於一種心臟的病痛（他的自我診斷是「少年時運動過度！」），海德格遲遲沒有入伍，直到戰爭最後幾個月，一九一八年的八月到十一月，他才被派到前線四一四號氣象觀測站（Frontwetterwarte 414）擔任氣象工作。在第二次馬恩河戰役（Marne-Champagne-Schlacht）期間，他支援了德軍的毒瓦斯攻擊，從一個地勢略高的觀測站做預測的工作。海德格並沒有參加真正的戰鬥，他頂多用望遠鏡從旁觀看了數以千計的德國士兵如何從壕溝中爬起來，並衝向無可避免的死亡。在他的個人筆記與信件中，完全沒有提到戰爭的恐怖。當海德格在這段時間提到「犧牲」、「割捨」與「掙扎」時，主要是提到他自己個人在學院中的處境。

從一九一七年的冬天起，對他來說真正的前線並不是在阿登高原（Ardenne）上，而是在他自己的四面牆壁裡。那條戰線並非國族或地緣政治，而是關於宗教信仰。畢竟，當一個由教會支持的天主教哲學家很難「生活」——意思是在體制內的生涯非常困難——因為海德格不只娶了一位信仰基督教的妻子，而且還隱瞞了妻子的信仰，更甚者，他的妻子違背先前表明的意願，拒絕改信天主教，就連此時已經懷在肚子裡的小孩，她也不願意讓他以天主教的儀式洗禮。

側翼無防備【海德格】

今天我們很難想像，一九一九年時在海德格的人際與職場圈子裡，天主教與基督教的混合婚姻是何等嚴重的醜聞，尤其是對他極其虔誠的雙親來說。在這幾個月裡，海德格在動人的信上一再向他們保證，他們的兒子與孫子嚴格說來並未永遠喪失靈魂救贖的機會。

所以這個婚姻確實是個問題，而且很快也真的問題重重。不過至少就經濟層面而言，作為教會雇員之子的海德格娶了提雅（Thea Elfride Petri）是個非常好的選擇。畢竟這位一九一五年到弗萊堡讀經濟學、被海德格選中的女子，出身於一個富裕的家庭，父親是普魯士高階的軍官。所以在戰爭最後幾年裡，她的雙親有能力一再提供這對年輕夫婦金錢支援。然而隨著戰爭結束，佩特理家族就跟其他大筆投資了戰爭債卷的德國人一樣，遭受了嚴重的損失，因此再也無法給這對住在弗萊堡的夫婦提供援助。[17]

因此在一九一八年十一月從前線回來之後，海德格的財務也成了大問題。如果要繼續哲學生涯，他就迫切需要一份穩固的薪水，一個學院的位置，這意味著他得重新找一個人來提拔他。然而作為一個靠著教會獎學金完成就職論文的編制外講師，他對弗萊堡大學神學院沒有太多指望。早在一九一六年，他在教會的圈子裡還被當成一個不成熟且不可靠的新人時，儘管神學院院長克雷布斯極力推薦他，院內的教授聘任程序還是特意排除了海德格。所以他最後的這條人脈也斷掉了。

因此海德格將弗萊堡的希望完全放在哲學系的第一講座教授身上，也就是現象學（Phänomenologie）真正的奠基者與首席研究者胡賽爾身上。不過作為旗幟鮮明的純學術取向哲學家，胡賽爾對有宗派信仰的思想家十分懷疑，因此海德格一開始在爭取他的支持時並不順利。在一九一六至一九一七年時，這位年老的哲學大師甚至對這位年輕的神奇學徒完全不予注意。直到一九一七至一九一八年的冬天，他才開始比較明顯地關注海德格，接著很快就直接給予支持。所以，當海德格在前述那封一九一九年一月九日寫給同教會的朋友克雷布斯的信上，他一開始熱情洋溢寫道「有一些知識論方面的洞見……已經讓他覺得，天主教的教義**體系**問題重重而且是不可接受的」時，這句話可能真的就標誌了這位年輕思想家生涯的一個重大轉折。用冷靜一點的角度來看，這封信意味著，這位尋求生涯發展的哲學家就信仰問題進行了精準的操作，因為在詳細考量整個學院氛圍之後，他終於確定，宣示放棄天主教教義是他走上學院生涯的最後機會。在寫下給克雷布斯的這封信的兩天之前，胡賽爾才親自走訪了位於卡爾斯魯厄（Karlsruhe）的教育部，為海德格要求一個全年有固定薪資的助理職位，以免這位不可多得的人才被浪費在「謀生賺錢的職業上」。[18]

海德格這個背棄「天主教教義**體系**」之舉，放在班雅明的「性格」與「命運」、「內在稟賦」與「外在環境」的傳記框架裡來看，有一點顯得尤其特別，就是這極度合理。我們甚至可以說這具有系統邏輯性。

胡賽爾在卡爾斯魯厄提出的強烈要求，不意外得到了回應。雖然教育部沒有立刻爽快地給出全職助理的職位（而是直到一九二〇年秋天才給），但是先批准了一個有薪的約聘教職。所以海德格的職業哲學家之路暫時有了著落。從此時起，他可以自由地思想，不再受任何天主教教會的約束。一九一九年一月二十五日，弗萊堡的戰時學期就要開始，海德格有整整三個星期的時間準備他的課程。在演講課開始前四天，他的長子約爾格（Jörg）出生了。

無直觀的世界【海德格】

跟慕尼黑、柏林等大城市相比起來，弗萊堡的狀況還不算太糟。因為周遭都是農業區域，糧食供應並不窘迫；此外這幾個月裡，革命與巷戰也未蔓延至此。儘管如此，海德格於一九一九年首度站上講台所看到的景象，談不上多莊嚴隆重。在他眼前零散地坐著一群備受打擊的人，其中多數都過了讀大學的年齡，現在則勉強擺出一副對未來仍有期望的模樣。要如何掌握他們呢？該如何對他們說話？如何喚醒他們？用最抽象與最遠離現實的問題帶他們躲進象牙塔嗎？還是用最貼近經驗的方式對現在與此刻進行詮釋？這位年輕的教師決定乾脆兩個路徑同時進行，他就此為哲學帶來了一個極其輝煌的時刻。[19]

依照大學的課程目錄，海德格演講課的主題原本應該是康德。然而在最後一刻，他做了一個充滿自信的決定：把題目換成《哲學的理念以及世界觀的問題》（Die Idee der Philosophie und das

Weltanschauungsproblem）[20]。換句話說，這在探討哲學的自我界定，把哲學視為獨立的知識學門，與經驗的自然科學方法和詮釋區隔開來，尤其是與這個時期特別顯赫的、包羅萬象的世界觀著作——譬如史賓格勒（Oswald Spengler）的《西方的沒落》（*Der Untergang des Abendlandes*）——劃清界線。哲學的目標與方法跟自然科學不是同一回事，這一點看起來頗為清楚。但是充滿意義的世界觀、其運用與建構，跟哲學要如何區分呢？本質上真的有什麼差異嗎？

如果依照胡賽爾的現象學途徑，答案很清楚明確：有差。因為現象學的特長就是用嚴格的方法與程序來探索世界。這套方法跟自然科學不同之處，在於現象學的探索並不追求對現象的解釋或預測，而是把這些現象，就其事實上被給予的狀況，盡可能識做出對人類意最客觀與最價值中立的掌握。在「回到事物本身！」（Zurück zu den Sachen!）的作戰號召之下，現象學試著把自己建立為——用海德格的話來說——一門「**先於理論的原初科學**」（vortheoretische Urwissenschaft），作為在一切自然科學之前的精確經驗基礎，而且特別是先於所有被偏見所影響的世界觀與意識型態。

原初科學家【海德格】

作為胡賽爾在弗萊堡的新助理，海德格在他第一堂演講課中採取的恰好就是這條軌道。海德格切入的方式如下：現象學的基本問題，以其可想像的最簡單的形式來表達，就是去問：有什麼東西嗎？如果有的話，這個「東西」是如何被給予我們，被我們所意識？這東西如何呈現？海德格在講台上把這個對於「有什麼東西嗎」的原初探問稱為哲學的「問題體驗」（Frageerlebnis）：他顯然在這當中尖酸地影射了一九一四年大戰剛開始時讓人迷醉的「八月體驗❶」（Augusterlebnis）我們來聽聽看他自己是怎麼說的：

§ 13. 問題體驗：有什麼東西嗎？

光是在「有什麼……嗎？」這個問題裡，就已經有某種東西了。我們**全部的**問題點於是來到了一個關鍵之處，這個點是如此貧瘠（Kümmerlichkeit），一點都無法給人關鍵性的印象。這一切都取決於……我們是否能理解這貧瘠的模樣所代表的意涵，並跟隨與堅守它……我們站在方法論的十字路口上，這個路口將完全決定哲學的生死：也就是我們站在一個深淵上，要不掉進虛無，意即掉進絕對事實性的深淵裡；或者我們能躍過深淵，進入**另一個世界**，或者更確切地說，終於在究竟的意義下進入了世界。（überhaupt erst in die Welt. …）……如果我們假設，**我們**根本就不存在。那麼，這個問題也就不存在了……21

在文章段落下方不遠，海德格用更確切的方式，再次闡明了這個決定一切的問題動力：

什麼叫作「有」？

❶ 譯註：一次世界大戰初期在德國知識份子間興起的一種歡欣與慶祝的熱潮，設想德意志民族將崛起為集權的強大國家。後來一般稱做「一九一四精神」（Geist von 1914）。

> 有數字、有三角形、有林布蘭（Rembrandt）的畫、有潛水艇。我說今天還有雨，明天**有**香煎小牛排。各式各樣的「有」，而且每個「**有**」的涵義都不同，然而在每一個我們能遇到的不同的**有**當中，都有一個相同涵義的元素……再來：我們要問，是否有**某物**。我們並不是在問有沒有椅子或桌子、有沒有房屋或樹木、有沒有莫扎特的奏鳴曲或宗教力量，而是問到底**有沒有什麼東西**是存在的。也就是問：究竟說來，有沒有任何東西？這個「某物」也就是個全然普遍的——或者你願意的話——或最普遍的東西，是在根本意義下屬於所有可能的對象。對於這樣一個東西，我們可以說它就是**某物**——而且當我這麼說時，我說出來的是關於任何對象所能說出的最小限度。我面對這樣的對象時已無任何預設。[22]

這位年方二十九歲的男子就這樣以學院哲學家的身分進行他的第一場演講，用極其堅決以至於顫抖的聲音要求他的聽眾，在一句看似非常貧乏的德文疑問句中，認出這就是哲學本身的命運之問。說這些說話的人是誰呢？一個小丑？一個魔術師？還是一個先知？

這很值得我們多花一點時間來研究這個關鍵的段落，因為在海德格這場戰後第一次的演說中，他整套的此在哲學（Daseins-Philosophie）已經初具雛型。如果我們呼應海德格的要求，在「有」（es gibt）這個表達上再停留久一點，沉靜地思索這個表達有哪些可能的用法與意義，會真的有一個特別奧妙的謎題浮現出來：這個「有」到底是什麼意思？它真正的意涵是什麼？畢竟在這個表達最一般的形式下，你可以套用在任何事物上。簡單來說，在一切**存在的**（ist）事物上，你都可以運用。

整整十年之後，海德格將在同一個講台上宣稱，他所有的哲學都圍繞著一個問題，那就是「存有」（Sein）的意義為何。他還將在弗萊堡這張相同的講桌上宣佈，他是兩千五百年以來，第一個從根本上重新發現這個問題的意義的人，尤其是重新真正指出這個問題對於一切人類的具體生活與思考的重要性。這個高昂的姿態早在一九一九年就已經顯露端倪了：這時他在談到對「有」的探問時，就已稱之為「決定哲學生死」的「真正的十字路口」（eigentlichen Wegkreuzung）。

因為，如果你決定走上「絕對的事實性」的叉路，把對「有」的探問交給自然科學去處理，那麼哲學就會面臨維根斯坦同樣也預測的下場：哲學將變得多餘。最好的情況下也只能把自己當作服務自然科學的女僕來看待；然而在最壞的狀況下，哲學就會淪落為那個錯誤且充滿偏見的價值基礎所建立的不可靠的老生常談；海德格便用世界觀哲學（Weltanschauungsphilosophie）這個概念來概括後者。所以一切都取決於你是否能「**跳躍**」到另一個世界，進入另一種哲學思索裡，並因此進到另一種存有的理解中。也就是走入第三條路❷。

沒有不在場的理由【海德格】

海德格選擇**跳躍**這個字眼（一個齊克果宗教哲學的核心概念）也就意味著，這個路線基本上有救贖的意味，而不可能是個純粹邏輯的、理論的或由理性驅使的選擇。實際上這更是個**決斷**，所要

❷ 譯註：意即在自然科學與世界觀哲學之外。

求的是有別於理性與超乎理性的東西。也就是說，首先這不是建立在理由上，而是建立在意志與勇氣之上，尤其是建立在具體的個人經驗上，與一種宗教性的驟然轉變的經驗可以互相比擬：感到自己被號召。

此外在這個談論「問題體驗」的段落中，還出現了另一個思想比喻，是海德格晚期思想中極其關鍵的部分。這隱藏在「如果**我們**——作為人類——根本就不**存在**」這個玄想裡。也就是不在這個世界上。那然後呢？

海德格斷言：那樣的話，這個對「有什麼東西存在嗎？」的探問也就不存在了。也就是說，我們人類是唯一能夠提出「有什麼東西存在嗎？」這種問題的生物，意即唯一能探問存在意義的生物。因此，凡是存在的一切，都是為了我們而「在」（da），而且這個「被給予我們」的狀態其實並不穩固。所以，這個世界是只為了我們才「有」的。不久之後，海德格就開始用「此在」（Dasein）這個詞來代替「人」（Mensch）這個概念。

新的國度【海德格】

所以，早在這第一堂演講課中，海德格就已經對他飽受戰爭創傷的聽講者做了一個重大宣示：即宣告「另一個世界」的可能性——屬於**真正**哲學問題的世界**以及**生命形式。因為當他提到**跳躍**，必然也同時隱含了這一點。然而要征服這個新的國度，只能靠每一個人自己的力量去完成。在走向哲學的路上，並沒有不在場理由（Alibi）可言。而引導這個跳躍、使此跳躍成為可能的東西，最終來說無法用抽象方式傳達，也不能純然在講台上予以宣講，而是必須由每個人發自內心去體驗與把握，然後才能在具體的生活實踐中開展。

因此海德格為之開闢道路，想要打造的「先於理論的原初科學」（vortheoretische Urwissenschaft）已經不是典型意義下的科學了。這套「原初科學」的目標有別於也不止於僅僅對被給定事物進行描述，而是採用一種根本上不同的方式，來掌握被給定事物的樣態。包括掌握每一個自我的被給定狀態（Gegebenheit）。所以，早在一九一九年春天，海德格的思想就顯現出「存有問題」（存有學）（Ontologie）與「此在問題」（存在主義）（Existentialismus）不可分割交織在一起的特殊性格。在這場演講的結尾中他說：

> 然而哲學只能藉由絕對下降到真正意義下的生活之中，才能夠往前邁進……哲學一點都不假裝，是絕對誠實的科學。在哲學裡沒有空話，只有**充滿洞見的腳步**；在哲學裡沒有理論對理論的爭論，只有真的洞見對假的洞見的爭論。然而要得到真正的洞見，唯一的辦法就只能透過誠實且毫無保留地下降到生活本身的真實性裡，最終來說，就是只能透過**個人**生活本身的真實性。[23]

這種存有問題與存在問題的交織，如此澈底與毫無妥協，也於同一時間出現在飽歷戰場的維根斯坦的思想裡。

忠於事件【海德格】

這兩位在一九一九年進行哲學思索的年輕人，具體來說面臨著什麼樣的挑戰呢？我們可以這樣掌握：他們要為自己以及所屬的世代建立起一種生命的藍圖（Lebensentwurf），以超脫「命運與性格」這種命定主義的「框架」。用具體的人生經歷來說，就是要勇於打破一直以來的主流結構（家庭、宗教、國家、資本主義）。再者，要找到一種存在模式（Existenzmodell），來消化強烈的戰爭經驗，並將之導入思想與日常存在的領域裡。

班雅明想用浪漫主義的手段，也就是一種將一切動態化的批判來實現這種創新。維根斯坦追求的目標則是，把他處於高度死亡恐懼的片刻中，所經驗到的全然神祕的寧靜以及與世界的和解，長久維持在日常生活中。而海德格在他一九一九年的自我情境中所設定的任務，我們也可以如此描述，就是在既有的「狂野思想家」這個自我形象的背景下尋找一種模式，讓他能把強烈的戰爭經驗與他追求的平淡日常彼此調和（對他來說，強烈的戰爭經驗與強烈的思想狀態，有基本的相似性）。所以這一方面是思想狂飆的生活，另一方面則是與平淡日常的和解。早在一九一九年，這個任務就極度呼應他極端的性格：譬如一九一九年五月一日，他在給伊莉莎白・布洛赫曼（Elisabeth Blochmann）（他太太長年的密友）的信上寫道：

> 我們必須期待有意義的生活所帶來的高強度張力——而且我們必須持續活在這樣的片刻

裡——與其說享受這些強烈的片刻，毋寧說是將其轉化到生命之中——在生命的進程裡，帶著這些片刻，並將之融入即將到來的生活節奏。24

大概沒有第二個有婦之夫能用更哲學的語彙來解釋他們❸之間必須停止的外遇關係，最多只能有幾次帶著「高強度張力」的聚會。然而海德格作為一個熱衷情欲的人，他的思想也有這種熱烈追求的特質：他要敞開自己，以擁抱那些偉大的時刻與那些真正帶來洞見的事件，並且有生之年都對這些偉大的事件保持忠誠。而為了這份忠誠——他整個人從頭到腳唯一還會重視的忠誠——他最需要的即是不受羈絆。不論在思想上、行為上以及愛情上都是。一九一九年春天，他開始澈底破除身上的鎖鏈：天主教教義體系、父母家族、他的婚姻，如果你仔細注意的話，還包括胡賽爾的現象學。

德國的美德【卡西勒】

對卡西勒來說，柏林弗里德里希—威廉大學（Friedrich-Wilhelms-Universität）（今日的柏林洪堡大學〔Humboldt-Universität〕）在戰後的第一個學期也是一個特別的挑戰。他在那裡當編制外講師已經邁入第十三年。因為在一九一九年一月的前一兩個禮拜中，如他的妻子回憶所述，「柏林的街上仍處處是戰鬥，恩斯特常常在機關槍的槍林彈雨中（斯巴達克同盟暴動〔Spartakusauf-

❸ 譯註：海德格與布洛赫曼。

stand」❹）前往大學進行他的演講課。在一次的街頭巷戰中，大學建築的電線被打斷了，當時恩斯特的演講才進行一半。後來他很喜歡提起這件事：他問學生，現在該是下課好呢？還是要繼續把演講講完？而學生們一致表示請老師繼續演講……所以恩斯特就在漆黑的演講廳裡繼續演講到結束，而外面不斷傳來機關槍的聲響。」[25]

在這樣極其危急的處境下，這個人所體現的，恰好並非海德格與維根斯坦思想所推崇的那種理想形象：卡西勒對自己所作所為的價值有深刻堅定的信心，懷抱著不可動搖與自信自主的態度，簡言之，他展現出一種真正的、本然的、不畏命運打擊的人格。這一點無庸置疑。只不過，卡西勒絕對不會用這種方式來形容自己的行為。因為他十分排斥當時崇尚世界觀的保守圈子，對他們所簇擁的當紅哲學家如史賓格勒、魏寧格（Otto Weininger）或克拉格（Ludwig Klage）（尤其是對「性格」這個核心概念），他僅出於政治理由希望能離他們愈遠愈好。卡西勒堅信，把性格概念進行哲學渲染，尤其是以民族性格的形式，都在助長民族沙文主義的修辭，對最終來說與自由為敵的「屬己性」以及「真正核心本質」的崇拜煽風點火。這類思想與政治的力量在戰前的歐洲，就已經把世界大戰描繪為各路歐洲文化之間不可避免的、命中註定的生存戰鬥；為這種思想搖旗吶喊，是卡西勒最不願意的事。那些人誇談「人類真正的品格」或「民族的核心本質」，稱這些東西會從人的內心最深處向外決定一切行動，或甚至能在極端情境中拯救一個人，並且永遠不滅——但是卡西勒對這些人

❹ 譯註：德國十一月革命的一部分，德國共產黨組織了斯巴達克同盟進行暴動，但很快就敗給社會民主黨。

的印象只有一個：極度的未啟蒙。在卡西勒的世界裡，所謂的未啟蒙就是與德意志特別相反。

一九一六年，當戰事接近最高點時，卡西勒用完全相同的批判角度完成了一本書：《自由與形式──德意志思想史研究》（*Freiheit und Form — Studien zur deutschen Geistesgeschichte*）。在書中關鍵的段落中他寫道：

> 因為我們也必須明白，只要你追問一個民族的精神「本質」特性，就會碰到形上學與一般知識論最深且最困難的問題。……歌德在《色彩論》（*Farbenlehre*）的前言裡就說，「因為畢竟想要把事物的本質表達出來，都是徒勞無功的。我們最多能注意到該事物的作用，而該事物的本質充其量也只能包括這些作用的完整歷史。我們如果要描寫一個人的性格本身，是不會成功的；但是若我們把他的行為與事蹟集合起來，就能對他的性格有個大約的印象。」26

那種對人類「真正的性格與內在」進行充滿價值想像的探索，終究都是充滿命定色彩的形上基本假設。然而卡西勒的思想並不想預設一個既定的、內在且實存的核心本質。這點他追隨了他兩位永恆的哲學明燈──康德與歌德。他的建議比較持平：我們作為感官的、有限的理性生物，在做判斷的時候，應該要以明白顯現的事物為依據，這才明智：一個事物是什麼、一個人是什麼，是在他對於其他事物與人所做的全部作為與作用中，才能彰顯的。換句話說，他的本質不能事先抽象地界定、終極地斷言或者以魔法召喚，只能在每一個被給定的情境中呈現出來，並接受考驗。

所以，照卡西勒看來，很大程度就是惡劣的形上學導致這場重大的戰爭與可怕的災難；他們對人類本質的問題給出一個錯誤且完全「反德國」的答案。由此我們很容易理解，為什麼卡西勒喜歡一再講到上述戰後演講廳斷電的插曲。他認為這件事說明了，人類有能力在最危急的情境下，對自己的哲學理想保持忠誠，並且身體力行盡可能讓他人明白看到。卡西勒認為，這個理想簡單來說，就是盡可能做一個自律自主的人。也就是要為自己與他人培養出一些形式與能力，以便積極打造自己的生活，而不是全然消極地被生活拖著走。要自我形塑，不要被外力決定；要客觀的理由，不要內在的特殊性。卡西勒堅信，這就是德國文化對於普遍的人類理念所作出的真正貢獻，而他那兩位閃亮的哲學明燈，康德與歌德，就是這個理念的具體展現。

不受歡迎【卡西勒】

然而他所擁抱的這個德國文化，對於他在一九一九年冬天作為一位學者，並沒有特別眷顧。卡西勒雖然在柏林大學教了十三年的書，已經是國際知名的學者，然而他的頭銜仍是所謂的「非講座教授」（außerordentlicher Professor），他依舊沒有公職身分❺，也沒有口試學生的權力，哲學家仍然只是他的副業。柏林公共電話簿裡的紀錄，正確指出他是一個「民間學者」（Privatgelehrte）。
27 每次新的教授職缺又跳過卡西勒時，他總是對太太解釋：「我不能強迫他們喜歡我，他們對我真

❺ 譯註：這時的德國大學，只有正教授職務是公務員。

的沒好感。」他在過去幾年裡產出了好幾部重量級的作品，包括一九一一年的《實體概念與功能概念》（*Substanzbegriff und Funktionsbegriff*）[28]，在他的哲學導師與栽培者柯亨於一九一六年過世之後，卡西勒被視為新康德主義的馬堡學派無可爭議的頭號人物，此外也是當時最頂尖的康德專家之一。然而對學院生涯來說，這樣的名聲在一次大戰的這幾年間反而是阻礙而非助益。因為民族主義保守派對於以柯亨與卡西勒為首的馬堡學派有著越來越露骨的懷疑，認為後者懷著猶太學者的立場，在談論康德的學說及影響力時，總是迴避或切割其「真正的、德意志的根源」。早在大戰期間，民族主義論述的激化已經在國內煽起了反猶情緒，譬如一九一六年德國軍隊就進行了一次所謂的「猶太人口調查」（Judenzählung）。這種反猶的氣氛在美國參戰之後更為加劇，而且在戰爭結束後也持續高漲。在這個脈絡之下，「卡西勒」這個姓氏就代表一個富裕市民階層的德猶混血家族，不論在柏林的經濟圈還是文化圈，其分支廣泛的家族成員都占有核心的地位，有工廠老闆、實業家、工程師、出版商、醫生、藝術收藏家，當然也有哲學家。[29]卡西勒一族是猶太人「文化同化」的典範，而且正因為如此，從德意志民族主義的本質邏輯的「內在原因」角度看來，也特別引起懷疑。[30]

電車上的靈感【卡西勒】

在戰爭方面，由於卡西勒患有牛皮癬，穿軍服時會引發極其痛苦的搔癢症狀，以至於他的體位在戰爭第一年他長時間被診斷為不合格。然而一九一六年他進入帝國新聞部的「法國」部門服務，任務除了撰寫短文與傳單文字，還包括閱讀與蒐集法國的新聞報刊，然後用扭曲的方式重新簡述，以作為德軍的作戰宣傳之用。這個工作並不特別辛苦，但是在精神上卻讓人感到十分羞恥，特別是對於有著堅定歐洲認同的卡西勒來說更是如此。

不過這個工作至少給了他足夠的空閒，讓他可以在下午的時間裡投入自己的工作計畫，藉由撰寫前面提到的那本《自由與形式》或另一本《論歐洲各國對德意志文化的反應》（*Über Europäische Reaktionen auf die deutsche Kultur*）來抵消謊言宣傳工作對他的損害。不論發生什麼事，都要能無愧於康德與歌德。這是他面對一切處境的座右銘。只要在他能力範圍內，他便不會背離這個信條一步，就連當他每天早晚花費各一小時半搭乘總是擁擠不堪的電車，從柏林的高級住宅區往返市中心時，也不例外。他太太回憶說：

> 有幾次我跟他一起搭電車，我看到他竟然能在如此怪異的條件下工作。他從來不找位子坐，因為他很確定，就算坐到位子也一定很快就得讓位給婦女、老人或戰爭傷殘者。他會擠到車廂最前端，被夾在非常小的空間裡，一手抓著扶手以防跌倒，另一手拿著一本書專心閱讀。四周的噪音、推擠、黯淡的照明以及惡劣的空氣，對他完全不構成障礙。31

我們在此具體看到，他如何在電車裡積極形塑自己的思想形貌。事實上，他厚達三卷的《符號形式的哲學》寫作計畫——卡西勒從一九一九年起用長達十年的密集工作把這套書寫了出來——就是在通勤電車上完成的。其最早的稿件日期為一九一七年六月十三日，就這薄薄的八張紙，不只為這位哲學家在穿行於柏林的電車上所得到的天才靈感留下了壯觀的紀錄，也見證了他在這兩年內超乎常人的廣博閱讀——這當中必定有一部分是在電車上進行的。[32]一九一九年冬天，當他在斯巴達克同盟暴動的槍林彈雨下再度走進大學（而非新聞部）時，他這本書的初稿已經寫到人類語言現象作為一切符號形式的真正基礎了。在這個時刻，卡西勒很清楚，他正在撰寫一個偉大的題材，正在把他畢生最重要的構想形諸筆墨。而且，彷彿就像被命運所召喚，一九一九年五月——一月死於暗殺的羅莎．盧森堡（Rosa Luxemburg）的屍體也在這幾天被從斯普雷河（Spree）裡撈了起來——從新成立的漢堡大學寄來了一封信。卡西勒的回信如下：

給威廉．施特恩（William Stern）的信，一九一九年五月三十日

可敬的同事先生：

首先，我誠摯感謝您二十二號的來信。幾天前大學才將這封信轉交給我，而我也無法立刻回覆，因為當時我正因流感而臥病在床。對於您友善的提議，我自然必須向您表示最大的謝意；您也無需擔心可能讓我感到煩憂，只因引發我為了一個不確定的希望而心生期待。基本上，對於這類事件，尤其因為最近的許多經歷，我已經完全不會因為期待與失望而煩惱了。然而我也不願否認，雖然考慮到接下來一切都不確定，但是能有機會得到一個學院的位置，於我來說是極其歡迎的；如果能往這個方向前進任何一步，我都會對您非常感激。[33]

終於，這是他渴望已久的講座教授招聘詢問。以這類書信的常規來看，卡西勒寄往漢堡的清楚回覆幾乎有迫不及待的意味：我當然接受！還有，這份收入對我現在正派得上用場！因為戰爭也讓他的家族產業顯著縮水了。卡西勒家族原本來自布雷斯勞，因此他們的大型紡織工廠此時已經位於舊的帝國邊境之外，落入波蘭人的手裡。此外卡西勒在哲學上也早已到了準備好跨入新領域的階段。在第二封回信中他對施特恩（漢堡大學的教授聘任委員會主席、發展心理學專家）表示，自己近來更加投入於語言哲學的研究。聘任的協商進展十分順利。到了一九一九年八月，卡西勒就在漢堡精華的溫特霍德區（Winterhude）買下一間房子；十月時，他便與妻子連同三個小孩踏上一段新生活。

III. 語言——一九一九至一九二〇年

維根斯坦在風暴中現身，海德格體驗到完整的真理，卡西勒尋找他的形式，班雅明翻譯上帝。

用圖像表達【維根斯坦】

「你不能規定一個符號**可以**被用來表達什麼。一個符號所『**能夠**』表達的一切，它都『**可以**』表達出來。」[1] 維根斯坦於一九一九年八月末在一封給他的朋友與昔日的老師羅素的信上寫道。在維根斯坦的眼裡，羅素是此時此刻在這個地球上唯一或許還有機會理解他的作品的人。

在這個回答中，維根斯坦嘗試解釋一個具體的語言哲學問題，這是羅素在「紮實讀過兩次」維根斯坦作品草稿後提出的反駁。基本上，根據維根斯坦的說法，他們討論的是每個有意義的表達都要建立在一套符合邏輯的符號系統上，而在這套系統中，什麼規則決定了每個符號的合法使用。然而不難想像的是，維根斯坦這幾句話也可以被理解為對自己生命處境的頑強辯護。畢竟在這段日子裡，維根斯坦狂熱地下了決心，要為他自己這個符號殺出一條路，遠離迄今賦予他存在意義的一切規範、期待與脈絡。放棄所有財產、澈底開始全新的生活，或許對他最親近的朋友與親戚來說還可以想像。然而維根斯坦的第二步是連他自己的天賦都要背棄，這讓他的姐姐們感到非常不對勁。維根斯坦年紀最大也跟他最親的姐姐赫爾米娜回憶說：

> 他的第二個決定，選擇一個完全不起眼的職業，可能是到鄉下去當小學老師，這是我完全不能理解的。因為我們姐弟之間常常用比喻來彼此溝通，那時我在一次很長的談話中說，如果讓我想像他帶著受過哲學訓練的頭腦去當小學老師，就好像有人拿精密儀器去開箱子一樣。路德維

希則用一個比喻回答我，讓我無言以對。他說：「妳就像有個人從關得好好的窗戶裡朝外看，並且看不懂為什麼有個路過的人腳步如此奇怪。他不知道在外面正肆虐著何等風暴，而那個路人也許費盡全力才能維持站立。」[1]

這個圖像就是她天才弟弟的寫照。事實上，對路德維希的存在具有決定性意義的一切問題與解決之道，全都濃縮在她這段回憶文字中了。

首先，維根斯坦從少年時起就有一種深刻的生命感受，覺得彷彿有一道看不見的牆或玻璃把自己與周遭所有人隔離開來。他不安地意識到，自己與他人有根本的差異，而這種意識透過戰時的經驗又被強化與深化。在最嚴重的時候，這個意識發展成一種在思想上與他人完全隔離（或被封閉起來）的感受，讓他沉浸在幾乎無法克服的生命懷疑中，覺得一切都沒有意義。結果是，對外他什麼事情都沒辦法做，內心裡則有風暴肆虐不已。

在較新的研究中，有人評估維根斯坦可能患有某種輕微的自閉症類型[2]，就是一九九二年起定名為「亞斯伯格症候群」（Asperger Syndrom）的病症。這是童年早期的發展障礙，偶爾會伴隨分析力、數學或音樂領域的高度天賦一起出現，在日常生活中則偏執於固定的行為模式，社會能力嚴重不足。

也許維根斯坦真的是如此。但是無論如何，類似「牆壁」、「玻璃窗」或甚至「圍牆」等等把個人體驗與他人世界切割開來的暗喻語言，都是罹患憂鬱症的人常見的自我描述。維根斯坦在一九一九到一九二一年之間的素描與書信當中不斷出現自殺與解脫的想法，這一點是無庸置疑的，他在這段時間裡經歷了多次嚴重的憂鬱症。

雖然看似與醫學症狀全然無關，但是如果一個人與所謂的外在世界、與所有「在外面」的其他人的連繫，非常澈底地被阻礙或扭曲，那麼這個狀態恰好說明了西方哲學一個根深柢固的懷疑：是否有什麼東西把我們跟事物真實的性質分隔開來？其他人真正的經驗與感受是否也是如此？如果是的話，這個分隔者是誰或者是什麼東西？

柏拉圖的洞穴喻就已經汲取了這樣的猜疑：我們每天感覺到的這個世界，事實上只是影子與幻象的世界。或者，為了更具體地掌握維根斯坦「關在窗戶裡的人」的比喻，我們可以想到現代知識論與主體哲學的奠基著作，也就是笛卡兒（René Descartes）一六四一年的《沉思錄》（*Meditationen*）。

在這本劃時代的作品一開頭，笛卡兒做了一個哲學的懷疑實驗。他首先看似天真地從自己的房間看向外面的街道，並且懷疑窗外在雨中路過的人是不是真正的人——他們會不會只是外面套著外套、頭上頂著帽子的「機器」？[3]作為一個思想的主體，每個人都被關在自己的腦殼裡，他對於在別人身上發生的事情能知道什麼？他們的內心是否正有風暴肆虐？還是在他們心裡根本什麼也沒有發生，實際上只是一片全然與持續的死寂？

維也納的橋樑【維根斯坦】

所以，維根斯坦給赫爾米娜的回答，揭示了一個讓人充滿敬畏的哲學圖像、一個知識論的基本問題：照理說一個人是完完全全被關在自己經驗主體性的內部，那麼作為這樣的存在，如何可能對外在世界或甚至對其他人的經驗內涵取得任何可靠的認知？如同上述，這個問題對維根斯坦至關重要，遠不只是閒來無事所作的懷疑練習而已；正好相反，這個懷疑是個揮之不去、逼他不得不面對的問題，牽涉到他日常的種種行為、人際互動，甚至是與這世界的一切連繫。尤其是我們知道，這位從戰場返鄉的青年在過去七年的時間裡，已經用了他幾乎所有的精神力量，努力把自己——**包括對這個問題**——的思想整理出一個盡可能清楚且明白無誤的秩序：具體來說，就是《邏輯哲學論叢》這本論文。

一九一九年秋天時，維根斯坦已經完全承認這個嘗試失敗了，因為就連他最好也最有見識的朋友，弗雷格、羅素以及建築師保羅．恩格爾曼（Paul Engelmann），在讀過維根斯坦寄給他們的稿本之後，也覺得這本書難以理解。

另一方面，在赫爾米娜這段回憶的描述裡，不只呈現了維根斯坦終身在內心掙扎不已的存在問題，也透露了此問題可行的解方。因為當維根斯坦用極其精確的語言描繪那個「在緊閉的窗外」為風暴所迫的人時，也等於成功地「打開了窗」，也就是成功搭建了一座橋樑通往另一個「你」，意即找到一條從自己的精神孤立中走出的道路，並進入被理解的開闊空間裡。

即便是今天的讀者也能透過維根斯坦當時的回應清楚看到當時他的內心世界狀態，甚至就跟維根斯坦在一九一九年當下自己所知道的一樣精確與清楚。憑藉語言的奇蹟，那隔絕內外的玻璃消失了。不論對他還是對我們都是如此。

如果更仔細審視維根斯坦的所有作品，特別是比較晚期的哲學著作，會發現充斥著「解脫」、「被指明的出路」與「突破」的暗喻與寓言。他晚期有一句有名的斷言：「你的哲學的目的是什麼？」「給想要從玻璃瓶裡飛出去的蒼蠅指一條道路！」[4]

維根斯坦一輩子都希望，哲學活動能打開一扇窗讓人進入自由的狀態，成為積極的、與他人一起的、直接充滿意義的存在，也就是進入他在《邏輯哲學論叢》中所稱的「幸福」（Glück）裡。換句話說，哲學活動打開一扇通往「另一個世界」的窗戶，因為：「幸福的人之世界是不同於不幸福的人之世界。」（《邏輯哲學論叢》6.43）

哲學活動用一種媒介指向通往幸福世界的道路，而且這個媒介，如果沒有能釐清道路的哲學活動的協助，反而會持續堵塞、遮蔽、扭曲，甚至是封鎖那道路——而這個媒介，就是語言本身。

精準的詩意【維根斯坦】

維根斯坦的邏輯論文對其最早的讀者來說——事實上也包括對往後數十年裡的讀者——之所以如此難以理解，是因為他決定用兩種不同的語言用法來為自己的思想做出終極的闡釋，而這兩種用法似乎從根本上互不相容：一種是建立在絕對清楚、毫無誤會可能的數學邏輯語言與其完全抽象的符號之上；另一種是透過充滿圖像的、詩意的、有寓言與矛盾格言的圖像式思考語言。而這種任性的語言風格，又是源於維根斯坦如精密儀器的哲學頭腦獨一無二的屬性。因為作為作者，他在柏林與曼徹斯特讀過工程學，尤其是曾在劍橋跟羅素讀過書，所以無比精熟於堆疊邏輯演算與建構抽象的符號關係。但是他的心性也同樣展現了維根斯坦家族一個顯著的特點——從赫爾米娜的回憶文字也能約略看出——就是善於「用比喻」來進行溝通，亦即透過暗喻、語言圖像以及寓言等詩意的手法來表達想法。

尤其是第二點，遠遠不只是維根斯坦一家才有的特色。如果說第一次世界大戰前在歐洲曾有過一種文化氛圍，人們在這氛圍之中把邏輯分析的精確與語言，以詩意圖像的表達結合兩個不同卻又相互依存的外在表現，視之為一種訴求明晰性的生命美學——那就是十九、二十世紀之交的維也納現代主義（Moderne）[5]。

這個文化有個不言自明的基本設定，那就是每個人語言使用的明晰度，以及每個人的自我與其文化的狀態之間，存在一種內在的連結。馬勒（Mahler）的音樂、雨果．馮．霍夫曼斯塔、羅伯特．穆希爾（Robert Musil）與卡爾．克勞斯（Karl Kraus）的詩文、恩斯特．馬赫（Ernst Mach）與弗利茲．毛特納（Fritz Mauthner）的哲學，甚至是佛洛伊德的精神分析，這些作品雖然南轅北轍，卻都默默被這個基本設定夾在一起。因為在奧匈帝國王朝的政治中心與這多民族帝國其餘地區的日常生活之間，本來就有一道裂縫，而如今這裂縫又擴大為一個真正荒謬的深淵。固定舉辦晚宴、有藝術家來訪與進行基金會會議的維根斯坦家的豪華宅邸，就是這個文化圈的其中一個中心。維根斯坦在這裡住到十四歲，也在這裡由家庭教師教育。所以維根斯坦可以說是像喝母奶般啜飲著這樣的文化氣息長大的。

逆風而行【維根斯坦】

除了維根斯坦的哲學論文以外，身兼詩人與記者的卡爾．克勞斯所寫的辛辣箴言，直到今日也是展示這個文化氛圍思想特性的絕佳範例。譬如，克勞斯（當時他已被公認為維也納現代主義的王者）曾經抱怨說，佛洛伊德的精神分析「事實上是它假裝要治療的那個疾病本身」。所以克勞斯用一種矛盾的方式對於這個新的治療程序表達了他的懷疑，因為這種治療試圖在病人遭遇生命頓挫與混亂、陷入無助狀態之處——也就是在病人的精神世界裡——憑藉語言的手段釐清秩序，並幫助他洞察自我。然而克勞斯的懷疑同時當然也針對了語言本身：對於作為認知生物的人類來說，語言是否真的有正面價值？這個維也納式的提問是：說到底，語言會不會就是這個要被排除的疾病本身？還是說，語言是唯一可被想像的治療方法？語言會不會扭曲我們通往真正理解世界與自己的道路？還是語言反而使這種理解成為可能？

當維根斯坦一九一八年在論文前言中寫道，「**這裡所傳表達的思想之真理**」對他來說「**是無法抗拒且明確的**」，所以他相信自己「**在實質上已有決定性的解決**」。這時他所想的不光只是——甚至談不上首先是——由羅素與弗雷格在建構一個全無矛盾的邏輯計算時所留下的問題，也包含了由維也納世界的藝文主角提出的核心問題與語言懷疑。隨著第一次世界大戰的戰敗，奧匈帝國終於毀滅，構成其文化核心的維也納世界也跟著傾圮破裂。一九一九年時，這個經過巨變的維也納圈子不只完全無法理解維根斯坦的著作，更糟的是還全然漠不關心。

到一九一九年秋天快結束時，尋求出版論文的維根斯坦處處碰壁，拒絕他的出版商名單簡直是當時維也納前衛文化圈的名人榜：首先他找上恩斯特·亞赫達（Ernst Jahoda），克勞斯作品的出版商；然後是威廉·布勞慕勒（Wilhelm Braumüller）——維根斯坦曾經盛讚的魏寧格的《性與性格》（*Geschlecht und Charakter*）是由他出版；最後他找了斐克（Ludwig von Ficker），前衛藝術雜誌《燃燒器》（*Der Brenner*）的發行商——因為維根斯坦曾在戰前捐款贊助過他；另外他也找了里爾克（Rainer Maria Rilke）。最後在里爾克的支持下，斐克把維根斯坦介紹給島嶼出版社（Insel Verlag）——然而出版計畫也沒有談成。

這段時間裡維根斯坦只得到過一次肯定的回覆，但出版條件是印刷與運費必須自己負擔，維根斯坦斷然拒絕。首先他已經完全沒有錢了；再者，更重要的是，他認為「用這種方式勉強讓這世界上又多一本書，不是一個體面的市民應該做的事」。正如他一九一九年十月在一封信上對斐克所說的：「寫作是**我的**事，但是這個世界必須以一般正常的方式接受它。」然而這個世界並不願意，至少在維也納是如此，一開始其他地方也沒有機會。所以我們不難理解，當他在昆德曼街的師資訓練學校受訓期間，跟他一起坐板凳聽講的同學至少比他年輕十歲，而且生活背景與他沒有值得一提的共同之處，這時他內心的絕望是如此強烈，就像秋天的風暴。

此外在一九一九年秋天的這段期間，還有一些他生平中引起最多爭議的插曲。因為這段時間的日記中有幾則顯示，維根斯坦曾到與同性戀聚會有關的維也納普拉特草原（Praterwiesen）上的公園和人接觸。[6] 這件事是否屬實是有爭議的，因為雖然有一位傳記作者曾親眼看過那幾則日記，但是日記本身從未對外公開，或者說已經下落不明。然而無可爭論的是，儘管他的遺稿管理人數十年來一直有意掩蓋，但維根斯坦確實有同性戀傾向。較晚期的日記清楚顯示，維根斯坦終其一生都對他的性欲維持一種道德上極其緊張的關係；他認為性的全部領域都是敗壞與骯髒的。在他自己的眼裡，普拉特草原上的這類事件一定尤其符合這個判準。考慮到維根斯坦的人生在一九一九年秋天正處在自我毀滅的新低點，上述據稱在公園停車場與同性戀約會的事件，從心理學的角度來說頗為可信。

在這幾個月裡，他作為哲學家被真正理解的最後希望就落在羅素身上。因此維根斯坦一次又一次在信中要求儘快會面，以便當面向他就論文的關鍵論點做出闡明。然而這時歐洲大陸仍處在戰後殘破的狀態。維根斯坦沒有錢，羅素也沒有有效護照——因為他在戰爭期間因為反戰立場進過監獄。最後他們終於在一九一九年十二月的月中見面了，在荷蘭——奧地利與英國的中間。遜位的德意志皇帝威廉二世（Wilhelm II）也在此時逃到這裡，鎮日擔驚受怕，深恐荷蘭政府將他引渡至協約國。

在海牙的三個點【維根斯坦與羅素】

他們在海牙（den Haag）的一間旅館度過了四天。維根斯坦每天一大清早就去敲羅素的房門，然後兩人整天就這本書進行會談與論述。這場討論的最高點，可能是當羅素拿了一張紙，在上面畫了三個點的時候——因為維根斯坦說，要理解他的書，關鍵在於要能辨別「**說話**」（sagen）與「**指涉**」（zeigen）的差異，而羅素正想努力確認這個差異何在。羅素手上拿著這張紙走到維根斯坦面前，要求他承認，在這張紙上無庸質疑有三個點，所以「這個世界上至少有三個東西」的陳述也有意義。[7]然而維根斯坦卻堅決反對！因為根據他最高的哲學信念，我們不可能對這個世界的整體性質做出任何有意義的陳述。

具體以這張畫了三個點的紙的例子而言，維根斯坦認為，你唯一能說的**有意義的**話是：「在這張紙上有三個點」。因為這句話所指涉的是這個世界中某一事態的存在。這個句子不只有意義而且為真，如同羅素手上這張紙所清楚顯示的那樣。

事實的圖像【維根斯坦】

根據維根斯坦的這部論文，有意義的——所以可能為真的——**語句**，最好是被理解為**事實的圖像**（Bilder von Tatsachen），而且其內涵清楚表示，在世界內的事實必須是何種樣態，這些**語句**／

圖像（Sätze/Bilder）才可為真。這也是我們用語言理解這些**圖像／語句**（Bilder/Sätze）的方式。

2.221 圖像所描寫的東西，就是它的意含（Sinn）。

2.222 圖像的意含與實在一致或不一致構成它的真或假。

4.016 為了要了解命題的實質，我們想一個描繪事實的象形文字。而且，字母的字體是由象形文字演變來的，但它並不失去其描繪的事實。

所以，當你看到一個語句主張的事實圖像確實存在於這個世界，那麼這個語句就為真。或者換個方法來說：當一個語句主張的內容就是實際上的那樣，則該語句為真。根據維根斯坦《邏輯哲學論叢》的開頭兩句話：

1 世界是實況的全部。

1.1 世界是事實的總和，而不是事物的總和。

理髮師【維根斯坦與羅素】

那麼「這世界上至少有三個點」這句話有什麼問題呢？為什麼不管羅素在旅館房間裡手中揮舞著這張紙，再怎麼追問，維根斯坦都不讓步？答案是因為維根斯坦早在論文的第一句話就已確立，

「世界」（作為整體）本身不是事實，不過只是「事實的總和」。

維根斯坦之所以不認為世界作為一個整體可以做出有意義的述句，主要原因之一是：如果世界本身是個事實，那麼它就得把自己當作一個事實包含在自己之內，成為許多其他事實的其中之一。那樣一來，世界一方面會被定義為**特定元素**的集合（即事實的總和），同時**本身又是這個集合內的一個元素**（即其中一個事實）。然而，如果你允許一個集合把自身當成集合內的一個元素，那麼從邏輯形式主義的角度來說，會導致最糟糕的邏輯混亂與不可控制的自相矛盾。而不可反駁地證明了這一點的（維根斯坦確信）不是別人，正是羅素自己。

羅素在一九一八年討論這個集合論的矛盾時，最喜歡舉一個理髮師的例子：讓我們設想有個叫奇斯維克（Chiswick）的地方，那裡有只有一位理髮師，而且只為奇斯維克所有不為自己理頭髮的人服務。關鍵的問題當然就是：誰來幫這位理髮師理頭髮呢？

這個問題無法毫無矛盾地獲得解答。因為如果理髮師不替自己理髮，根據定義，他就屬於他服務的那群人。反之，如果他為自己理頭髮，那又違反了既有的集合定義，「他只幫奇斯維克不為自己理頭髮的人理頭髮」。如果你希望這位奇斯維克的理髮師是個光頭，雖然這算是個能在這個例子中躲開問題的玩笑，但還是不能解開集合論必然會產生的糾纏與矛盾。

這就是為什麼維根斯坦認為，從這個語言哲學的理髮師例子看來，既然世界被定義為「事實的總和」，那麼世界本身就不能是個事實。然而如果世界本身不是事實，那麼根據《邏輯哲學論叢》，你也就不能對於作為整體的世界的狀態做出任何有意義的陳述，就連「這世界上有三個東西」這樣的句子都不行。同樣像「這個世界存在」或「這個世界不存在」的這類語句也不行。

所以，儘管羅素在飯店房間裡拿那張紙揮舞了半天，還是不能有意義地**說**「在這個世界上至少有三個東西」。不過——而且這是維根斯坦論述的關鍵——這個語句陳述的事情，在現在這個狀況下卻清楚無疑**顯示**為真，因為受到「這張紙上有三個點」這件事實所支持。所以，親愛的柏特朗，你的問題到底在哪裡？或者說，你到底覺得哪裡有限制？一切從根本上可以說的話，都可以清楚且無矛盾地解答。

梯子上的羅素【維根斯坦與羅素】

然而此時在海牙，羅素最不能同意的就是這個意義的邊界。尤其是他因為惱怒而提出一個非常明顯且看似強大的反駁，即維根斯坦的哲學論文恰恰因為其在「有意義的」與「只是看起來有意義的」語句之間做出區隔，所以本身很大部分必然也只是由無意義的語句構成。

羅素會說，我親愛的路德維希，我請問你，像「世界是一切為真之事的總和」這樣的一句話，難道不也是對於**世界作為一個整體**所做出的陳述句嗎？對此維根斯坦會非常平靜地回答：「親愛的柏特朗，你所說的這一點當然完全正確，而且我在論文裡的最後兩句話也特別指出了這個矛盾。」請拿起我的論文，並閱讀下面兩句：

6.54　我的命題在於向任何瞭解我的人闡述如下：當他以它們為階梯，爬過它們之後，畢竟認知它們為非意含的。（他必須超越這些命題；然後他才能正視世界。換句話說，他爬過去之後，必須捨棄這階梯。）

7　不能夠說的東西，我們應保持緘默。

你了解了嗎？親愛的柏特朗，你能了解嗎？在正確的理解下，我的書根本沒**說**任何有意義的話，只是**指涉**了某些東西。作為一部作品，它不過是個指涉行為，而且是指涉「另一個世界」，也就是指涉另一種世界觀：一個更清楚、更誠實、沒有那麼扭曲的、也是睜大雙眼的、更謙虛的、更不預設基礎的，以及更有意義的世界觀。最主要的是，那是個更自由的世界觀。更自由，因為在這個新的世界裡，我們再也不必用論證來思索特定問題，尤其是哲學問題——因為我們已經認知到，甚至是**體會**到，那些問題並沒有意義。舉例來說，在那個世界裡不會有人宣稱世界作為一個整體「實際上」存在或不存在。所以那是一個既沒有意識型態、也沒有意識型態懷疑的世界，如果你願意這麼說的話。

這個比較自由的世界觀，就是我這本書對讀者所建議的，親愛的柏特朗，這有點像是，當我用手指指向窗外天空的某一朵雲，同時問你你是否也看到那朵雲有個獅子的形狀，然後看一下那邊，現在那朵雲看起來像龍。那邊是它的咽喉，後面是它的尾巴……看到了沒，你也看到了嗎？那裡是翅膀，還有兩個眼睛，而且正在風裡闔上……然而，如此一定會來到一個點，這時一切的解釋與指示都必須停止。從這時起，你必須靠自己看，必須自己看懂；從這時起，事物必須自己在你面前顯現……完全是在這些意義之上，我在論文的前言中寫下：「**也許，只有已經具備了本書內所表達之思想—或至少類似思想—的人，才能了解這本書。**」

沒有用。羅素就是看不到也看不懂。他的觀點和維根斯坦根本南轅北轍，他在維根斯坦的梯子上才爬了幾階就停下來，而且覺得有充分的理由絕不再往上爬。「維根斯坦完全變成一個神祕主義者了。」[8]羅素在一封信上對於在海牙的這場討論做了總結。這並沒有錯，甚至說中了某些重要的東西。正如同維根斯坦在一九一九年聖誕節返回維也納時所想的，他覺得自己至少把論文的一些內容與面向對羅素說清楚了。最重要的是，羅素作為舉世聞名且著作暢銷的哲學作家，表示願意為他昔日學生的作品寫一篇簡短的導論。即便沒辦法讓亦師亦友的羅素清楚理解「說話」和「指涉」的差別在語言哲學上的重要意義，但至少維根斯坦懷抱了新的希望。有了羅素寫的前言，那麼他作品的出版與銷售機會必將大增，如同他立刻寄給出版商斐克的信上所寫。只可惜維根斯坦的希望再度落空，斐克還是跟原先一樣，認為這本書絕對賣不出去。

為什麼這個世界不存在【維根斯坦】

一個重要的原因可能是，出版商對於這本書核心問題的重要性有所懷疑——關於「世界作為整體」的表述到底有沒有意義，這難道不是只有少數邏輯學者與集合理論家才會關注的特殊領域嗎？

會不會最終來說這其實無關緊要，只不過是空洞的字詞之爭？放到我們具體的日常生活來看，這種猜想或許顯得十分合理。不過至少對現代哲學的自我認知與現代哲學許多關鍵性的問題來說，這個問題的結果非常重要，在一定意義下甚至會決定一切。我們只要回想一下笛卡兒跟他對整個現代哲學影響深遠的懷疑論——這個世界真的如我們每天經驗到的那樣存在嗎？其性質真的如同我們所描述的嗎？或者這世界也可能是某個極其強大的惡魔製造的幻象？這個世界到底存不存在？

這個問題聽起來很重要，簡直非同小可。然而根據維根斯坦的論文，這個知識論的根本懷疑卻被揭穿為一個純粹的假問題。笛卡兒提出的這個問題，實際上是個典型無意義的問題。所以能清晰思考的人，最好離這類問題遠一點。因為：

6.5 如果我們不能用語言說出一個答案，則我們就不能說出這個問題。

沒有這**謎底**存在。

如果我們能夠提出一個問題，那麼，我們也就能回答它。

6.51 懷疑論不是不可反駁的，而是當它懷疑無法回答問題時，它就是明顯的非意含。

因為只有在有問題存在的地方，才可以懷疑，只有在答案存在的地方，才可以問問題，只有在可以用語言表達的地方，才可以回答。

所以這個問題在維根斯坦手上被解決了。不是說問題被解答或被駁斥，所謂的被解決指的是被排除，因為笛卡兒的問題在提出來的時候，我們已經知道那個提法是錯誤的。或者讓我們舉個年代近很多的例子：海德格，當他在一九一九年的冬季學期，用所有問題中最絕對的問題使他的學生聽眾激動不已時，他並不是在問某物是否存在（譬如在一張紙上是否存在三個點），而是問「**根本來說是否有任何東西**」存在。這個問題的提法一開始聽起來或許有意義，但最終說來可能並非如此。然而這並不意味著維根斯坦對於海德格提問的衝勁，以及其背後所隱藏的改變世界的分量，澈底缺乏理解。正好相反，因為他也在論文中寫道：

6.522　的確，有些不可言喻者。它們**顯示**它們自己。它們就是奧祕。

6.44　奧祕不是世界中的事物狀況如何，而是世界的存有。

所以維根斯坦跟海德格一樣，也一直沒能擺脫最原初的驚嘆：為什麼竟然有**某個東西**存在。他們特別感到驚嘆的是，只要我們把眼睛打開，每個「某物」就會直接對我們呈現出充滿意義，甚至是真理的模樣。只不過維根斯坦在一點上與海德格不同：維根斯坦不相信對「究竟意義下的某物」全然不造作的探問裡（即僅探問其存在），還蘊藏著極度深刻的哲學謎團，而這個謎團的究竟意涵必須從根本上重新以語言表達出來。相反地，根據維根斯坦的信念，任何往這個方向的嘗試或早或晚都會落入無意義的語言遊戲中，甚至更等而下之的結果。

洪流之下【海德格】

也是在一九一九年九月的這幾天，當維根斯坦陷在懷疑意義的風暴中、感覺彷彿有扇「緊閉的窗戶」把自己跟周遭其他人隔絕開來的時候，海德格正在經歷靈感與創造力的大爆發：「各種想像、問題視野——邁向豐碩解答的真實進度——原則上的新見解、最超乎預期的表達方式與語詞的各種可能性、真實意義下的組合與凝聚——這一切是如此盛大湧現，如此一發不可收拾，以至於我實際上不論體力或時間都無法捕捉、駕馭以及有系統地擷取這道洪流。」[9] 海德格在一封一九一九年九月九日寄給在弗萊堡的妻子的信上如此寫道。此時他住在康斯坦茨（Konstanz）附近的一座農莊，為了專心寫作而避居在此好幾個星期。儘管如此，這位來自黑森林的思想家還是為許多個人事務而苦惱。他的婚姻出現了危機。不過幾天前，埃爾芙利德才在信上向他坦承，她與一位大學的舊友有婚外情。他的名字是弗利德．凱撒（Friedel Caesar），是弗萊堡大學附設醫院的醫師。海德格在回應此事的信上，首先表現得十分超然與諒解。此外他還把這起事件詮釋為生命哲學的挑戰，而解決的任務只落在他一個人的身上：「今天一早妳的信就到了，而信裡的內容我事先已知情，多費言詞來剖析這一切並不會帶來有益的結果。光是妳用樸實、沉穩的口吻對我明說，這於我已經足夠……弗利德愛妳，這我早已知道……偶爾我會感到訝異，為何妳沒有更早告訴我……如果我對他心懷怨怒，那只是幼稚與浪費力氣……然後現在我正埋首於在究竟意義下，人與人之間來往的問題：這些天我新認識了不少人，因此這個問題特別引起我的注意。我發現他們對我來說，基本上全都無關緊要——就像從窗外走過一樣——你盯著他們看，或許能記起他們是誰。……對超越時代的偉大任務懷有使命感，就註定讓一個人陷入孤獨，而且孤獨的本質就是其他人對孤獨一無所知；恰好相反的是他們把孤獨者理解為富裕者、受尊敬者、受崇拜者——受矚目者以及被討論者，而他們卻很訝異自己被他極端鄙視（一種更高意義下的棄置）。」10

這裡我們又看到了「彷彿在窗外」經過的人們！這是那些為數眾多的尋常其他人，海德格無法或不願與他們建立真正連繫。這些人對於他內心澎湃的創造性思想風暴一無所悉；在這種精神高度截然的不對稱裡，海德格必須排拒他們、傷害他們。一個偉大的孤獨者，註定要靠一己之力解開被加諸於他一人身上的超凡問題，而且必定不被他人理解，也就是一個反社會的天才；這個浪漫主義的圖像就是海德格的自我理解，而且終其一生都沒有改變。

模糊的視線【海德格】

海德格在給埃爾芙利德的回信上喚起笛卡兒式的情境：一個哲學思想者在窗內對窗外的世界產生懷疑，而且在思考過程中，甚至連周遭的人是否真為人類也都起疑——海德格做這個比擬絕非偶然。笛卡兒對現代哲學的影響，如海德格在這一年裡越來越意識到的事物具有極其毀滅性：笛卡兒懷疑主義的思想實驗、笛卡兒將思想的（以及最終來說一切能計算的）主體確立為一切確定性的原初基礎（「我思故我在」）、笛卡兒將哲學限縮為純粹的知識論、笛卡兒將世界澈底二分為精神與物質……笛卡兒就是哲學的敵人。他的思想代表了西方哲學就此誤入歧途的轉折點。

在海德格一九一九年九月初如痴如狂的這幾天中，他已經看到了「超越時代的任務」的輪廓。那是一種「原則性的新的觀看」、一種挺進嶄新「問題視野」的藝術，其主要內容就在於把這個國家、這個文化，乃至於這整個傳統，從主體哲學與認識理論在近代所散發的惡質魔法中解放出來，也擺脫其純粹的計算理性與其對於自然科學的偏執。海德格認為，西方人作為整體，無論就通往世界的途徑或就自我的認知而言，都深陷在一種根本的錯誤之中。由於未經質問就接受了錯誤的概念，他們只能透過被扭曲的目光來觀看現實。因此不論是對於自己、世界或彼此，他們最多只有模糊的感覺，就像透過一層毛玻璃。

沒有人注意到他們的視線越來越模糊。更甚者，這種對現實的模糊觀看，幾百年來如此深刻地鑽進文化的自我認識裡，以至於現在被人們視為對世界最高且唯一真實的認識形式，甚至被回溯推崇為真正的突破與啟蒙之光。也就是說，這簡直是惡夢成真！

然而，如果有所謂的惡夢，那也就代表你可以從中醒來。至少一九一九年秋天時，海德格感覺自己完全覺醒了：他開始獨立且堅決地在笛卡兒所劃定的近代主體與知識論的框架之外思考哲學。用現今的說法來說，從此海德格的思考就一直「跳出框架」（outside of the box）。事實上他最早的基本信念是：根本沒有框架！並不存在一個被隔開的內在經驗空間，彷彿隔著一道玻璃把思維主體與外在的現實存在（Realität）區隔開來。笛卡兒對外在世界的懷疑論，以及與此直接相關的問題，即外在現實「實際上」是什麼模樣，以及其對認識客體與認知主體的絕對區隔——這一切如海德格更精確與無偏見的現象學觀察，漸次指出這全是虛假的問題與虛假的設定。

我們完全可以理解，為何海德格在這個大突破的夏季裡，會在信上對埃爾芙利德說：「就像有次妳注意到的，我的確已經超越了他（胡賽爾），我探討的問題與視野已經遠比他更為廣大。」[11]並且在他們婚姻的關鍵時刻稱她為「新道路上的高貴同行者」。然而在信的接下來幾行，他又重新把自己描繪成孤獨的智者與洞察者。海德格在一九一九年九月的這些書信讀起來，一方面像是滿懷希望地對他的妻子傾訴他的哲學信念，另一方面又好像已經無法確定，自己與她之間是否還存在內在與親密的真正溝通管道。她會不會已經站到其他人那邊去了？遠遠比他有錢、屬於資產階級的弗利德．凱薩會不會已經把她拉回十分傳統的愛情觀之中？臣屬於社會禮儀與表象的那種？這時他已沒有把握。

於是在這些日子裡，他嘗試去做他唯一確定的事，也是他作為一個人類可以自由達成的事，就是確實進行他的工作、書寫與思考。因為這些事情沒有任何斷裂，也沒有任何懷疑與矛盾。在這裡，一切都是統一的。一切都處在充滿靈感的興奮之中！唯一令人遺憾的是，他無法永遠停留在這個絕對熱情的魔法之地，而是時候到了就得返回那個有弗利德與其他煩惱的世界裡：「……好像是它（Es）在工作，但是一路上你絕對會深有所感——尤其是當那狀態漸漸消逝、疲倦出現、而你再度返回周遭世界時——然後我就知道，我完全且絕對地清醒，特別是專注於問題與精神的客觀世界——這裡沒有什麼是陌生的——在這裡沒有任何事物從外面經過——而是你自己會跟著走而且推動著什麼——在創造性的生命裡，一切陌生的東西都消逝了——所以那種明明在自然的周遭世界裡（die natürliche Umwelt）卻彷彿站在彼岸（Am-anderen-Ufer stehen）的狀態也就特別讓人感到被撕裂與翻攪……」12

所在海德格那段日子裡進展快速，內心劇烈地活動，甚至幾乎超過他的負荷。那他這段話裡說的「它」（Es）是什麼呢？一定不是佛洛伊德當時仍然很新鮮的無意識理論中所說的「本我」（Es）：根據這個理論，「本我」構成意識的「超我—自我—本我」（Über-Ich — Ich — Es）三層結構裡的最下層，是在每一個主體中，由原欲驅動的深處負責提供真正具有創造性的動力。不，海德格的「它」即便在早期的思想裡，所指的是一種完全不同類型與範疇的力量。那是在「什麼東西存在」（was gibt es）這個問句裡才會真正顯露的不可名狀的「它」——或者我們應該採用維根斯坦的說法，更確切地說——那個神祕的「它」。這個「它」超越主體與客體的二元對立（「我完全清醒地專注於客觀世界」），超越主動與被動的二元對立（「自己跟著走也推動著什麼」），超越內部與外部的二元對立（「在這裡沒有任何事物從外面經過」）……要在概念上把握這個「它」一點也不容易。就連對海德格這樣的人也一樣。然而這個「一切意義與存有的創造性的原初根基」的經驗，讓他從此無法忘懷，他一輩子都在尋找一種語言來描述這個經驗。

一起孤獨【海德格】

海德格在九月的這些書信讓我們清楚看到，這位思想家對於融合哲學與日常生活，完全是認真的。他甚至把自己婚姻的危機拿來與他的哲學計畫做了全面的對照。他以一種或許從來沒有任何哲學家做過的方式，把他摩登的妻子走上的婚姻歧路，拿來等同現代哲學本身所處的歧路。在這個黃金的秋天裡，兩者對海德格來說都構成非常棘手的挑戰。然而這些苛求只不過讓他更為強大、更有生產力，因為在這個絕對嚴酷的爭端裡，他終於可以執行自己所感受到的真正使命：也就是冷酷無情，並且絕對實在地走向本質要務，把一切虛假的、虛構的與被揑造的東西一掃而空。譬如一九一九年九月十三日的這封信：「我並沒有對妳的認知（deine Erkenntnis）生氣——我又怎麼能生氣呢？現在我每天都必須在絕對實在的心態裡體會認知（Erkennen）的冷酷無情與酸楚苦澀……在原初力量（Urkraft）中的生活比認知更為深邃與豐富，而且我們整個現代哲學都還患著一種病，那就是教人以『被認知性』（Erkanntheiten）為起點編造各種哲學問題，以至於這些問題從一開始便歪曲而且充滿弔詭。」[13]

看穿膚淺表面、擺脫傳統規範、駁斥虛假錯誤、毫不留情地走向事物核心、讓**真實**在每個地方得以突破。確實，在一九一九年後說這種話的人非常多，絕非只有哲學家。尤其像「膚淺表面、傳統規範、假象、扭曲」等等這類概念也常見於反猶主義：反猶主義在德國文化中原本就根深柢固，在戰後更是越見激烈。

相對地，海德格這時的目標還沒有明顯的政治性格。就像「提問體驗」的例子所顯示，他的激進態度一開始是侷限在哲學想像的範圍之內。在此處討論的例子裡，這個激進態度促使他對於「**有**」這個字，提出了一個最普遍可想像的以及剝除一切預設內容的問題，來追問其究竟的意涵。

比這個更簡單、更脫離傳統、更普遍、特別是更無預設的問法，看起來簡直不可能。海德格所做的回答也是如此。是的，「在此（da）」存在著（gibt es）某個東西，如同事情不容否認地顯現的那樣。甚至還存在整個世界。然而，純然為了「在這裡」（Da-Sein）或者說「既有」（Gegebensein）而堅定驚嘆，這完全不是一種自然且無預設面對世界的態度。相反地，如同海德格一再強調的，這種態度需要一種特殊形式的專注或冥想般的沉澱，與我們一般面對生活與世界時大多未經反思的日常模式毫無關聯。

兩個怪人【海德格與維根斯坦】

讓我們做個實驗，想像兩個年輕人一同在城市裡散步。突然間其中一個對另一個說：

「多麼奇特啊，竟然有個東西！真是太奇妙了：這裡！還有那裡！還有那邊！你看，那邊也有！」

另一個人點點頭，然後說：「確實，我看到了。這個情況也呈現在我眼前。而且你知道嗎，我也一直想到：真正的奧祕之處，並非這世界怎麼會是這個模樣，而是其竟然存在。」

這兩個人簡直是怪人。不過，這就是如果海德格與維根斯坦在一九一九年相遇時，彼此完全可能進行的對話。而且從哲學上我們可以高度確定，他們兩人一定非常理解對方的意思。不過只有海德格會繼續大談「有」的意涵，並進行哲學闡述，維根斯坦顯然不會。因為其中一人（海德格）以為找到了一個開創性的問句或甚至突破，可以通往一種真正全無扭曲的對於存有的認識；另一人（維根斯坦）只會預期這類討論都是廢話、都是因語言而產生的假問題。

先於周遭世界【海德格】

無論如何，海德格從一九一九年起就認為，哲學的根本錯誤——最晚從笛卡兒開始——在於把理論思辨的模式視為原初與究竟的狀態。然而這正好顛倒了事實，於是無可避免地製造了一整串知識論的假問題，當中最要命的就是笛卡兒式的懷疑論：在真實性（Wirklichkeit）的意義下，真的有實在性（Realität）這種東西嗎？因為這已經是個只能從某種理論設定出發才能提出的問題，所以根據海德格（也根據維根斯坦）的信念，這種提問方式在哲學上根本是錯誤的：

有別於周遭事物（das Umweltliche），一切實在性都是經過多重變形與詮解才推導出來的。如果執意要質問周遭事物的實在性，就等於顛倒了一切真正的問題。周遭事物在自身之中有真正的自我彰顯的能力。外在世界的實在性問題的真正解決，在於認清那根本不是一個問題，而是一個荒謬的質問。[14]

所以對海德格來說，那首要的既有存在（das Gegebene）並不是實在性，而是一個周遭世界（eine

Umwelt）。這個「構成世界的」周遭世界已經是個充滿意義的整體，當中有種種指示，只要你堅持不懈地追尋下去，最終就會看到整個意義世界。現在依照海德格的確信，我們必須從哲學觀點出發，根本上重新看見世界作為既有存在的特殊性。因為事實上，我們已經把這種眼光（以及與此密不可分的關於存在的洞見）荒廢與遺忘了，這為我們與整個文化帶來極為嚴重的後果。作為人類，要是只把間接導出的理論途徑視為原初的途徑，就會在面對世界的整個過程中，與真正具有重要意義的世界力量漸行漸遠。海德格於一九一九年把這種由整體文化導致的、對真正原初要務的背離，稱為「**意義底蘊的褪色**」（Verblassen der Bedeutsamkeit）：世界、其他人、自我，都褪色了。這些東西——讓我們再次以笛卡兒的窗戶比喻——現在都只透過一層理論的毛玻璃被感知。結果就是虛假的生活，而且是在偽造的世界與基礎錯誤的人我關係之中。

這裡我們再度清楚看到，海德格用現象學方法重新找回世界的計畫，具體來說是相當存在主義的：早在他思想的早期階段裡，他就已經對現代的科技時代與其物化一切並加以利用的邏輯，抱持根本性的意識型態批判；而這種批判從海德格開始，一直到二十與二十一世紀的批判理論裡，都反覆迴響。提奧多・阿多諾（Theodor W. Adorno）最著名的一句話大概是：「在虛假的生活中，不可能有正確的生活。」——沒有人比一九一九年的海德格更確信這句話了。因此，作為一種存在的理想，這句話要求的即完全原初與不扭曲的、真正的「在這裡」！（只不過阿多諾與他的追隨者並沒有這麼直接了當地做出這種療癒的要求。）以今天的眼光回頭看，我們很容易知道，為何這樣的哲學綱領會讓海德格被德國二戰之後的生態運動奉為影響深遠的先驅：整體性、環境意識、科技批判、愛好自然……這些議題在一九一九年都已經是海德格思想的核心：他崇尚真實性與不扭曲，在一切生命處境裡自然且熱切地主張，人應該有機地扎根與落腳在周遭世界裡，並體會到自己最初便隸屬其中：包括每個人自己的家園、家鄉的景色、風俗、習慣、方言以及其他所屬的一切。一個人唯有在他土生土長的地方、在他所屬的周遭世界中，才能真正的在內在完全地成為一個真實的人。就海德格本人來說，眾所周知這個地方就是黑森林。

也就是說，這整套想法在這裡已經透顯出一種民族真實與意志本質的意味，所以也顯示了一定的黑暗面。

真實性的透顯【海德格】

整整一年之後，在一九二〇年九月，我們仍然（或者再度）看到海德格處在完全的創作狂熱中，也再度與他的妻子分居兩地。這次他是回到故鄉梅斯基希，住在他哥哥弗里茲（Fritz）家。他從這裡寄食物包裹回去，因為食品短缺的危機也席捲了弗萊堡：

……讓我高興的是，我工作的狀況如此順利……我現在工作……是一氣呵成而且充滿「前進」與「突破」的振奮心情。每天早上我從七點工作到十二點，然後在一個「小休息」後，又從兩點工作到七點，完全不受演講課、討論課、各式拜訪打斷——而且最重要的是，愈做精神愈好……晚上放鬆的時候，我就跟爸爸與弗里茲——請不要嚇到——玩紙牌遊戲「六十六點」，而且玩得非常高興……這樣我睡前可以分散一下注意力——不然我會太專注在哲學上。——讓我真摯地吻妳幾次，我親愛的小心肝——妳要快快恢復健康，跟我們的兩個小男孩一起快樂點。請代我給他們兩個一個親吻。

妳的小紅蘿蔔上[15]

所以馬丁、弗里茲與他們的爸爸會坐在一起玩紙牌遊戲，這也是一種道地的、健康的黑森林家庭。然而在這個九月裡，海德格的工作狂熱也是一種補償作用。在這些日子裡，他不只全力埋首於工作，也是在進行一種排解。因為埃爾芙利德於八月二十日在弗萊堡生下第二個兒子赫爾曼（Hermann）之後，身體大受影響，這時還一直躺在床上。然而海德格在她生產時，包括整個八月，都留在梅斯基希沒有回去。埃爾芙利德與幼小的長子約爾格這幾個星期的生活起居，則是交給一位親近的女性友人照料。直到二〇〇五年時，一個埃爾芙利德與馬丁從一九二〇年起開始共享的祕密才公諸於世：海德格並不是新生兒的生父。赫爾曼是埃爾芙利德與弗利德的戀情所生下的小孩。然而海德格當時認為不需要為此離婚或心懷妒恨。正好相反：他把這件事視為成就真實婚姻的契機——可以擺脫他至為痛恨的市民階級種種虛假與偏差的慣例。小孩出生三天之後，他就找到適切的語言來表達這個信念了：「我無法不經常想到，人們對於婚姻經常所說的一切是多麼蒼白、錯假與情緒性。儘管我們沒有在我們的生活中創造出一種新形態的關係——不帶一切計畫與目的——只是讓真實性顯露在我們關係的每個面向上。」16

出身於柏林大城市的班雅明博士——我們可以肯定地說——一定會為海德格對婚姻中的戀愛自由感到敬佩，不過這時候他不只對這些事情一無所悉，更重要的是，他有其他很不一樣的煩惱。

一些媒體的工作【班雅明】

在博士畢業一年之後，班雅明一家仍陷在同一個「惡劣漩渦」裡：因為班雅明的父親於一九一九年八月無預警前來造訪，他失去了穩定的生計。因此在一九二〇年春天，這一對無論住處、工作與生活費都沒有著落的年輕父母別無選擇，只能返回柏林，住進代爾布呂克街上的父母家裡。不用說，各種衝突也日益嚴重。

班雅明十分抗拒在父母這間寬大的宅邸裡久住，然而父親以完全切斷每月給他的固定金援作為回應。在被逼到這一步之後，兒子便堅持預先支領至少一部分他應得的遺產。在通貨膨脹蠢蠢欲動的此刻，這並不是個聰明的點子。然而華特非常堅持，不論旁人如何勸說都不退讓。到一九二〇年五月，他們終於達成某種協議。班雅明在一九二〇年五月二十六日給友人舒勒姆的信上，如此描述他的狀況：

> 激烈的爭執結束了……他們從我可以繼承的財產中預付了三萬馬克給我，外加一萬馬克但不能

帶走任何一件傢俱，就這樣把我打發了。意即是我離開這個家，並不是他們把我踢出來……當然，這樣粗糙的處理實在駭人聽聞，接下來也無法預見會發生什麼事。唯一確定的是，我們一定得在**某處**找個房子住，而且是我們能維持生計的地點。……您有**任何資訊**嗎？……城市或鄉下公寓、盡可能不帶傢俱且便宜、鄉間的雙併住宅等等……如果您有這類消息能通知我，我會無比感激您。然後，我是說在我或多或少恢復像人的生活之後，我就得動手寫「就職論文」了……雖然在伯恩獲得教書的職位看來已經完全無望了。所以拿這張「講課許可」（venia legendi）頂多只是出於形式的原因。我的岳父母，我們現在僅有的後盾（即使只是在表面上而非真正在經濟的意義上，但他們願意給予很多的付出），堅持我應該去當書商或出版商。不過我父親也拒絕提供我所需的資金。我很有可能必須表面上放棄過去的工作目標，無法成為大學教師，無論如何，如果沒有意外的話，我必須在一般人的一份工作之餘，才能偷偷在晚上進行研究。至於是哪一份工作，我也不知道。（這個月我三次靠幫人看筆跡分析性格，賺了一百一十塊馬克的外快。）……我很努力在找編輯的工作。費雪（S. Fischer）有在找人，布洛赫（Bloch）把我推薦給他了，但是他卻沒有跟我連絡。您知道嗎，如果他用我的話，我有個很大的出版計畫。

獻上最親切的問候，請儘快給我回信。

您的華特[17]

撇開信中優美的文筆不談，這封信同樣可能出自一九九七、二〇〇七或二〇一七年任何一位柏林的年輕博士生筆下：租屋市場是純粹的災難、父母令人厭煩得不得了、大學資源不斷被裁減（混帳資本主義！）、到處都找不到還有名額的托兒所，如果完全無路可走了，那麼鄉下的藝術家聚落也可以考慮……那要做什麼工作呢？還沒什麼概念。也許跟媒體有點關係，最好是出版業。

讀者的腦海裡也許會出現一個漫畫般的景象：一個生涯沒有規劃、財務上備受呵護、年滿二十八歲天資優異的青年，漸漸但確實認知到，這個世界根本沒有在等待他這個天才的到來。班雅明這段時間的唯一收入，就只有筆相學的性格分析，類似今日替人算命或當風水師。

所以，一九二〇年時，班雅明正因學院生涯失敗而陷入貧困。一九二〇年時為了儘快開始新的人生而勉強掙取的三萬帝國馬克，在三年之後卻連一個夾火腿的小麵包都買不起。如果班雅明從這時開始的人生有任何固定模式可言，那就是他總能確切掌握錯誤的時間點去做錯誤的決定。此外，在這封信裡也清楚呈現另一個同樣影響他一生的行為模式：就是他與那些他稱之為朋友的人際往來方式。因為從一九二〇年起，你很難找到一封出自他筆下的信，內容裡沒有向朋友尋求金錢援助或其他重大幫忙。同時他還經常用很長篇幅的抱歉、藉口或理由，來說明為什麼可惜他無法辦到一些本來約好的事情或承諾的事項。他跟舒勒姆的友誼——這兩人自一九二〇年秋天起才以「你」互稱——也是最經典的班雅明友誼，因為他從未停止的請求與利用為這段友誼蒙上了陰影。此外班雅明比舒勒姆年長幾歲，所以他從一開始就享有成熟度與知識的優勢。這也是一個典型的模式，因為班雅明最喜歡在對方承認與自己有知識階層落差的情況下維持友誼。

躁動不安【班雅明與海德格】

學業結束之後，接下來可能的路途選擇多到令人焦慮——今天社會學家根據躁動不安的無助感，也把這個生涯階段稱之為「比目魚階段」（Flunderphase）——這時你要不是把全部力氣都投注在一個主要計畫裡，不然就是保持開放的心胸，以迎向其他全新的職涯道路。不意外地，這兩種策略班雅明都不採納。雖然在伯恩獲得有薪教職的希望已經落空（同時他太太在越來越貴的瑞士也一直沒有找到穩定的工作），他卻十分堅持撰寫教職論文的計畫。不管當上教授的機會有多渺茫，在這些年裡，班雅明一直把大學視為他渴望的生涯所在。他順著當時一般學界、尤其是哲學圈的流行，打算以「知識論的特殊題材」——落在文字與概念（語言與邏各斯〔Logos〕）這個大哉問裡頭——作為就職論文的主題。同時，班雅明企圖用一種極為獨特且創新的方式，來探討這個在此時已被十分密集研究過的問題領域，就是藉著使用中世紀經院哲學的語言哲學。尤其是在鄧斯·司各脫（Duns Scotus）著作裡約略出現的一些思想題材，班雅明認為這很接近自己語言哲學的直觀，如同他在一九一六年的早期著作《論普遍語言與人類語言》（*Über Sprache überhaupt und über die Sprache des Menschen*）[18]裡所指出的。所以，他的主旨在於援引一個廣泛被遺忘的思想傳統作為自己論題的合理基礎，並且在兩套看似毫無關聯的思想之間——一邊是現代的、邏輯分析的語言哲學，另一邊是中世紀的、高舉神學大旗的語言玄想——迸發出系統的火花來。就計畫本身來說是很漂亮，只不過早就有人想到這個點子，而且已經在一九一五至一九一六年之間獨立完成了一本就職論文。這個人不是別人，就是班雅明昔日在弗萊堡非常討厭的同學海德格。班雅明是一九二〇年從舒勒姆那裡得知海德格已經寫了這樣一本書。「海德格的書我一無所知。」班雅明在回信上坦白承認，然後在幾個月之久的沉默後，他在一九二〇年十二月對舒勒姆表達了如此評斷：

> 我把海德格論鄧斯．司各脫的書讀完了。他寫這本書所需的無非只是勤奮，以及對經院哲學拉丁文的掌握而已，儘管有五花八門的哲學渲染，基本上只算是一部還不錯的翻譯文章。光靠這樣的作品就能完成就職資格，真是令人不可置信。作者在里克特與胡賽爾面前可恥的阿諛奉承讓這本書更加不堪。就哲學來說，鄧斯．司各脫的語言哲學在這本書裡並沒有被處理到，所以這本書留下的工作可不小。19

「可恥的阿諛奉承」、「除勤奮外一無是處」、「關鍵問題都沒處理」……這些評語我們很熟悉；每次有人請海德格評鑑某位受到好評的同事的某本作品，海德格總是在保密的回信中用上這類貶語。班雅明在面對學院運作以及各式資格論文時，從態度到所使用的語詞，都跟海德格沒有兩樣：同樣侵略性的傲慢，同樣擺明冷酷無情，同樣想毀滅他人的意志。這兩個同世代的人彼此水火不容，但是從他們思想與性格的格局來說，卻又高度相關，彷彿一對異卵雙胞胎，由於認知到兩人的特色與興趣相似，所以作為成年人恨起對方來也就特別熾熱。

事實上，班雅明預計用在教授資格論文裡的系統架構，同樣出現在海德格一九一六年的博士論文裡，其標題為《鄧斯．司各脫的範疇論與意義理論》（*Die Kategorien- und Bedeutungslehre des*

Duns Scotus）[20]。這兩位思想家都援引鄧斯・司各脫作為權威，來探討人類語言（及其思想）對於上帝語言的關係。上帝思考世界所使用的方式，是我們可以描述、可以認知、究竟說來可以拿來跟人類語言做比較的嗎？如果是的話，那麼這個我們所設想的關係該如何更進一步確定？如果事實上，連最些微的相似性也不存在的話，又該如何？那樣的話，人類要如何在真正意義上認識這個作為上帝的創造物的世界？

海德格（在天主教會的獎學金資助下）在他的博士論文裡詳細地探討了這些問題。而這些正好也是班雅明想在他論文研究題目中所研究的（當然也會牽涉到卡巴拉〔Kabbala〕以及托拉〔Thora〕等猶太教傳統），就如他在一九一六年關於語言哲學的第一篇連貫論述《論普遍語言與人類語言》裡已經做過的那樣。然而與他最初的評斷相反，班雅明在仔細讀過海德格這本書之後，越來越懷疑自己的論文計畫還能有多大的突破。在那封對海德格全盤貶抑的信之後的短短幾個星期，他再次寫信給舒勒姆，而且這次態度明顯不同：

> 在做過一些研究之後，我現在比較小心了，也開始懷疑把經院哲學的類比當成主要線索是不是一個好主意，這會不會反而是繞路？海德格這本書會不會其實已經幫我把經院哲學最關鍵的思想（順帶一提，以非常不透明的方式）的問題呈現出來了，而且也已經或多或少勾畫出接下來的真正問題。所以我也許還是應該先找幾個語言哲學家來研究……[21]

找幾位語言哲學家來研究——在一九二〇年前後，我們要問：具體來說是找誰？卡西勒？維根斯坦？羅素？摩爾？胡賽爾？弗雷格？皮爾斯（Peirce）？也許是因為了解到，當時這個領域在所有方向上都處於爆炸性的發展中，如果要確實地加以掌握，無論從資源或個人興趣來說，都不是他所能承受，所以才使他很快地放棄了這整個計畫。然而也可能僅僅是因為海德格已經先他一步處理了這個問題。無論如何，從一九二〇年開始，班雅明又搬回代爾布呂克街與父親同住。因為受嚴重的憂鬱症所苦，他在這幾個星期幾乎完全無法工作，精神上毫無動力。他正式放棄撰寫語言哲學的就職論文的計畫。畢竟他這輩子還有其他的計畫，譬如翻譯波特萊爾的《巴黎風情畫》（*Tableaux Parisiens*）[22]——一九二〇年秋天時，他爭取到海德堡的出版商魏斯巴赫（Richard Weißbach）同意為他出版這本譯作（因為班雅明依照一貫的風格，宣稱自己已將此書翻譯完畢）。他甚至還可能拿了一筆錢。一九二〇年十二月四日，班雅明寫信給開始有點失去耐性的出版商：「我要很愧疚地向您解釋，何以關於波特萊爾翻譯的事情許久都沒有回音。我本來希望能把這份稿子盡可能完整地將最後修訂的版本交付給您。然而此事延宕許多星期，因為我最近生了不少病……還要補充的是，如果這與您可能的出版規劃不衝突的話，我打算為我的譯文撰寫一篇**前言**，而且是一篇理論性的、具高度普遍性的文章〈譯者的任務〉（Über die Aufgabe des Übersetzers）。」[23]

既然已經為計畫中的就職論文《語言與邏各斯》（*Sprache und Logos*）做了縝密的理論預備工作，為什麼不乾脆拿來當自己譯作的前言呢？雖然這跟波特萊爾的詩與自己的翻譯工作完全沒有關聯，但是至少自己的理論工作不至於全部白做。這是一個班雅明典型的奇想，而且絕對不是最差的一次。〈譯者的任務〉這篇論說文直到今天，是班雅明最受讚譽而且理論論述最為清晰的一部作品。

文章中實際上包含了一套獨立的語言哲學的核心要點。

職責【班雅明】

如果有任何人嘗試在班雅明的波特萊爾翻譯與〈譯者的任務〉文本之間，建立一個內在的系統性的連結，注定會失敗。因為這個連結本來就不存在，即便極少數讀過當年初版的讀者，一定會依據「前言」這個明顯的標記而實事求是地猜想這個連結。這個文本採取了極其原則性的、最終來說是形上學的格局，因此本來也可以放在其他任何一部譯作之前，但其實不要當作任何前言才是最好的。此外，儘管標題為〈譯者的任務〉，文章內卻沒有任何一個讓翻譯者可以自行應用的指示，甚至連一個具體的實作範例都沒有。文章中唯一牽涉到波特萊爾的翻譯之處在於，班雅明認為語言真正的本質是在詩中彰顯。而譯者真正的職責也是如此。在詩裡，語言脫離了其日常、具體傳達訊息的功能。由此，班雅明認為就譯者的職責而言，產生了一個矛盾：

> 一部文學作品究竟在「說」什麼？它要傳達什麼？了解它的人，其實少之又少，而它的本質既不是傳達，也不是表述！相較之下，那些想要有所傳達的譯本只能傳達文學作品的訊息，但訊息偏偏不是文學作品的本質。[1][24]

[1] 編按：引文中譯見：《機械複製時代的藝術作品：班雅明精選集》，莊仲黎譯，二〇一九，商周出版，頁一九六。以下引文不再加註。

如果說語言的本質在詩裡呈現得最為清楚，然而該本質卻不在一個人能夠傳達給另一個人的範圍內——譬如讓另一個人知道某個事態（「你把雨傘忘在我這裡了！」、「狗在客廳裡睡覺」等）——那麼譯者真正的任務也就不會是把他要翻譯的作品內容，盡可能意象精確地從一種語言傳送到另一種語言裡。那麼，他的任務又是什麼呢？

作為哲學界的翻譯者，班雅明之所以對於譯者的任務感興趣，主要在於翻譯行為裡包含了一種現象，而且這現象最終說來具有**語言哲學**的意涵。

為了掌握原著與譯本之間的真實關係，我們應該展開一種探討，而這種探討的意圖則相當類似人們的某些思路：也就是對於知識的批判應該證明反映論（Abbildtheorie）是不恰當的❷。該批判指出，如果認識在於對於現實事物的反映，那麼在知識裡便不可能有任何客觀性、甚至連主張客觀性的資格也沒有，於是我們也可以證明說，如果翻譯的究竟本質是在追求與原著的相似性，那麼就沒有任何翻譯是可能的。[25]

班雅明一九一九年的博士論文已經揭露，現代的評論者以其真實任務而言，必定成為作品本身的創造性環節，必定是其共同創造者。這個說法也適用於譯者的活動上：適切翻譯一部作品，就論證的第一步來說，既不是翻譯其訊息，也不是用目標語言製造出一個盡可能符合原版的複製品。

❷ 譯註：反映論是古希臘哲學裡的一種說法，認為知識／認識只是客觀外在事物的一種「映象」（Abbild），譬如我認知一頭牛，該認知只是由細小原子在我腦中組成的一個牛的映象。

用更直接的方式來表達，這個說法似乎也讓人聯想到一般翻譯課程中常見的基本原則：「可能的話盡量忠實，必要的話盡量自由」。那麼真正的新見解在哪裡呢？哲學的新啟發在哪裡？

這個新見解是建立在中世紀的語言哲學的區分上，而且在不久前同時獲得胡賽爾的現象學學派以及戈特洛布．弗雷格的數學邏輯的語言哲學的重視。弗雷格稱之為「指涉」（Bedeutung）與「意涵」（Sinn）的區別。在胡賽爾的現象學術語中，這組區別被稱為「所指的意向」（Intention des Gemeinten）與「意指的方式」（Art des Meinens）。

一個經典的例子就是「啟明星」（Morgenstern）與「長庚星」（Abendstern）的區別。這兩個稱呼指稱的是星空中同一個對象，也就是金星。所以照弗雷格的術語來說，兩者都有**相同的指涉**，然而卻有**不同的意涵**。因為同一對象的不同名稱強調了其不同的面向：啟明星強調其在清晨的天上發光，長庚星則強調其在傍晚的天上發光。兩個名稱「意指的對象」，也就是其所涉及的客體是同一個，但是其「意指的方式」卻不一樣。

對班雅明來說，同一語言中的兩個不同名稱卻以些微不同的方式指稱同一個對象，這樣的關係正好可以類比到不同的民族語言（譬如德文與法文）相互間的關係，以及特別是其與世界的關係上。

> 事實上，語言間一切超歷史性的親緣關係之所以成立，就在於在這些語言之中，儘管每一個語言就整體而言都意指著同一回事，卻不是任何語言單獨可以達到的，而是只能藉由個別語言的

> 意向（Intention）互相補充而形成的整體，才能達到：這個整體就是純粹的語言。雖然相異語言的所有個別元素，譬如字彙、語句、脈絡，都是互相排斥的，但是這些語言的意指卻是互補的。要精確掌握這條語言哲學的基本法則，就在於把「所指的意向」與「意指的方式」區分開來。在德文「麵包」（Brot）與法文「麵包」（pain）這一組字彙裡，所指的雖然相同，但是意指的方式卻並不一樣。因為在「意指的方式」中，這兩個字彙對德國人與法國人來說，都指涉了某些不一樣的東西，而且是不能互換的……然而在「所指的意向」方面，絕對地說，所指涉的卻完全是同一個東西。[26]

不同語言間的差異（這個思想班雅明是借自赫德〔Herder〕與威廉・洪堡〔Wilhelm von Humboldt〕）並不只在於「發音與符號」不同，而是因為每種語言都是獨立觀看世界的方式。我們也可以說，都是在同一個對象（譬如麵包）上見到些微不同或全新面向的獨特方式。所指涉的對象即便完全相同，卻不是使用相同的意指方式。在這裡，作為語言哲學家的班雅明就遇到了一個問題；他在一九一六年的《論普遍語言與人類語言》裡就對此大加著墨。一方面，當你主張屬於不同語言的兩個辭彙是以各自不同的方式指涉同一個對象，譬如都指稱一個橢圓型麵包，這樣的說法並沒有什麼問題。只不過被指稱的對象，本身實際上也是透過語言被決定與被給定的：也就是說，作為麵包，它最終是由「麵包」這個語言概念所決定的。以啟明星與長庚星為例，兩個名稱都指涉金星，然而金星本身也只是透過「金星」這個名稱來確定的。換句話說，兩個名稱（或者照班雅明的講法：語言系統）所指稱的對象，其真正的身分認定要仰賴一個被默認的前提：一個作為一切語言基礎的、獨一無二且真實的普遍語言。這是包含一切「真實名稱」的語言。對班雅明來說，這個理想且真實的語言就是舊約上帝的語言。

在一切語言與一切意涵背後設定一個統一的、作為基礎的原初語言：這個思想主題，如先前所見，維根斯坦與海德格也都（各自以不同方式）密切關注。那麼班雅明的解法是什麼呢？維根斯坦指出，世界與語言具有同一個邏輯形式；海德格主張，對我們來說，世界（在語言上）一直是既定的，充滿意義且先於我們的存在。與他們不同，班雅明用歷史神學的角度來解決這個問題。他主張，他所稱的「純粹語言」或「真實語言」就是上帝的語言。所以，人類作為會說話與探究問題的物種，其真正的目標與任務就在於要盡可能接近上帝的語言：上帝掌握萬物本質時，其命名和說話的動作是絕對相同的（上帝永遠能找到適切的名稱，任何事物的任何可能面向都逃不開祂的掌握）。要達成這個目標，就要創造一種盡可能準確把握且指謂這個世界的所有面向的語言。

這正是（理論的帷幕彷彿在此落下）每個詩人在自己的語言裡努力想要達成的目標：以真正真實的方式為事物的本質命名，並讓它們顯現出來。如果翻譯者的神的活動要適切達成這個目標，就要以詩人在其使用語言中所用的「意指的方式」，在譯者自己的語言裡，創造出一個盡可能準確適合的位置。也就是說，翻譯者的任務就是要用被翻譯語言中的「意指的方式」，來擴充他所要翻入的目標語言，並使他自己的目標語言更為豐富。簡言之，譯者的職責即在於讓自己的語言，盡可能在豐富程度上貼近真正意義之下的目標語言——上帝真實的語言。因為偉大詩人的良好翻譯，對於譯者自己的語言來說，向來是重大的擴充與獲益。這種翻譯為該語言開發了新的意指方式、找出了新的由語言傳達的觀看角度，來面對那「相同」的對象。用班雅明自己的話來說：

譯者的任務……在於知曉自己對於譯本語言的意向，並從這種意向出發在譯本語言裡喚起原著曾引發的迴響。……翻譯作品……把原作……喚入其中（進到譯者自己的語言森林裡），並讓原著在某個獨特的地點就定位。在這個定點上，譯者可以讓原著先前所引起的迴響，也在譯本的讀者身上產生共鳴。……譯者想要把許多語言整合成一個真正的語言的強烈動機，讓他們完成了翻譯的工作。27

也就是說，真實的語言就是一切言說所瞄準的理想目標。在理想的言說裡，每個事物自身對我們開啟其全部的明晰性、彼此之間清楚的區隔以及確定性。那就像一種狀態，如班雅明在一九一六年的論說文中所提，對於上帝所賦予一切存在事物的字詞或名字，都在其中找到。譯者的任務也就是人類自身的任務。

人類是名字的賦予者；我們認知這點，因為純粹的語言會透過人類說話。只要一切自然會傳達訊息，都是以這純粹的語言來傳達，意即最終來說是在人類身上進行傳達。28

以上就是班雅明如何尋找作為一切人類言說基礎的獨特語言，以及他對此問題的解決方案（在此同時，維根斯坦、海德格與卡西勒也在探究這個相同問題）。答案即上帝的語言。每個充滿指涉的言說行動，都在真實語言的軌跡上活動，彷彿正走在朝向它的道路上。關於這個事實，人沒辦法從自己的語言裡直接斷定或推論出來，然而在特定的語言使用情境下，這事實卻會特別清楚地**呈現**出來：尤其是在對詩歌作品進行翻譯時。

澈底的翻譯【班雅明】

如果能理解到這個地步，那麼按照班雅明的說法，譯者真正的任務還可以擴及於人類言說的整體，包括一切個別的言說行動在內：畢竟每個人大柢上都在使用自己的、也就是不同的語言。我們每個人講到「麵包」一詞時的連結都非常獨特與個人。所以不只說話永遠等同於翻譯，尤其是每個理解形式都需要翻譯。照班雅明這套看法，每個具體的他人在我們每個人面前，都是個「法國詩人」；他所進行的言說與指稱都是最終構成人類，並使其成為文化存在的偉大目標的一部分。這個目標在於對這個世界進行最大程度的語言界定。那理想的、透過無數精妙翻譯而更加豐富的「真實語言」，對班雅明來說就像是單子，這世界每種可能的面向都能在這個單子上，以最高程度的銳利與準確映照出來。那樣的「真實語言」，完全如我們所想像的神性言說與思考一樣，與這個真實的世界在究竟意義上無法區分。

如果說維根斯坦作為語言哲學家，是從詩學被趕進邏輯學裡，最終為這兩者找到一種完全個人的、統一性的形式；那麼班雅明就是從詩歌出發，經過邏輯學，然後一路往下滑進神學與猶太教的彌賽亞主義（Messianismus）裡。是的，在這些日子裡，班雅明也困守在代爾布呂克街的書房裡，很大程度上與他人隔絕、不被理解，他有著嚴重的憂鬱，而且現實條件幾乎讓他無力與這個世界建立任何有意義的連繫——偏偏這個世界又刺激著作為哲學家的他，進行最精緻的思想飛翔。班雅明的論說文〈譯者的任務〉很能說明他的特性：他能把美學與文學的思想，以獨一無二的方式和神學與知識論的思想連結起來。然而這份文本還體現了他思想上，另一個較少人注意到的特質。那就是他有能力或者說感到有必要，把完全具體的、現實生活的、在生涯階段上最終說來完全世俗的問題處境或經歷經驗，拿來作為他獨特的、充滿挑戰性的理論藍圖的出發點。譬如一九二〇至一九二一年時就是如此：班雅明翻譯波特萊爾，同時放棄已初步執行的求職論文計畫，但是他立刻把計畫中形成的思考發展成一個翻譯的理論，其目的不折不扣在於把翻譯設定為哲學上真正重要的，甚至是決定一切的行動。不論當時在做什麼或打算做什麼、不論遭遇到什麼狀況，班雅明總是能立刻從中提出一個（迷你）理論，而且這個理論每次都散發一種迷人的魅力，剛好把他自己當下所做的事提升為真正關鍵的行動，甚至昇華為可能拯救世界的經驗方式。這當中固然有某種極度自戀的色彩（不只是乍看之下），然而也有一種極為清醒、充滿活力，並且具有生命重量的元素。這使他耗費一切能量來進行創造性思考，總是讓他的文字逼近可理解與可翻譯的最後邊界。卡西勒在順利抵達漢堡之後，正在研究與班雅明完全相同的問題架構，只不過他探索與意指的方式完全是另一回事。

崇拜與聲音【卡西勒】

我們已經看到，對於清醒的哲學家來說，「我能知道什麼？」跟「我該如何生活？」這兩個問題是無法分開來談的。這也是這幾位哲學人物的影響力與魅力何以能夠歷久不衰，為什麼他們有潛力成為一整個時代的偶像與榜樣。

他們把自己的思想實踐於自己生活的世界中，這樣的理想（最純粹的代表就是哲學的創始人物蘇格拉底）進一步把哲學跟其他知識途徑區隔開來，譬如有別於自然科學或者藝術。作為哲學家是一種有意識的生活方式；要用持續不斷的檢視與質問為生活找到動力、形式與方向。從事哲學的這種特性，與純學術機構的系所目標形成一種明顯的緊張關係，因為後者對於學術表現與生涯進程有著體制性的規範。所以對於「學院哲學」（第一個使用這個稱呼的不是別人，就是海德格）抱持公然的懷疑甚或是反叛與鄙視的態度，就成為這個學門裡少數長期存在的基本現象。事實上，直到二十世紀晚期，哲學這一行裡的多數關鍵人物——譬如史賓諾沙、笛卡兒、彌爾（Mill）、休謨、齊克果、尼采——都不是大學哲學系的教授。就算是，他們通常也在內心對學院盡可能保持最大的距離，譬如叔本華（Schoppenhauer）；或者在二十世紀的一九二〇年代裡，譬如海德格、維根斯坦以及班雅明。在他們的自我描述裡，鮮明地拒絕學院哲學家的身分，這是一個很關鍵的元素。在細心的維護下，這種拒斥的態度會產生戲劇般的張力，有的人習慣用「崇拜」（Kult）這個概念加以捕捉。而海德格、維根斯坦與班雅明對同時代的人來說就是如此：他們是真正的引領風潮的人物。

然而卡西勒則非如此，無論當時或現在都一樣。早在一九二〇年代初期，當時的人用另一種完全不同的標籤來形容他。譬如有人會說他是有距離感的「奧林帕斯人」（Olympier），或者稱他在台風、素養與知識上是個包羅萬象的人，以及「末代的全方位天才」或者至少「全方位學者」。然而在缺乏善意的描述中，也有人說他簡直是學院「哲學教書匠」的典型代表、思想公務員，用他同事馬克思・謝勒的話來說，卡西勒寫了一些「漂亮、部分說來也算符合事實與有深度的一般教育書籍」。[29]也就是說，他是個老實人、是個思想家，但並不是真正偉大的那種。

確實，卡西勒從不覺得深植於大學哲學系的文化對他來說是限制，甚至算不上疏離或扭曲。這一點從他作品的風格與形式中看得特別清楚，他的書完全遵守當時主流學院出版的規範。這也是卡西勒與維根斯坦、海德格以及班雅明等三人構成的鮮明反差之處：後者中的每一位都尋求極端獨特的（或者也只是任性的）語言形式來表達自己的思想。因為根據這幾位思想家的信念，框限哲學家的思想與生活，同時也適用於思想與語言、思想與風格等關係。那個把自己思想表達出來的具體形式，就內容來說並非外在的，而是自始至終就自內而外地組織與形塑。從這個鮮明的個體化角度來說，卡西勒的作品並沒有呈現出他自己的、獨一無二的「聲音」（Sound）。

同樣明確的是，卡西勒住在漢堡的溫特霍德區，就跟先前在柏林的格倫納瓦爾德區（Berlin-Grundewald）一樣是上階層的居住區；他的日常生活與鄰居（醫生、銀行經理、商人）沒有太大的不同。兒子們讀住宿學校（如此可以表現出樂於革新的姿態，這間奧登瓦爾德中學〔Odenwaldschule〕在當時就已經充滿傳奇）。他每天早晨行禮如儀地讀報紙（總是最先閱讀體育版），與妻子討論當天要做的主要事項，然後進他的書房或者去大學進行他的哲學工作。回到家後就吃晚餐，接著與妻子一起演奏樂器或聽音樂，上床後他還習慣再閱讀一會，有時會讀些犯罪小說。在我們可以重新構築的範圍內，卡西勒夫婦過著相當充實的婚姻生活，與他們三個孩子海因茲（Heinz）、格奧爾格（Georg）以及安娜（Anne）是個「幸福的家庭」，過著平靜的生活。

卡西勒是四位哲學家當中，唯一沒有讓性生活變成嚴重問題的人，也是唯一不曾陷入精神崩潰的人。沒有任何紀錄顯示他曾有持續性的創作危機或甚至嚴重的沮喪。頂多他的妻子在婚姻頭幾年裡提過他有「輕微的晨間憂鬱」。他在壓力較大的期間容易感冒、發燒。然而他的問題最多也就是這樣了。這個人在其他時候總是能夠充滿創造力地思考問題，而且無須為此大肆聲張。他的妻子東妮回憶說，他「從不要求身邊任何人為他的工作費心。在我們的社交圈裡，不明內情的人可以跟他來往幾個月或者好幾年，卻不知道恩斯特其實是哲學家，從早到晚都在探索哲學問題。」[30]卡西勒唯一真正稱得上激進的地方，是他對於均衡狀態的堅持。譬如他是四位哲學大師當中，在政治動盪的十年裡，唯一明確支持一九一九年成立的威瑪共和國的人：是的，他是四人當中唯一堅定支持民主理念的那一個。

在漢堡的歌德【卡西勒】

隨著漢堡大學教學工作的展開，這位新上任的哲學教授進入了穩定且多產的階段。卡西勒在一九一九年秋季學期（不意外地）以一門《康德與德國思想》（Kant und das deutsche Geistesleben）作為開始。康德的狀況好到不能再好：不管是自己或是在眾人當中，或者是一展長才的位置上，他都無入而不自得。換句話說，卡西勒也是一樣，他在私生活裡的樣貌、思想的風格、寫書使用的語言，都是相同表現欲的具體展現。只不過卡西勒的這股衝動並不是要和人一較長短，而是要在持久的創作力中克服難關。卡西勒展現的是孜孜不倦的哲學生活。他是這樣的哲學家：在自己哲學中做出的承諾，要在自己的生活中如實兌現。

他做出的成績十分驚人。卡西勒整套哲學所高舉的大旗，就是以建設性的方式調和壁壘分明的二元論與表面上的矛盾，譬如內與外、肉體與靈魂、感覺與理性、精神與物質、思想與文字、神話與科學、經驗知識與形上學、一元與多元、人與上帝、語言與宇宙——如果你了解這一點，就會知道卡西勒的努力是多麼難以衡量。

這種充滿創造性的調和工作原則上是可行的——這個核心見解是卡西勒在搭乘電車穿行於戰損嚴重的柏林街道時，突然獲得的靈感；從一九一九年起，他全部的精神力量也都奉獻在這著理念的實行。在這個於電車行進間逐步完成的計畫綱要的結尾處，他如此描述了這個見解：

> 我們對這個「生活」的認識只限於其「外在表現」：然而這一點正是上述全部觀察的核心要義，因為「外在表現」並非任何偶然的、次要的「外在之物」，它是必要的，而且是「內在」與本質自身的真實與唯一的表現。從最簡單的姿勢、發出的語音開始，一直到最高等的精神活動、

最純粹的「形上學」，這個見解都獲得了證實。[31]

所以在一九一九年秋天時，卡西勒內心已經浮現出一個研究計畫，要把人的內心或精神的全部領域，視為一個由人的各種表達構成的、並且持續發展中的連續體。那麼要用什麼手段與方法來進行呢？又要先挑選「精神活動」中的哪一個形式來仔細觀察呢？讓我們根據幾個首要的主題，來追隨卡西勒這個計畫的頭幾年：

基本現象【卡西勒】

事實上，卡西勒的計畫核心思想就在於一個見解，即我們所稱的「人的內心或精神」（Geist），「只有透過其**外在表現**，才能觸及真正的、完全的內在。這個內在世界（das Innere）的形式，會回頭決定其本質與內涵。」[32]

從這個觀點來看，幼童最早發出的咿咿呀呀聲音，以及後來只由一個字構成的表意句（譬如「答答答」、「球！」），就是內心體驗透過符號呈現的外在表現，然而這樣的外在表現性並非單純只是描繪或映射此體驗內容，而是賦予其一個具體的（以本例而言：聲音的）形式與樣貌，而這些外顯形式一旦經過多次重複固定下來，又會結構性地回頭影響內心世界（Innenleben）。

透過這種持續的努力，把感官經驗用外顯的、有物質形體的符號轉化成有意義的表達，這就啟動了一種動態關係，使無論是人的內在自我或外在的世界，都獲得具體的形貌。

卡西勒認為，不論你往哪裡看，「這個基本現象都鮮明可見；我們的意識並不滿足於只接收外部世界的印象，而是會用一種自由的表達活動來連結與貫穿這個印象。」[33]

這個持續不斷的、互相決定的、充滿創造性的賦予形貌的過程，全部加總起來——從最簡單的手勢表情到最抽象的形上學——卡西勒稱之為文化。即便這個過程具有事實上不可忽視的內在多樣性與異質性，卡西勒仍然相信，這當中展開的空間可以被理解為單一的與統一的，也就是作為具有符號的或者以符號形式被形塑的空間。

對於多元的意志【卡西勒】

認為我們的心智不單只是仿製或映射外在現實，而是會自主形塑——這樣的想法，在康德的批判哲學以及其所謂的「哥白尼的轉向」（kopernikanische Wende）中就已經占有核心地位。據此，我們的心智不只會依循事物的法則，事物也會依循我們心智的法則。至此，卡西勒的哲學計畫明顯建立在康德的（意即觀念論的）基礎之上。只不過卡西勒的《符號形式的哲學》把康德的想法更往前推進一步：卡西勒認為，要為我們所居住的這個世界賦予結構、形貌與意義，遠遠不只有一種方式。在康德的《純粹理性批判》裡，世界生成的基本範疇主要是向牛頓物理學這樣的自然科學世界觀看齊。我們首先得掌握與描述的，便是這個世界的「可能性條件」（Bedingungen der

Möglichkeit）。

卡西勒的計畫主張：認識世界的途徑（Weltzugänge）有多元的形式，而且各形式本身是平等的。卡西勒在知識論上的這個關鍵構想得自於威廉．洪堡的語言學。因為洪堡的著作研究了各民族不同的自然語言（德文、法文、芬蘭文、梵文……），並且類似於康德的哥白尼轉向，認為語言都是為經驗世界加上一個由符號傳達的結構，不同語言只是方式不同。卡西勒如此解釋他如何從洪堡的看法出發：

> 一切的文字與語言結構，都以一種關注形式為基礎；根據洪堡的說法，不同語言文字各自有一種特別的精神形式，有一種掌握與理解的方式特別顯著。所以個別語言的差異並非聲音與符號的差異，而是觀看世界方式的差異。譬如月亮在古希臘文意味著「測量者」（μήν），在拉丁文卻代表「發光者」。或者在梵文中，大象有時是「喝兩次水的人」，有時是「有兩隻牙的人」，有時是「只有一隻手的人」：在此我們能看到，語言從來就不是單純指稱我們所感知的對象，而是指稱由我們心智獨立建構出的概念，同時這些概念的樣態總是取決人智性觀察的角度。[34]

所以，卡西勒把關於自然語言多樣性的思想運用到更廣泛的領域上：任何重要的文化形式，只要以特定方式使世界成為可見的，或者為世界加上行動導向的形貌，都適用於這個多樣性的思想。對卡西勒而言，這些重要的文化形式，除了自然科學的世界外，最主要是指自然語言、神話、宗教、藝術、數學或者邏輯的各個世界。照卡西勒的理解，這些都是「符號形式」，但是有各自不同的整體結構與決定形貌的建構法則。因此他的哲學在知識論上最關鍵的要點，可以用下面這段話來形容：

這些符號形式中，沒有一個形貌可以完全化約為另外一個，也沒有一個可以完全從另外一個推衍出來，而是每一種符號形式都各自代表了一種特定的心智掌握方式，而且透過這個方式，每個符號形式還建構了自己所見到的那一面「真實」。[35]

如果追問拉丁文「luna」是否比希臘文的「μήν」更正確地描述了「月亮本身」，這個問題其實沒什麼意義。同樣地，去追問要用神話、藝術還是自然科學形式去掌握「真實自身」才比較正確，也沒有意義。正如同拉丁文的「luna」特別強調且凸顯了月亮的某個特定面向（即「發亮」），同樣地，希臘文也把重點放在月亮可能的度量時間功能上。

換句話說，符號形式的運作，不只是具有創造性的（因為永遠不只是單純描摹或複製感性的經驗），而是在個別的創造性塑造之中，也依循特定的興趣與重點，以至於能夠給我們（作為在這個世界上行動與承受的存在）特定的方向與指引。

不過，神話、宗教與藝術的符號形式所追求的興趣導向，都很明確與自然科學的符號形式不同：對各種形式而言，重要的東西都不一樣。所以這些形式讓這個世界以各自不同的方式向我們呈現，也以各自不同的方式賦予這世界形貌與意義。

然而，如果追問，在人的心智功能的整體之外的絕對真實是什麼，那「物自身」（Ding an sich）是什麼，那麼他是不會得到任何答案的……真正的實在性概念，無法勉強套進貧乏的抽象存有形式裡，而是必須在人類心智活動的多樣與豐富形式中開展……[36]

所以某些特定事物的存有與樣態問題，不能獨立於一切符號形式之外來回答，只能個別在符號形式內、透過符號形式來提出，才有意義。當你依照某個符號形式提出問題，答案便會因為該符號形式的內在規則而有所**不同**——因為每個形式構造都受到其內在規則的決定與限制。譬如在物理的世界裡就不會談到「生命」的概念，而「恩典」或「命運」等概念也同樣不會出現。相對地，「生命」的概念對生物學來說就極其重要，就像慈悲與命運概念對大多數宗教而言同等重要。如果有人以實證科學的態度提出反對，說「實際上」並沒有恩典這回事，因為這個概念在物理學中最終並沒有實體可言，那麼根據卡西勒的說法，這只彰顯了這個人對於宗教的符號形式（以及這套符號所承載的諸般生命形式）根本毫無理解。這樣的事情並不罕見。不過我們不應該把各自的侷限與偏見，以令人誤解的方式，標舉為一切「真實」的標準，像是直到今天都還一再出現的各種「某某主義」的現象❸，譬如物理主義、經濟主義、唯物主義、生物主義等等。照卡西勒的說法，這些所有主義都犯了人類認知能力（Erkenntnisvermögens）的基本錯誤，而且最終來說都是自戀的權力渴望。這個錯誤在於把自己的認知角度、切入現實的途徑，宣稱為唯一真實與唯一有用的。或者也不是宣

❸ 譯註：只以學科本位衡量一切問題的主張。

稱，而是神化。

前進【卡西勒】

所以從卡西勒的觀點來說，對「真實自身」的樣態提出（自以為重要的）知識論問題，完全就提錯了。意思是這種問題缺乏方向，提問的角度錯誤。這就好像在問，某個特定造型的椅子或某個特定的地毯花樣「是否搭配」。這種問題該怎麼回答呢？因為「搭配」顯然是個相對的關係：某件傢俱搭配與否，只能在整體佈置中才能具體判斷，要把這個物件放進去後才能知道。而這個佈置也需要放在更大的實用脈絡裡來觀察，看這是一個交誼廳、一間學生寢室、還是一間診所……

所以卡西勒在這個計畫最早的幾年中，不只規劃了一個嶄新的、獨立的哲學，更重要的是還發展了一種新的哲學思考方式。因為按照他理論的出發點，哲學家首先必須深入研究每個既有的符號形式，以及其特定的構造邏輯。既然哲學家作為研究者，不可能同時在所有這些領域裡活動（而且這根本也不是哲學家角色要面對的任務），那麼他就必須以開放的態度傾聽各學科的專家，請他們告知這些符號世界各自是如何建立起來的，基本上是依據哪些建構法則與構成原理。如果是語言，就聽從實證語言學；如果是神話，就聽從人類與民族學者；如果是物理學，就聽從理論物理學家。

因為：

如果所有文化都積極創造特定的（屬於人類心智的）圖像世界與符號形式，那麼哲學的目標就不在於追溯這一切創造活動背後的源頭，而在於理解這些東西之所以形成的根本原則，使其為我們所意識。37

所以哲學——作為一種持續檢視重要概念的工作，以便為我們具有廣大多樣性的生活提供意義與立足點——也就成為一種文化哲學（Kultur-Philosophie）。這樣的工作將不會陷入（根據卡西勒的說法）必定毫無意義的嘗試、「回溯一切創造的源頭」的妄想，以便捕捉臆想中「純粹未經扭曲的生活」或「純粹未經扭曲的真實」；而是會在與其他科學領域與知識學門的**積極對話**中被理解與通過考驗。卡西勒在搬進溫特霍德區的宅邸最初幾年之內，他的宅底就已經成了（以今天的話來說）一個跨學科的論壇。譬如一九二一年時愛因斯坦就在此處做了一場關於相對論的演說（關於相對論，卡西勒曾在一九二〇年〔更多是出於興趣以及「純粹為了自己弄懂」〕寫了一本小書，甚至還得到愛因斯坦的高度讚譽）。

有普遍語言嗎？【卡西勒】

以上是卡西勒《符號形式的哲學》的綱要。在研究的過程中，卡西勒雖然是透過自己的符號哲學的理論出發點，來看待上述科學的個別研究成果，不過當那些成果顯著動搖自己整個理論的出發點時，他也會認真看待疑點，並承認那些科學事實。

譬如，卡西勒認為人類語言自身是一個符號形式（這是他撰寫計畫中的第一冊內容）。不過由於人類語言的數量極多，所以他不得不假設，一切人類語言的文法與語音構成原則，從抽象層次來看都具有一個相同的深層結構，構成原理也都相同。卡西勒把這個被設定為一切語言基礎的形式稱為「純粹語言形式」（reine Sprachform）（順帶一提，這個假設後來被杭士基〔Noam Chomsky〕的「生成文法」〔generative Grammatik〕理論所採用，從一九六〇年起主宰了語言學界幾十年）。然而，最晚到了一九一九年秋天起，在卡西勒對於當時的語言學研究有越來越深入的涉獵之後（他的閱讀書單上列出了超過兩百部專書），他開始對這個根本的假設產生懷疑。他不得不承認，也許這個作為一切語言基礎的統一基本結構、這個「純粹語言形式」根本就不存在，只存在許多個不同的、彼此完全不相容的深層結構（這個假設在今天，在杭士基之後的語言學界裡獲得越來越多支持）。所以，這**唯**一且純粹的**語言形式**或許根本不存在。那麼什麼存在呢？在《符號形式的哲學》第一冊〈語言〉的前言裡，卡西勒坦然地談到這個早期的危機：

> 我必須獲得一個盡可能廣闊的全貌，不只包括個別語言範圍內的現象，也要看到不同的、與基本思維類型相去甚遠的語言之間的共同結構。然而這使得我必須顧及的語言學文獻的範圍再度擴大，以至於本研究一開始所設定的目標，也變得越來越遙遠……[38]

卡西勒越是深入語言學界的研究，腳下的哲學地板就越是鬆動。然而（或者特別因為如此）他並不退縮。他懷抱的希望是，這個作為一切語言基礎的統一性結構，隨著未來語言學研究的開展，或許可以更清晰地展現出來。

卡西勒很清楚，作為哲學家，如果在一九一九年對於語言在人類的認知與生活形式上扮演何種角色提不出見解，基本上等於什麼見解都沒有。如果有一個信念是維根斯坦、海德格、班雅明與卡西勒在他們思想的這個階段（以及之後的每個階段）裡毫不遲疑且絕對予以肯定的，就是下面這個說法：人類的生活形式，就是一個說話的形式。在這個意義下，語言並非許多符號形式當中的其中一種，而是一切符號形式當中最重要且最基本的那個。語言是我們每個人對自己與對世界理解的根本基礎。最重要的一點是，哲學思考作為最終不可繞過的「思辨活動」，本身就是在語言這個形式裡推進與完成的。用卡西勒在一九一九年的一段話來說：

> 語言位於人類精神存在的中心點，各種不同來源的光芒匯聚於此，朝向各種不同領域的準繩也是從這裡出發。神話與邏輯的要素、感性直觀與推論思考的方向：這些全都在語言中被決定，但是沒有一個能將語言完全納入。39

如上所述，一個對這四位哲學家都具有全面性的關鍵問題就是：在所有不同的自然語言基底之下，是否存在一個唯一的、整合的、統一性的語言？如果是的話，這個語言具有什麼樣的形式？特別是其意涵最終而言又建立在什麼之上？什麼語言對我們產生什麼影響？我們使用的字詞，其**指涉**與**意涵**是我們賦予的嗎？還是反過來，文字與符號所具有的形塑世界的力量，根本來說才使我們

（作為會發問的生物）開始生活、思考與發問？是誰塑造了誰？以何種形式？而且最重要的：目的又是什麼？

IV. 教育——一九二二至一九二三年

海德格準備戰鬥，卡西勒氣到失控，班雅明與歌德共舞，維根斯坦在找一個人。

和平歸小木屋【海德格】

一九二二年秋天，海德格一家的生活面臨了日益嚴峻的要求。即使在布雷斯高（Breisgau）這樣的農業區，連地方上經濟最好的家庭也開始面臨糧食供應的問題。就如這個時期大多數的德國人，海德格家的生計也得為生存而競爭，必須大費周章滿足必要的需求。通貨膨脹迅速惡化，時間成了關鍵。考慮到冬天將至，取暖的柴火與基本的食糧尤其需要妥善儲備。「母親問，是否需要在十月一日前寄些馬鈴薯過來；我回答需要，同時也把錢寄過去了。所以馬鈴薯來的時候，我該怎麼處理？」[1] 海德格在一九二二年九月二十七日的信上這樣問埃爾芙利德。此時她帶著兩個兒子住在托特瑙山（Todtnauberg）上新蓋好的小屋裡，海德格則住在山下的弗萊堡，正卯足全力撰寫一份新稿子。

該怎麼處理馬鈴薯：貯藏嗎？那要放在哪裡？自己吃嗎？要不要分給胡賽爾夫婦？還是轉賣？這些都是埃爾芙利德長期要回答丈夫的具體生存問題。為了讓思想家丈夫免於日常事務的過分干擾，她在一九二二年二月的一次冬季旅遊後，決定在黑森林南部偏僻的山坡上買一塊地，並請人在那裡蓋一間小木屋。為了籌措經費，她把可繼承財產的一部分拿出來變現（約六萬馬克）；她設計了小屋的草圖，工程的招攬與監督也都自己來。因為時間也十分迫切。為了取得珍貴的外幣，海德格夫婦把他們在弗萊堡的住宅從一九二二年八月一日起租給一對美國夫婦。在那之前，小木屋必須可以入住。他們成功了，只延宕了一些時間。

一九二二年八月九日，這個此時已成為四口之家的家庭，一個孩子抱在手上，一個孩子背在背上，首度踏進他們位於海拔一千兩百公尺高的藏身處。在這個今天幾乎成為哲學史神話的地方，海德格將在此度過每一個空閒的片刻，直到生命終結。在黑森林深處人煙罕至的荒野裡，作為一個人和哲學家，海德格找到了自我，意即沉浸在思想之中。這是唯一的要務，如果你也像他那樣看待與理解世界的話。

巨大的號召【海德格】

在八月入住後的頭幾個星期，海德格就取得驚人的成果。「我必須說，我細讀了我帶來的這些在小屋中寫的手稿，它們沒有任何敗筆。」海德格在一九二二年九月十一日，從海德堡寫給他妻子的信上如此寫道。他在海德堡停留一個星期，為了與卡爾．雅斯培（Karl Jaspers）進行思想交流。雅斯培本來是醫師與心理治療師，他在一九一九年出版的《世界觀的心理學》（*Psychologie der Weltanschaungen*）成了哲學暢銷書，在學界形成很大的影響，他因此在海德堡拿到了哲學教授的職位。

在這本書中，雅斯培認為各種哲學的世界觀，都可以從心理學的性格研究中推導出來。不過更重要的是，他描繪了一種人類存在的圖像，其真正的本質在危急狀態（譬如在死亡邊緣）中才會真正呈現、顯示，也帶著一點解脫的意味。所以這是一種有治療意義的、貼近生活的哲學途徑，特別重視極限經驗與緊急事態，相信一個人可以從中找到真實自我。這本書對於整個飽受戰爭創傷的返鄉者與戰敗者世代來說，就像專門為他們而寫的一樣。

海德格也覺得自己直接受到雅斯培偉大構想的感召了。他們首次於一九二〇年在胡賽爾家中的星期天例行咖啡聚會上見面，一九二一年起固定通信，並且因為同樣對學院哲學墨守成規的風氣感到挫折，兩人很快就明確意識到，有必要在「對抗思想荒蕪的戰鬥」中（海德格所言）攜手合作。

因此一九二二年九月，海德格決定接受雅斯培的二度邀請，與他用對話的形式把兩人注意到的共同點發展出來，跟他一起「在適當的時段裡談幾天哲學」。海德格在雅斯培那裡待了將近一個星期。有鑑於「我們兩人目前的生活現況」，雅斯培堅持負擔海德格的旅行費用（一千馬克）。雅斯培是正教授，有固定薪資與殷實的財務基礎。海德格在弗萊堡的位置不但薪俸低微，而且再十個月就到期，所以他迫切需要得到教職，否則他本來就捉襟見肘的家計可能完全無以為繼。埃爾芙利德也有同樣的憂慮，所以即使長期身體虛弱且不堪勞累，她仍然於一九二二年春天復學讀經濟系。畢竟這個家裡還是得有個人賺錢，而且近期內不會是她這位全心投入哲學的先生。

兩位思想家都覺得在海德堡共度的這幾天有巨大的收穫，也為彼此結為朋友感到慶幸。往後十年中，在海德格會聯繫的人裡，雅斯培是極少數他不只信賴其為人，而且還真心重視其哲學思想的一位。儘管如此，某種與教授聘任相關的矛盾還是為他們的會面蒙上了陰影。因為兩人在密室裡誓言對學院進行反抗的同時，偏偏海德格最迫切的希望，就是在分崩離析的威瑪共和國的廣闊學圈裡的某處，晉升終身職哲學公務員的階級。而胡賽爾是他第一位堅定的支持者，雅斯培則是第二位。

「與您共度八天的情境，一直浮現在我眼前。」海德格於一九二三年十一月十九日給這位新朋友的信上寫道。「這些日子看似平淡無奇，卻讓人驚呼連連，每一天都以穩定的『風格』自然而然地過渡到另一天；友誼踩著不濫情且望之儼然的腳步臨至我們，猶如袍澤之情一般，我們『雙方面』日漸惺惺相惜，所有這些都讓我不能自已，就像世界與人生讓哲學家感到不能自已一般。」[2]這世界在什麼意義上讓一個從事哲學的人感到不能自已？海德格在一九二二年的秋天終於找到了自己的語言來準確地捕捉這一點。

此在的預先關懷研究【海德格】

為了盡速把最近的研究成果寫成論文，以爭取馬堡哲學教授開缺的職位，海德格從海德堡的拜訪回來之後，在新建的小屋裡密集工作了三個星期，思想也獲得了進一步的突破。胡賽爾的妻子迅速把他的手稿用打字機打好。十月初海德格就把他的應徵著作《對於亞里斯多德的現象學詮釋——一個詮釋處境的揭露》（*Phänomenologische Interpretationen zu Aristoteles – Anzeige der hermeneutischen Situation*）寄到馬堡（還有哥廷根〔Göttingen〕）。不過這部作品跟亞里斯多德的關係，就像班雅明的〈譯者的任務〉跟波特萊爾的關係一樣薄弱。相反地，海德格（再一次，而且以至今少見的銳利與清晰方式）關注的問題是，哲學真正的任務是什麼？他的回答可以從手稿中的幾個關鍵的句子裡推導出來：

哲學研究的對象就是**人類的此在**（das menschliche Dasein）；哲學所問的是其存有的性格（Seinscharakter）。[3]

這是海德格作品中首次出現「此在」這個關鍵概念。意思是指某個人以某種特定的方式發現，自己一直被這個世界有意義地要求和挑戰著。

> 世界總是在某種特定的方式下與我們相遇，那就是我們被訴求、被要求。[4]

做哲學，在這個意義下成了持續自我澄清的提問過程。然而藉由這個創新的概念「此在」（在這裡），這個任務也明確指出了不可委任他人的特性：每個人只能在他的位置上、在他所處的時間裡，為自己執行這個任務。存在之中沒有不在場理由，至少在哲學的存在之中是如此。用海德格的話來說：

> 事實性的此在，就像其一直所是的那樣，只作為全然自己的存在，而不是某個普遍人類的根本存在。[5]

當然，這個一點也不舒適而且絕不保證獲得成果的提問過程，也可能被個別的此在拒絕或轉移。因為如果這個可能性不是開放的話，那麼人類此在就不是人類的了，意即就不是自由的了。對於這種或多或少有意識錯失這種可能性的情況，海德格（跟維根斯坦在《邏輯哲學論叢》裡一樣）

選擇用一個有神學色彩的概念「墜落」（Fall）來形容，取其「敗壞」（Verfallen）之意。這是一個令人遺憾的，然而照海德格的看法極其常見的情境：

> 事實性的生活，根本來說是屬於每個個體自己的，然而之所以多半沒有被當成這樣的生活來過，就在於人有敗壞的傾向（Verfallensgeneigtheit）。[6]

依照海德格的說法，絕大多數人這種敗壞的傾向，並非肇因於智能匱乏，而是拜一種對於存在的舒適感偏好所賜。簡單來說，大多數人終其一生都寧願逃避自己，而不願意認真地追尋自我。這種有意識的自我逃避不必然特別痛苦或不愉快。事實上，這甚至毫無疑問是一條更安全，而且在膚淺的意義上帶來幸福的道路。只不過這條路永遠不會讓一個人成為自己或者他能成為的人。這會讓他過著自願長期錯失自我的生活，照海德格的說法，這個人主要的關切都集中在並不真正重要與承載生命的事情上：在物質領域裡，就是一般的消費商品；在社會領域裡，就是職業生涯；在溝通對話的領域裡，就是無法真正交談的朋友、充滿例行公事但沒有愛情的婚姻；在宗教領域裡，就是表面學來的信仰，但沒有真正對上帝的體驗；在語言的領域裡，就是持續不經腦袋的陳腔濫調與言詞的使用，跟每個人嘴上說的都一樣，而且被多數人視為正確；在研究的領域裡，則是反覆鑽研那些你覺得早已確知答案的問題。

但海德格絕不如此。他從他的周遭世界裡聽出另外一種要求。這個要求不下於對過去那些概念、範疇以及設定進行根本的批判——這些思想主導了人類對於自身特定存在的思索兩千五百年之久，也就是差不多自亞里斯多德以降。海德格要真正嚴肅地「探問人類此在的存在性格」。所以他在《對亞里斯多德的現象學詮釋》裡了解到，這個開創性的提問，其最終目標必然是將那些概念與範疇全盤**摧毀**與替換。

所以在他第一本真正獨立的作品裡，海德格把自己塑造為拆除概念建築的破壞球，其作用在於把被極度扭曲與遮蔽的此在問題場域再次打開，以獲得清楚的視野。

迎向風暴的勇氣【海德格】

就在德國面臨被凡爾賽和約與戰後政治離心力四分五裂的危險時刻，海德格作為思想家，也選擇了這樣的生存策略：重返一個他所設想的根本基礎。面對這個時代看似無可挽回的分崩離析，作為抵抗，他主張聚焦在每個此在的根源與源頭。放在哲學領域上，就是用盡可能清晰可見的方式，揭露出哲學根本的問題；在概念的層面上，就是把老舊的、扭曲重點的、太過理所當然而被接受的傳統哲學語彙，根據時代的需要予以革新，並根植到具體的此在經驗世界裡；在存在的層次上，就是把他這個自我闡明的哲學計畫予以人格化，亦即呼籲每個人進行發問與內省，而每一個此在基本上也都在內心裡感受與察覺到這種呼籲；最後，在具體的生活實踐上，就是大張旗鼓地返回故鄉的黑森林高山上，那座在秋天裡飽受狂風吹拂的思想家小木屋裡。

在往後許多年裡，海德格一再把小屋的生活經驗，尤其是當地的暴風雨，拿來與思想的經驗相提並論。小木屋裡據稱的安全感，讓人類在大自然的原始力量面前，更強烈體會到驚懼與根本性的無助感。哲學思考本質性的不能自已——海德格在十一月一封給雅斯培的信上鄭重地提到——在一處最讓此在感到衝擊與強烈，那就是他扎根特別深的地方。

按照海德格的理解，哲學追求的目標絕非一種長久的存在安慰或心靈平靜。恰好相反：哲學是一種意志，要堅持不懈地挺立在激進提問的風暴之中；哲學是一種尋找的勇氣，特別是在人們以為並期望腳下有堅實地基之處，更要注意那裡其實有無底的深淵。這種思考的道路絕不輕鬆。在這條路上，沒有比最緊張與最危險的片刻更受歡迎。

在政治領域裡，這種態度讓人熱切擁抱極端危機與危險下的緊急狀態，因為在這種時候，除了做出真正的決定與省思之外別無選擇。

不論一九二二年與一九二三年，所謂的「災難之年」在現實世界中造成了多麼難以承受的影響，然而作為社會氛圍的整體局勢，海德格只能無條件地予以贊同。因為這就是開創性的契機，許諾了一個根本性的新起點、一次激進澈底的思想轉向。早在一九二二至一九二三年的冬季他就已經有了這樣的想法，就跟整整十年之後——也就是在一段同樣高度爆炸性與激進的時間裡——完全一樣，只是那時海德格已經站在一個完全不同的、體制中十分穩固的位置上了。

求職奮鬥【海德格】

不過在一九二二年秋天的此時此刻，對海德格而言最重要的事情卻是要先拿到一個穩定的學院職位。海德格非常自信，他相信他的《亞里斯多德詮釋》具有驚人的哲學爆炸力。一九二二年十一月，他用士兵的語氣對雅斯培說，「我的論文現在也擊中馬堡了。」信上結尾處他還寫了一句含意模稜兩可的話：「為了這個冬天，我著實撿拾且載回了不少柴火。」[7]

海德格等待、煎熬，也可想而知地抱怨這「可怕的處境」，因為「半個希望、阿諛奉承等諸如此類」把一個人「扯來扯去」。一九二三年三月，他終於間接得到了馬堡的訊息。他們決定不用海德格。至少現在不會用。至少很可能不會用。由於超過負荷的極限，埃爾芙利德於一九二三年一月停止了她的學業。現在情況十分嚴峻。「我們不會立刻餓死。」海德格在三月的一封信上鼓勵他的妻子，然後僅僅在一個月之後，所有對生計的期待就澈底只剩下最低限度：「如果我們能帶著孩子活下去，那就夠了；另外，比起追求成功的職業生涯或類似事情，我有更重要的事情要做。」[8]因為不改變也沒辦法，必要時就算沒有學院的職位還是得過下去。就像他在去年九月曾經如此正確地寫道：「事實性的生活，作為必須為生計煩惱的生活，是**充滿迂迴的**。」

物價膨脹的幅度此時已經惡化到動輒百萬馬克起跳。海德格找到了一個新的收入來源：當一位日本貴族「九鬼伯爵」（Graf Kuki）的私人哲學教師。儘管如此，生活仍是非常困難。最後，一九二三年六月十八日，在毫無預兆的情況下傳來一個消息，馬堡終究還是聘任他做「編制外正教授

（Extraordinarius），地位與權利比照正教授。」「魔咒終於打破了。」雅斯培立刻從海德堡捎來恭喜，同時也像父親般指示他有些地方不能期待太高：「關於薪資，您幾乎沒有要求的餘地。」沒關係！反正海德格（可說是依照本性）本來就不打算「成為一個擺高貴派頭而且一絲不苟、對收入斤斤計較的教授」。相反地，他在一九二三年七月十四日的回信上明白地對他在馬堡的同事納托普（Paul Natorp）——新康德學派哲學家，卡西勒的老友，也是馬堡中堅決支持海德格聘任案的一位——說，接下來「以我登場的作風……將會鬧個天翻地覆；一支十六人的突擊隊會跟隨我一同前往；當中難免有些只是跟班，但還是有幾個是認真優秀的。」

所以海德格打算突襲馬堡。什麼，突襲馬堡？那可是整個思想界！

壞鄰居【卡西勒】

如上所述，要讓卡西勒失去冷靜是很困難的。一九二二至一九二三年危機期間的困難生活條件，也完全沒有影響他的工作能量與生產力。他完成了《符號形式的哲學》第一部分後，直接就進行第二冊的準備工作。第二冊預計處理神話思考的現象：因為神話以及與之結合的儀式和禁忌，從遠古時代開始就提供人類一種面對世界的方向感，給予他們行動的指引，甚至是符號成形的真正源頭。「你真的不用擔心我：我不只跟往常一樣很能忍受寂寞，我甚至還尋求寂寞，因為寂寞對我近來有些過度刺激的神經來說，是最好與絕對有效的治療手段。」[9]卡西勒在埋首於宗教史與民族誌的典籍之餘，於一九二二年七月五日從漢堡宅邸的書房寫信給他的妻子；她正與孩子們待在維也納的親友家中。然而前一個月發生的事件並非完全沒有對他造成影響。儘管他的孩子們，特別是卡西勒當時十四歲的女兒安娜，在上學途中已經「被鄰家住宅裡發出的叫喊聲」騷擾過一兩次，不過這次發生的事件跨入了一個全新的等級。就連卡西勒也無法繼續忍耐：

漢堡，一九二二年六月十日

可敬的先生：

您昨天利用我不在家的時候，接近我的妻子與我的岳父，與他們攀談，最後隔著河道對他們說了某些侮辱的話。以如此行為對待一位女士，甚至是還未曾正式引介過的女士，以及對一位七十六歲的老先生，那是自揭其醜，任何再多的描述都屬多餘。自從成為您的鄰居以來，我已經把界線劃得十分清楚——我在此嚴正請求您，不要再嘗試跨過這條界線。我一直以來都盡力（而且成功地）避免與您這種水準的人有任何來往，而且我和我們附近家庭的其他父親一樣，為了我的小孩的教育著想，堅持不讓他們與您的兒子有任何接觸……[10]

發生了什麼事呢？幾天前一位住在阿爾斯特河（Alster）支流對面、名叫哈赫曼（Hachmann）的鄰居（他的花園與卡西勒家的土地相接），對卡西勒太太破口大罵，因為卡西勒太太（必定以最得體的禮節）問他，哈赫曼家的七歲男孩能不能再小聲一點，或者能不能不要在自家花園裡而是到別處去玩？他製造的噪音太過刺耳、太折磨神經，實在干擾了卡西勒太太在花園裡的夏日閱讀時間，也影響了前來漢堡拜訪的她的父親。對此哈赫曼先生大吼了一句話作為回答：「您以為您就不打擾我們？光是看到您的長相——您們全都該去巴勒斯坦。」11

後來東妮．卡西勒在美國流亡期間回顧從前，認為這次籬笆邊的爭吵是一起重大事件：「從這天起，我的內心就開始離開德國了。」關鍵因素或許不是哈赫曼那種無恥又露骨的仇恨，而是東妮．卡西勒明確感覺到，在威瑪共和國最初的這幾年危機中，有一種囊括了反資本主義、反共產主義以及反猶主義在內的爆炸性組合正在蘊釀，而且即使在最高的教育階層裡都有越來越多支持者，也獲得大眾的贊同。

至於卡西勒這邊，他的書信清楚顯示，他相信即使這個局勢會為日常生活帶來越來越多刁難與麻煩，但是透過劃分清楚的私人邊界、資產階級的禮節習慣，以及透過自主遁入個人的圈子與自家的門牆裡，是可以長期支撐下來的。特別是在這個夏天裡，他最不會想到的就是內心向德國故鄉——尤其是向漢堡——告別這回事。畢竟他直到這個時候，甚至也許是人生第一次，才感到自己被完整地認可，亦即被完全地接受了。當中最重要的因素是，卡西勒也是在這個人生階段才找到他真正的思想崗位。以他的情況來說，這個崗位並不是黑森林山坡上一座孤獨的小屋，而是一位私人文化學者的圖書館：作為世界上最具影響力的銀行家族的子嗣，這位學者用三十多年的時間蒐集了數萬冊罕見與奇特的人文史與科學史研究，而且依照他十分獨特的構想把這些書分門別類，整理在他的許多小房間裡。這裡就是亞伯拉罕（暱稱「阿比」）．莫里茲．瓦爾堡（Abraham〔“Aby”〕

Moritz Warburg）的圖書館。卡西勒於一九二〇年的冬季首次造訪此處，而這座圖書館在往後的十年裡，成為他哲學撰述時真正的靈感之地。

好鄰居【卡西勒與瓦爾堡】

那是一場震撼：「我絕對不能再回到這裡，不然我會永遠迷失在這座迷宮裡。」[12]卡西勒在館長弗利茲・撒克索（Fritz Saxl）博士帶領他參觀瓦爾堡圖書館的館藏之後，喃喃自語道。他們在非常精緻、即便分類法非常奇特的書櫃與書架前走了一個多小時。一方面是研究文獻豐富得讓他窒息，而且從全世界蒐羅而來的罕見版本也都極其珍貴。但是真正讓卡西勒感到讚嘆不已的，是這座圖書館的構想本身，亦即館藏的整理與安排背後所依據的文化目標。

書冊的排列，依照的既非字母順序也非出版年份，而是按照瓦爾堡自己想出來的一套所謂的「好鄰居」系統。此外這套系統又是建立在他的一個研究計畫之上：人類文化究竟是什麼？什麼才彰顯文化的本質？主要是哪些動力決定了過去數千年的文化發展？

據此，所有館藏被區分為四個部門，每一個部門又各自奠基在四個基本哲學概念之上。這四個概念（直到今天）分別是：[13]

定向　圖像　文字　行動

作為圖書館主人，瓦爾堡運用「定向」（Orientierung）這個概念首先要確立的是，這個世界完全不是我們這種生物可以自動理解的。人類來到世界上時，不只欠缺保護也沒有生存本能，更重要的是幾乎一無所知。所以人在面對世界時，在思想與行動上找到方向就成了一個基本需求；而由這個需求產生的結果，就叫文化。這是康德哲學真正的出發點。這一點卡西勒不只明確認同，而且還當作他（當時還在起草階段的）主要著作的立論基礎。瓦爾堡圖書館把迷信、巫術、宗教與科學歸類在「定向」概念之下，作為人類對方向感的基本需求所達成的重要文化成果。

不過「圖像」、「文字」與「行動」這幾個部門的名稱就已經隱約表示，這些指引方向的文化成果，長期而言可以透過何種形式與媒介來展現。那就是卡西勒哲學裡所稱的「符號」以及「符號系統」。

瓦爾堡把關於裝飾、圖形或繪畫的書籍歸在「圖像」部門之下。「文字」部門包括咒語、祈禱、敘事詩以及純文學。最後，被歸類在「行動」部門裡的，是關於人類肢體作為符號表達媒介的各種研究，亦即探討節慶、舞蹈文化、劇場或情色的著作。

因此，在初次拜訪時，一定有某種顫慄的、甚至不可思議的感覺攫住卡西勒，因為這座圖書館的規劃與組織，跟他從一九一七年在電車上獲得靈感以來，自己的哲學工作計畫與重點完全一致。瓦爾堡圖書館的基本規劃，無論內容還是形式竟然都跟他的《符號形式的哲學》如出一轍！

但這還不是全部。這座圖書館比卡西勒著作打算採取的系統架構，還多了關鍵的一步：提供靈感。因為這套分類系統不只本身極其獨特，而且在每一個項目之下，也不是依照年代順序進行的。

譬如在瓦爾堡圖書館的書架上，並不是從圖騰、儀式、神話等祭祀起源一直排列到現代自然科學，以便把文化發展當成一個不斷上升的、終於真實地認識世界的系統過程；而是奉行著「好鄰居」的排序原則。根據這個原則，不同學門與不同時代的作品會被擺在一起，以便讓研究者更容易看到他先前幾乎沒考慮過的關聯性，譬如親緣關係、途徑相似性與創造性影響等等。所以化學的奠基著作旁邊就放著煉金術的書；古代內臟占卜的研究也緊鄰著探討占星術與現代代數的論文。

書架上的烏托邦【卡西勒與瓦爾堡】

瓦爾堡館藏的基本思想是，同時間的事物會持續處在不同的文化時間裡，來自不同源頭的不同文化理解會互相影響與互相排斥。此外，其排序系統有一個根本的信念：有一種無意識的文化記憶（彷彿躲在每一個時與其研究重點的背後）會在背景默默發揮影響，而且在背景中導致重要的改變。瓦爾堡的核心思想是符號與人永遠在互相教育，同時人類思考、說話、咒罵、禱告、預言、提問以及研究（簡單說，即在這世上找尋方向）所憑藉的符號，大多數情況下都比使用這些符號的人要古老許多，某種意義上也智慧許多。人類只是各自在自己的時代裡使用那些符號，並依照自己的利益把符號化為己有。對此可以揭露的還非常多，還有如此多沉默的連結與組合可以被宣講。因此，瓦爾堡圖書館把希臘的記憶女神尼莫西妮（Mnemosyne）奉為守護神是有道理的。

從卡西勒踏進這座圖書館的那一天起，他的思考就越來越貼近這座圖書館的文化視野所設想的秩序。一開始非常漸進，然而從未中斷，幅度也逐漸增廣。瓦爾堡的書架上並沒有清楚劃定的個別學科、研究領域，甚至連邊界固定的文化圈都沒有。這個地方就像一個完全沒有禁忌的地帶，書籍的安排就像在鼓勵拜訪者，要充滿樂趣地把還沒有被探索的事物揭露出來，不論那對象是在未來、現在或者過去。

如果有一個世界，卡西勒太太與哈赫曼先生在這其中可以超越一切看似堅固的邊界、超越後天學到的反感與歧見，彼此和平地站在一起，像瓦爾堡圖書館裡的書籍那樣——那會是怎樣的世界呢？如果你正確理解這座圖書館，就會知道這當中體現的正是世界大同與萬物一體的烏托邦，要守護與認可這樣的理想，有時候所需的只不過是踏一小步或做一個小跳躍，以跨越遺忘之河而已。

於是一九二〇年，造訪這座專精文化科學的瓦爾堡圖書館，就成了卡西勒生涯中的重大事件，然而此事事先完全不在卡西勒的意料之內。當他在柏林接受前往漢堡任教的聘請時，根本不知道這座圖書館的存在。不過圖書館的經營者則將狀況掌握地很明確。當卡西勒首度踏進圖書館的大門時，館長撒克索博士很清楚他接待的是誰。他已經久候卡西勒多時，並為他做了有目的的導覽。撒克索把卡西勒來訪的事告知了瓦爾堡：

於是我從第二個房間的「符號」書櫃開始，因為我相信卡西勒在這裡最容易抓到重點。他立刻呆住了，然後對我解釋，這就是他已經研究很久的問題，而且此刻正在寫一本書。然而我們擁有的關於符號概念的收藏，他只認識其中一小部分，而且視覺設置的部分（符號在表情與藝術裡的視覺呈現）是他從所未見。卡西勒立刻就明白我們的主旨，並聽我說明了一個多小時，一個書櫃為何排在另一櫃旁邊，一個主題為何接到另一個主題。向一位如此高水準的先生介紹本館真是美好的經驗。[14]

卡西勒最初對這座迷宮充滿敬畏的印象，幾個月後就轉變成強烈的願望，希望長年都在館中度過。[15]他也真的這麼做了。卡西勒找到了他知識工作的夢幻所在，而這座圖書館也找到了其設置真正要服務的研究者。一個完美的共生關係由此展開，圖書館的管理階層也充分投入。從此卡西勒精細的書目需求不斷擴充館藏，而撒克索博士與助理們每找到一個新的研究問題，就與卡西勒商量，敦請他以圖書館的精神寫一篇專論。這個合作關係產生了豐碩的成果。卡西勒第一部這樣的作品就是一九二二年七月問世的《神話思考中的概念形式》（*Die Begriffsform im mythischen Denken*）。

神話的結果【卡西勒】

在這本對他思想路徑具關鍵性的著作中，卡西勒探索了神話概念與神話世界的結構特性（有別於現代的自然科學）。就像海德格一樣——海德格在亞里斯多德的研究裡，就像考古學家或者爆破專家那樣，研究了一些特定的概念區別，如何直到今天都決定性地塑造或扭曲了我們的整體思考。同樣地，卡西勒在研究神話概念形式時，也動手拆解我們文化史據稱的源頭，並且揭露何以這個任意指定的原始層面的思想，至今仍影響與形塑我們對世界的理解。

卡西勒認知到，神話思維並不是非理性或任意的，而是由最嚴格的必然性與連貫性所打造。畢竟神話的概念為一切事物與每個人，在宇宙中指定了一個固定與僵硬的位置。而這是順著圖騰的邏輯之下、通過根本與絕對的關鍵區分才得以實現。一般來說，其目的在於把一個社會團體（通常是自己的部族）區分成兩個截然不同的群體，而且各自賦予嚴格規定的屬性、特質與特別是禁止踰越的禁忌。再來以這個基本區分為基礎，就可以建構出次級群體，譬如「擁有某個特定圖騰徽章階級的男人……也只能娶具有某個極為明確、由一個特殊圖騰標誌的部落女人。」如此，第一層的秩序就被創造出來了。然而這一定是不夠的：

> 事實上，這種把個別部族依其圖騰所做的區隔，會從比較窄小的社會範圍，也就是此區隔首先發生的地方，不斷向外擴散，以致最後涵蓋一切存在的範圍，不論是自然存在或者精神存在。不只一個部族的成員，而是整個宇宙，連同其中被包含的一切，都能用這種圖騰式的思考形式以群組的方式予以概括。[16]

再者，這個巨大的傳送工作——為一切存在的事物分派一個固定的位置與價值！——在神話思維裡，是藉由相似關係來達成。同時這個神話思維有一個關鍵的特性，那就是：

> 相似性在這裡從來不會被理解為「只是」一種關係，譬如是從我們的主觀思維裡推衍出來的結

果，而是可以立即回溯出一個真正的身分：兩個東西不可能僅僅是**看起來**相似，而是其本質一定或多或少是同一回事。[17]

如果我們認知到圖騰式的價值區分，本身即帶有強烈的價值意味，目標在於提倡對群體內外進行絕對區隔的邏輯（這就是圖騰思考第一層的秩序工作），就能看到這種潛藏在我們文化發展根基裡的思考形式，具有何等政治道德方面的爆炸性。直到今天，在我們日常語言中一些罵人的話，譬如說某人是「左派狗❶」（linker Hund），都可以突顯這點。這裡同時有幾個隱含的價值觀標籤。「左」手比「右」手的價值低，這個基本區隔貫穿了整個西方文化。狗的（或豬的）低賤與骯髒是被默認的，如亞伯拉罕諸宗教與其圖騰式的基本區隔所認定的那樣。所以，神話的概念形式所具有的標定價值的力量，仍然存在於我們的語言當中。是的，不論我們是否願意，這種力量仍然幾乎從每個字裡對我們發聲——而且重要的是：更是從我們心裡。

新的啟蒙【卡西勒】

把這樣的背景用分析的方式加以揭露，對卡西勒來說，就意味著在最符合康德的意義下追求啟蒙。也就是說，使「一個人從他自己造成的未成年狀態裡走出來」，而這未成年狀態，對我們來說

❶ 譯註：德國舊日對社會主義者的辱稱。

主要指的就是：對於引導我們思想、左右我們面對世界的總體態度的那些概念，以及其背後真正的機制，寧願留在盲昧之中而不願加以檢驗。

海德格於一九二二年在他的《詮釋處境的揭露》中所攻擊的正是這種舒適狀態，或者用他的話來說，一種無憂無慮的狀態（Unbekümmertheit）。不過海德格同時清楚地指出，有必要把現有的概念，特別是哲學的概念「加以摧毀」。而卡西勒的分析卻並不追求把現有的概念澈底毀掉——因為這樣的摧毀能把我們帶往哪裡呢？不就只是全盤重新講起另一套必然是神話式的語言嗎？——在一種激進的啟蒙動力的推動之下，卡西勒想要弄明白每一個概念形式，無論是神話的、宗教的或者自然科學的，必然帶來哪些可能性與不可能性。

卡西勒認為，每一個現代文化在發展中都隨時面臨兩個重大的危險：第一，每個文化顯然都會倒退，發展中往前踏的每一步都可以逆轉。第二，尤其是在最嚴重的危機、緊張與混亂狀態中，譬如一九二二與一九二三這兩年，一個文化很有可能為了逃避重擔，而回頭擁抱一種提供清楚秩序和價值順序的解釋模式；這種解釋模式最容易由神話思維提供。

隔著河【卡西勒】

卡西勒太太與哈赫曼先生在圍籬上的爭吵，在此背景下就成了一個瞬時跌回神話思維的範例：當哈赫曼從「德國人」與「猶太人」這個圖騰式的根本區別出發，覺得光是看到卡西勒太太的靠近就已經是侮辱、干擾甚至污染，同時理所當然地認為，每個人因為屬於一個族群，所以在這個世界上也絕對只屬於一個固定且既有的地方。以猶太人的例子來說，就是巴勒斯坦。

卡西勒太太也懂了他的意思：「當哈赫曼先生隔著水道對我大吼，說我們全都應該回巴勒斯坦，那麼他嘴裡這些話完全就等於我們全該回到糞堆去。巴勒斯坦當時在這些人的腦裡根本是個髒話。對我們來說，那是嚴守傳統的猶太人或俄羅斯與波蘭的難民才會去的地方，他們想去那裡建立一個新的祖國。」[18]

卡西勒夫婦的思想感受明顯跟傳統或正教的猶太人沒有緊密連結，也絕不願意腦袋原始的人把那些東西強加在自己身上。此外，卡西勒的文化哲學要點也在於此：要判斷一個人的思想是否原始，不是看那個人絕對信奉哪一種概念形式，而是看他是否追求一個僵化的理念，以為存在獨一無二、統合一切、窮盡所有存有者的形式。

然而沒有一種概念形式如此豐富、足以窮盡真實世界；然而每個概念形式也會從自身散發出一種踰越與侵犯。每個概念形式都追求全面的秩序與佔有，亦即充滿敵意地把其他概念形式納入自己之下。卡西勒認為這種踰越的動力就是我們文化存在經常可能發生的巨大災難：

一個特定的區分（不論是直觀的、感受性的還是思想性的）不會停留在它最早形成之處，而是有繼續發展的傾向，並不斷擴延到更大的範圍，最後則想要把存在的總體囊括在內，並以某種方式「組織」起來。[19]

這句話適用於神話，同樣也非常適用於現代科學，包括科學內部具有極權傾向的思潮（生物主義、物理主義、經濟主義）。此外，宗教與各路病態的基本教義派、藝術中的某些極權美學，亦即對整體藝術作品整體作單面向理解的觀點，也同樣適用。卡西勒認為，這種無法擺脫的踰越衝動，總是讓我們跨越那些最能夠界定我們自己的基本區隔，因此特別需要治療，辦法就是揭示出每個符號形式中含有的親緣關係，以及其鮮明的描述邊界。這是一個有時候十分費力，但也帶來重大啟發的工作。事實上這就是一個無止盡、像迷宮一樣的工作，其程度如同文化創造的世界本身一樣。

一九二二與一九二三年時，卡西勒全力投入了這個工作。在背後支持他的除了他的家人與妻子、他的自由漢薩城市漢堡、他的系所，還有他的夢幻圖書館。就連財務問題，他也看到了隧道盡頭的光明。譬如一九二三年四月，當他的妻子為生活費用、小孩的養育同樣感到憂心的時候，他在給妻子的一封信上說：

今天我收到布魯諾（Bruno，卡西勒的出版商）寄來的一九二三年第一季的結算。他在這三個月裡售出了一千兩百四十本我的書，為我帶來一筆超過一百萬馬克的報酬。所以現在不只我的債務還完了，還有五十多萬馬克的結餘。[20]

故鄉找到了、房貸付清了、確保了書籍的供應。戶頭裡還多了五十萬馬克！這與班雅明的處境真是有著天壤之別。

深陷漩渦【班雅明】

又一次，一九二二年本來也應該是班雅明的突破之年。在海德堡出版商魏斯巴赫的建議下（他也承諾了班雅明的波特萊爾翻譯的出版），班雅明在一九二一年秋天滿懷希望，雄心壯志地籌畫了一本名為《新天使》（*Angelus Novus*）的雜誌。作者群預計從他最熟悉的朋友圈中挑選，同時擔任主編的班雅明對他的密友舒勒姆（作為被指定的作者當中的一位）解釋了這個計畫所設定的目標：

> 這份（完全由我倡議的）計畫要創辦的雜誌，將絲毫不考慮那些**付得起錢的**讀者群，以便更堅定地為精神與文化服務。[21]

這份以保羅．克利（Paul Klee）的一幅素描（由班雅明於一九二一年在慕尼黑購得）所命名的雜誌，於一九二二年春天已經大致可以付印。然而儘管班雅明不斷催促，魏斯巴赫仍然沒有動作。因為對這位出版商而言，經濟風險還是太高了。此外波特萊爾翻譯（連同班雅明的前言〈譯者的任務〉）的出版，在這一年也一再延宕，魏斯巴赫不願意承諾一個具體的日期。隨著通貨膨脹日益嚴重，紙張價格水漲船高，因此整個出版業不得不更謹慎。一個神祕的圈外人（這不只是班雅明給人的印象，更是他不計代價想保持的形象）在這個經濟局勢下，幾乎不可能得到任何出版管道。如果被問到可以拿出哪些已出版的著作，在一九二二年，他也只能給出一個誠實的答案：除了那本沒有引起任何反響的博士論文以外，一本也沒有。

所以出版的自我形象與現實仍舊構成巨大的落差，有相同情況且與此緊密相關的便是他的學院企圖心。一九二三年，我們看到他不間斷地遊走在各大學，找尋撰寫就職論文的可能。幾乎沒有一間比較大的德國大學，是他沒有透過各種管道敲門詢問過的。他覺得機會最大的是海德堡大學，即便他無法具體說明是在哪一個系、又要找誰。哲學系？德文系？社會系？找雅斯培？萊德勒（Lederer）？還是阿爾弗列德．韋伯（Alfred Weber）？班雅明試著跟他們所有人建立更密切的連繫。

一九二三年秋天末，班雅明面臨的局勢更為嚴峻。他與父母親的關係看來完全斷絕了。班雅明的父親堅持兒子應該當銀行職員，而華特表示他願意做任何能謀生的職業，只要他寫就職論文的計畫不被破壞就行。然而找不到具體撰寫就職論文的機會，他這個條件也就只是空話。因為沒有足夠的時間與閒暇完成一個可信的論文計畫，他隨即面臨了一個選擇：要不以銀行員的職業謀生，要不忍受父母斷絕全部的援助。一九二三年裡，班雅明完全沒有自己的收入。

在這樣的時期，一個人可以慘到什麼程度，班雅明在他朋友艾瑞克．古特肯德（Erich Gutkind）的身上看得很清楚（一九二一年時，班雅明與這位古特肯德曾考慮過要在德國南部的農莊裡過靜謐的田園生活）：

「我們的狀況已經很糟了，但古特肯德的狀況看起來更是災難。因為他跟母親的關係還是跟原來一樣，所以艾瑞克幾天前決定……去當人造奶油的流動推銷員。……不過這如果想成功，親愛的上帝一定得幫忙賣。」22

接著班雅明又寫道：

「然而古特肯德這個嘗試澈底失敗了。四天賺到一百五十馬克，把車錢算進去，他幾乎是虧損的。我也試了一條類似但容易一點的路，那就是書籍買賣。我在城市的北區買書，再帶到西區去賣，由於我對舊書的買賣有些認識，因此有賺到一點錢。……不過儘管這個工作非常迷人，在舊貨商或小間古董店裡尋寶卻也極度耗神……所以我也漸漸無以為繼，最後不得不放棄了。」23

班雅明所說的「工作」，差不多也是他一輩子思想撰述的寫照。不論情況多麼艱難，甚至看起來毫無希望，他仍覺得沒有轉圜餘地、無從妥協、別無選擇。他還是跟先前一樣，覺得撰寫就職資格論文——而且最好拿到當時首度實施的有薪講師的職位——才是拯救他個人生活唯一可行的道路。為此，班雅明願意做出很大的犧牲、忍受很多的屈辱。

不過橫亙在班雅明面前的障礙確實特別高。第一，德國大學教授之間有一條不成文的行規，同一時間指導不超過一名猶太人寫就職論文。第二，班雅明的履歷明白顯示他靠裝病逃兵。這讓他到處碰壁，許多教授把逃避上戰場當成拒絕的判準，根本沒有教授想提拔這樣的人。

結盟的第三人？【班雅明與雅斯培】

因此在一九二二年十二月，班雅明又到海德堡敲門，不過這一次的情境特別難堪。窘迫的預算讓他越來越難找到適合的落腳處，因此他租了一間簡陋但還有暖氣的房間，租期是聖誕節這整個月：

這房間最大的壞處，就是緊靠在一個窮人家的廚房邊，而且那家裡還有一個兩個月大的嬰兒……不過儘管不習慣，我還是咬著牙做我該做的事，即便這個嬰孩（一）晚上跟我睡同一張床，（二）是個七足月就誕生的孩子，所以對他的人生發出特別激烈的哭嚎。今天星期天，所有人都在家，屋子裡簡直鬧得天翻地覆。24

所以班雅明和卡西勒一樣，跟鄰居的小孩難以共處。但是以他的處境，他既無法劃出一道清楚的界線，也不可能要求對方有資產市民階級的禮節。不過這並不代表班雅明一家在這段極困難的時期裡，真的有墜入財務深淵與流落街頭的危險。特別是朵拉在維也納的娘家從來沒有停止過支持與協助。當一九二二年班雅明以未來的雜誌主編、大評論家、古董書商與就職論文撰寫人的身分在國內到處旅行，並且毫無諷刺意味地抱怨著「各種事務接踵而來令人不慣」時，朵拉卻帶著兒子史帝芬一連數月都在奧地利，住在班雅明姑媽開的休憩之家裡，就位在塞莫林（Semmering）的山腳下——也就是緊鄰著東妮．卡西勒父母的度假之地。

不，他們的社會網絡還沒有完全斷絕。雅斯培在一九二二年九月認為有必要給海德格一千馬克做旅費，因為這樣的開銷可能讓這個弗萊堡的講師家庭難以負擔；然而當時的班雅明在柏林、哥廷根、法蘭克福和海德堡逛舊書店搜購一兩本善本書時，也會毫不猶豫掏出來那麼多錢來買書。

總而言之，這次是為了雅斯培。他是班雅明在一九二二年的十二月再度來到海德堡的主要原因。班雅明在十二月六日寫信給友人舒勒姆說：「大學的事情會有什麼結果，我還不知道……我會盡一切努力，找到被介紹給雅斯培的機會。」很有可能（即便無法完全排除），這時班雅明對於雅斯培與海德格剛建立的「戰鬥同盟」一無所知。如果知道的話，他會卻步嗎？還是只會覺得不愉快？

在過去幾個月接連被拒絕之後，這位新就任的哲學正教授無論如何是他最後的希望之一（班雅明一九二一年就旁聽過雅斯培講課，當時對他的印象「相當好」[25]）。雅斯培的太太是猶太人，走的是非傳統、較自由的哲學路線，與主要敵人新康德主義的狹隘視野與傳統限制相去甚遠——在這些年裡，所有想走新道路的年輕思想家唯一共同反對的就是新康德主義。就像一九二二年為了求職而陷入絕望的海德格，在這個冬季裡，班雅明的行囊中也有一部自己新寫的、企圖心極其宏大的求職手稿。這本論述是如此強大、論題豐富且方法精妙，如班雅明所強烈感覺也經常明說的那樣，這簡直「預先勾畫了他未來著作的方法論」。這是一本不到一百頁、對歌德的小說《愛的親合力》（*Wahlverwandtschaften*）的批判論述。

歌德在威瑪【班雅明】

就跟班雅明每一次的哲學出手一樣，這本著作同樣也是無所不包。他甚至還對自己的生活處境做了釐清與詮釋。因為這些年裡各種撕扯的力量，同樣也把他與朵拉的婚姻推向破裂邊緣。海德堡大學當時是歐洲大陸人文世界的燈塔之一：在這裡，馬克斯與阿爾弗列德．韋伯兄弟為現代社會學奠定了真正的基礎；法學家與法哲學教授古斯塔夫．拉德布魯赫（Gustav Radbruch）是備受景仰且光芒四射的人物；年輕的喬治．盧卡奇（Georg Lukács）在此寫下他的小說理論；弗里德里希．宮道爾夫（Friedrich Gundolf）主宰了德國文學研究的領域；史提芬．吉歐格（Stefan George）在一九二一年夏季仍沉思著漫步於海德堡的城堡遺跡之間——昔日賀德林（Hölderlin）與黑格爾也在此處展開精神思想的翱翔；雅斯培在這裡開始成為哲學圈裡閃亮的新星。

然而班雅明之所以從一九二一年起，多次在海德堡待上幾個星期、在老城的街巷裡漫步，真正的原因是為了女雕塑家尤拉．柯恩（Jula Cohn）。班雅明在柏林一個朋友聚會的場合上認識她，而且第一眼就無可救藥地愛上她——但是他不受青睞，關係也一直沒有進展。這還不是全部。當時柯恩愛上了班雅明的老同學艾瑞克．薛恩（Erich Schön），而班雅明的妻子朵拉從一九二一年起也和薛恩維持著毫不遮掩的戀愛關係——這一切簡直老套、無聊到不真實的程度。這種糾纏不清的四角關係，在當時的德國倒是有個每個小孩都能舉出來的經典範例，就是歌德高度複雜的戀愛小說《愛的親合力》。

當班雅明在一九二一年的最後幾天，在柏林的書桌前坐下來準備重啟他的資格論文計畫時，他自己的感情關係成了關鍵的動力，讓他把長年對歌德作品與世界觀的研究寫成了一本不到一百頁的論文，而其基礎就是他在撰寫博士論文過程中所確立的文學批判的真正任務與方法。

這本標題為《歌德的〈愛的親合力〉》（*Goethes Wahlverwandtschaften*）[26]的作品，思想密度極高，至今被推崇為班雅明的代表作之一。表面上這是一本典型的小說詮釋；實際上班雅明在探討這本歌德小說的同時，卻進行了你能想像到的最廣泛的批判，甚至可以說是對市民社會的婚姻制度（bürgerlichen Ehe）、對整個市民社會據稱的核心要素都進行了思索。換句話說，這本論文是要揭露與闡明，哪些潛藏的力量與動力真正讓現代的市民社會（連同其自由與自我實現的許諾）能維繫不墜。研究《愛的親合力》的班雅明認為，這一切最終來說皆是**神話的力量**、思維模式與動力，所以也必然是不祥的、令人膽怯的與限制人的。他試著在這個基礎上回答，一個據稱是自由與自主的主體，如何才能成功擺脫這些力量與想像的潛在影響，以便過著一種真正的生活，在此生活中，不只真愛，甚至真實且令人滿足的婚姻都成為可能。

班雅明的論文包含了兩本著作的核心主題——卡西勒對神話概念形式的著述以及海德格的《一個詮釋處境的揭露》——並融合為一套獨立的理論（儘管他對這兩本同時問世的著作並不知情）。更確切地說，他提出了一套關於真實婚姻的可能性條件的理論：一個真實的、自由的、究竟的生活形式如何成為可能。跟卡西勒一樣，他認為在這個意識與解放的過程裡，有必要把我們文化裡的神話思想模式，其難以捉摸卻又持續存在的影響力揭發出來。跟雅斯培的好友海德格一樣，在同一年裡，班雅明亦旨在找出某些特定、在面臨極端處境時會展現出來的開口，然後勇敢一躍，以進入另外一種更本質性的存在形式。這三位作者全都（跟康德一樣）堅決相信，一個人、一個主體、一個此在，如果對於自己立足於世界的真實條件茫然不曉，便無法做出真正自由的決定，那就不叫真正的成年。而只有成年的人——班雅明會加上這句話——才應該彼此結合。是的，這樣他們彼此才能在真正的意義上締結婚姻關係。

更多陽光【班雅明】

所以這三位作者在這個時期裡都認知到，有必要讓現代的理性主體在哲學概念上經歷一個堅定的**去教育的過程**（Ent-Bildungsprozess），以便把真正在這主體內以及透過這主體發揮作用的語言力量，放置到真正能看見、可能的話也能處理的地方，亦即放到陽光之下。

因此，在這篇論文的一開始，班雅明就把焦點放在這本歌德小說中的四個主角身上——都是在市民社會的標準下有高度文化教養的人：

> 然而他們的文化教養之高，卻仍受制於一些力量：那是文化教養號稱已經制服、但實際上總是壓抑不下來的力量。[27]

準此，班雅明表達了一種包括卡西勒、海德格以及維根斯坦當然一定也會有的懷疑：現代主體之所以有強烈的自由意識（尤其是當他在努力追求自我決定、自以為完全自由自主的時候）都是藉由某種壓抑與隱藏來達成，而這些過程如果沒有好好分析、整理，最終必定導致不幸，甚至造成社會毀滅。然而，一個現代、自由、市民階級的主體如果要做一個自由且自主的選擇，那麼最具代表的例子就是，沒錯，婚姻。所以，就像歌德小說的標題已經顯示的，一個成年的主體透過婚姻還可以越過自然最後的邊界，完全自主地把陌生人**選擇**作為最親近的**親戚**❷。

自由或命運【班雅明】

就班雅明看來，每個現代人都站在兩個核心概念之間，即「自由」與「命運」。如果真的有真正的自由，那麼命運的力量在人類的意志面前必定無能為力；然而如果命運的安排是更高的力量，那麼每個自由的選擇也只是表象，尤其是有道德意涵的「罪」的概念也將無從使用。命運不知道什麼是罪，只知道補償；自由不知道什麼是補償，只知道責任。

班雅明認為，歌德的《愛的親合力》上演的是一種生存形態——即現代市民社會——的必然敗亡，因為其中的人畢竟無法完全擺脫神話思想模式（一切都是自然而然被命運決定的），所以也就沒辦法依照號稱是自己自主所做的決定，為自己行為的後果負起全盤的責任。

這種矛盾心理對整個市民社會的生活形態、整個現代生活、特別是在威瑪共和國裡，都產生了

❷ 譯註：歌德小說《愛的親合力》（*Wahlverwandtschaften*）字面的直譯為「選擇的親戚關係」。

重大影響。這一點在羅曼蒂克的愛情與其必然的倫理結果——婚姻——裡，表現尤為顯著。因為根據一般的想像，這種愛情一方面必然內含某種命運的、冥冥中預先注定的、某種不可解釋的元素（戀人們事後回顧時，大多覺得兩人初次相遇是出於多麼不可思議的機緣，並把這個神話昇華為命運）。另一方面，這個充滿命運的事件又必須通過有意識的婚姻抉擇，也就是透過法定的婚姻關係，過渡到理性與自主的領域裡。是的，**我願意！**然而如果你從這個角度把這個情境弄清楚，這兩方面是互相矛盾的，也在存在的層次上無法調和。

這種無法抉擇的狀態帶來的必然結果，用班雅明的話來表示，就是一種表現為「有罪卻又無罪地徘徊在命運領域裡」的存在方式。而這種方式，正如歌德在《愛的親合力》中所做的經典展示，將會無可避免地導致災難。在這個既無從解釋也無法抉擇的悲慘徘徊狀態中，「那些在婚姻破裂時會顯露的力量必定會占上風，因為那些就是命運的力量」。[28]根據班雅明對歌德的解讀，這裡指的是神話的原始力量，如大自然本身與自然的力量（環境、水澤、預兆、觀星、詛咒……）；這些都超越人類意志，並且在此意義上使人類存在留在未成年狀態。

把個人婚姻的失敗（特別是在失敗的過程中）歸咎於「更高的力量」的傾向，班雅明認為，最能夠說明一種存在的舒適狀態以及不認真的輕鬆自得——海德格在《詮釋處境的揭露》中也把這一點視為一切現代自我失誤的源頭。用卡西勒的話來說，這就是自我造成的倒退。返回了神話的思想形式，也就不會再有真正自主的行為與責任感。

一旦再度退居於神話思維之中，每一件自然事件被當成可能的徵兆，預示著被命運預先決定的計畫或命運本身，那麼人就失去了作為自由存在的身分，甚至——照班雅明的說法——非常樂意失去這個身分，只為了躲避一切負擔中最沉重的部分：為自己的行為負起真正的責任。這個傾向是連歌德自己也深切感受到的；沒有人比他更意識到這一點。班雅明如此描述這個狀態：

> 人在雜亂無章的符號中僵住不動，失去了古代人不曾認識的自由。他變得需要預兆與神諭才能行動。在歌德的一生中，這些東西一點也不少……在《歌德自傳》（*Wahrheit und Dichtung*）裡他說道，有一次在漫遊路上，難以抉擇該受詩歌還是繪畫的感召，便做了一次占卜。歌德對責任的恐懼，是以他的性情來說擺脫不了的恐懼當中最大的一個。正是出於這個恐懼，他才對政治、社會的問題採取保守的心態，以及在老年時對於文學問題也大致如此。這也是他對情愛生活之所以裹足不前的根源。29

這就是班雅明透過歌德婚姻危機的例子所要揭露的未成年狀態：對世界的理解與世界觀的倒退，以便在渴望安逸的衝動裡，順服接受未成年的狀態。典型的例子就是返回神話的思想形式；照班雅明的看法（根據卡西勒的分析也是），這種思想形式包括一切種類的決定論性質的迷信在內，尤其是星象學。

然而這裡提到的裹足不前（在此我們聽到，這位在戀愛與婚姻中同樣不幸的班雅明也在對自己說話）所指的這樣一種狀態：他有機會獲得一個能讓他重獲新生的愛情，然而卻膽怯地讓這個本質上不可逆的機會從旁錯過。

選擇或決斷【班雅明】

不過，這樣想不會有點太急促、太陰暗了嗎？結婚時那句必定是自願說出的「我願意」難道不正是最好的例子，展現一個成年人的承諾、一個信守不渝，願意不只為自己，也為自己所選的對象肩負起一輩子的責任？

班雅明的第一個回答是：如果婚姻真的是建立在一個選擇上，那麼就不可能是建立在婚姻應有的基礎上，亦即真正的愛情上。因為，按照班雅明的觀點，真正的愛情是不能選擇的，如果這裡說的「選擇」，指的是在既有的選項之間有意識挑出一個的話（譬如在兩雙鞋子之間挑出一雙）。戀愛有一種充滿命運的面向；如果你完全抹滅這個面向，就等於消滅了愛情本身。我們常用出於利害的權宜婚姻來描述這種關係。這很有可能發生，甚至直到今天可能都是常見的婚姻形式。然而這並不符合真實婚姻的理想定義。光是這個面向就已經注定，市民社會的羅曼蒂克婚姻理想難以從神話思維的框架裡掙脫出來。在這些事情上，你就是不能過於理性計算與自主。想要被愛神的箭射中的人，是不可能自己請愛神出手的。

然而更重要的是，班雅明確信，作為一個有能力戀愛的人，一旦同意締結市民社會的婚姻，就無可避免掉入一個充滿罪惡感與犧牲感的情境裡。因為結婚時這句「我願意」所意味的，難道不就是拒絕那獨一無二、開啟他生命的愛情事件，即使那事件才是他此刻許下承諾的真正理由？而且還裝出好像這麼做才是真正的、合乎理性的生命幸福的模樣？好像生命幸福就長期來說，不會跟自己選擇的自我放棄狀態互相衝突一樣！歌德就不相信這一點。所以他作為有血有肉的人，作為一個有愛情欲望的自然人，從根本上感覺到衝突。正如班雅明所說的：

由於從根本上強烈感覺到不可能與神話的力量達成和解，除非你持續地犧牲自己，於是歌德就起而反抗了。[30]

所以在班雅明的眼裡，歌德的小說是極其精巧的見證，是對於兩股勢均力敵的力量的反叛：一方面要駕馭愛欲之神（Eros）的神話力量（人作為充滿熱情的自然存在），另一方面要追逐永遠吸引人的展望，也就是透過理性、法律以及自由意志的道德修養來制服這些神話力量（人作為有語言與教化能力的理性生物）。在歌德的時代，「狂飆運動」（Sturm und Drang）與「啟蒙運動」（Aufklärung）構成了經典的衝突。婚姻的例子清楚證明，在這些力量之間不可能達成令人滿意的和解；也就是說，在市民社會的人生藍圖預設之下，**不可能**存在真正成功、真正自主的生活。市民社會對自由的許諾必然是欺罔與扭曲，注定有所約束。所以市民社會裡的自由，純粹是想像出來的自由：

因為有一點是大詩人再三隱晦，卻又在整部作品的開展中鮮明顯露，那就是：按照道德的律法，只要尋求與市民社會豐盛、安全的生活締結契約，人的熱情就喪失一切權利與幸福。[31]

在市民社會的籠罩下不存在真正的婚姻，在錯誤的愛情中也沒有正確的愛情可言。市民社會的婚姻，正由於其穩定，恰好導致一種可悲又懸而未決的狀態，「無辜又罪孽地徘徊在命運的國度裡」。根據歌德與班雅明，這種穩定狀態永遠只會是表面的，因為任何形式的遲滯，暗地裡其實都在崩壞，最終只會釋放具有強大破壞力的神話力量，使人所選擇的婚約走向毀滅。

離婚共和國【班雅明】

放在一九二二年，對當時有閱讀能力的人來說，班雅明遠不只是對歌德小說的哲學內涵進行了精彩的分析與解讀。如果你能以開放的眼光來了解，班雅明把婚姻制度——作為市民社會所謂的根基與核心——當成一個符碼，用來解讀這個民主國家，也就是以市民社會為主的威瑪共和國，那麼就會清楚看到，他也已經為這個共和國可預見的下場做出了先知與哲學的判決。如果這個共和國只是一路因循，無法決斷地繼續推遲戰爭賠款的支付或拒絕，亦即威瑪共和典型的「無辜又罪孽地徘徊在命運的國度裡」，那麼這個國家必然會跌回神話思維形式的魔咒範圍裡，最終也將為其所摧毀。

救贖的一躍【班雅明】

這個進程真的無從閃避嗎？真的沒有辦法逃脫既定的選項、沒有可能一了百了地擺脫一切、一舉跳進自由與幸福的「婚姻」嗎？有的，班雅明認為完全有這個可能。至少在歌德的小說裡，更確切地說，在小說的核心段落裡有一個與情節主軸彷彿完全脫鉤的小故事：《神奇的鄰居小孩》（*Wunderliche Nachbarskinder*）很精巧地暗示了這一點。因為這些小孩的婚姻是小說中唯一成功的。按照班雅明的解讀，其成功的原因是他們的婚姻不是根據傳統意義上的**選擇**，正好相反，靠的是存在意義上的**決斷**。此外，這個決斷還是在具體生活的困厄與威脅等緊急狀態裡完成的。

故事是：在市民社會慣例的巨大壓迫之下，兩個鄰居小孩中的小女孩決定從行駛中的小船上**跳進**據說難以生還的惡水裡，而另一個同樣想死的小孩在最後關頭把她救了起來，後來成了她的新郎。班雅明運用了大量生死交關的緊急狀態的修辭語彙，作為真實自我發現的前提（可能他預設雅斯培是這本教職論文的理想讀者，所以措辭上非常投其所好）：

> 然而這個小故事非常清楚明瞭。從一開始，一切都有清晰的輪廓。那個決斷就像明亮的日光，照進如陰暗地獄的小說裡……由於這些人〔鄰家小孩〕並非為了追求誤解的自由而嘗試一切，所以他們做出的並非犧牲，而是決斷。……那虛幻的自由追求正是讓小說主角被命運壟罩的原因。小故事中的兩個戀人都奮不顧身，他們勇敢的決斷足以打破橫亙在他們眼前的命運，並識破那虛幻的自由——那種自由只會使他們陷入選擇之虛無裡。[32]

「勇氣」、「決斷之日」、「虛幻的自由追求」、「打破命運」、「選擇之虛無」……這就是班雅明從自己所處的時代、無可迴避的困境中的逃出路線，只是藉歌德之口說出來而已。海德格在一九二二年肯定會立刻無條件認可這段話。甚至雅斯培也得琢磨一下，是不是又有一位先生要應徵他們的戰鬥小組，是不是有個渾身散發力量與魔力的第三人要與他們結盟，假如當時他有空出一天的時間來讀班雅明的文章，或者哪怕只是挪出一個小時的時間，讓班雅明當面暢所欲言的話。

解放的超越性【班雅明】

不過，儘管班雅明很有意識地挑選近似的概念來鋪陳追求真正自由的斷然跳躍，仍然存在著一個關鍵的差異。海德格的跳躍非常堅決地摒棄了任何形式的彼世與超越性，因此也摒棄了一切的宗教。從虛假的（市民社會的）存在牢籠裡解放出來，從虛假的（亞里斯多德與笛卡兒式的）現代主體基礎中解放出來，但是有限的此在只能於自身之內來完成這樣的事情。海德格在一九二二年斬釘截鐵地堅持，哲學「從根本原則來說是無神論」。自身事實性（Faktizität）的自我彰顯，是只有在充分意識到自己有限性（海德格的用詞是「死亡之如在眼前」）的情況下才能完成的事。在自身擔憂（Bekümmerung）的背景下，哲學不能在自身有限性之外的範圍繞遠路。相反地，班雅明則把相愛的鄰家小孩的跳躍，十分明確地詮釋為跳進對上帝的信仰裡（這一點與真正的存在主義頭號思想家齊克果所談的跳躍高度一致），相信人最終有可能從虛假的選項中被解救出來，而任何純粹此世的存在，都必然被這些虛假選項所決定與蹂躪。

歌德藉由這個小故事說出了這一點，因為兩人願意共同赴死的景象，通過上帝的意志，為這兩個戀愛的人帶來了新生命，而舊社會對此新生命已無任何要求的權利。在這裡，歌德讓人看到這兩人的性命之所以獲救，就跟虔誠的教徒守住婚姻是一樣的意思：歌德在這對戀人身上描述的是真愛的力量——只是不願以宗教的形式來表達。[33]

是的，對班雅明來說，甚至這本小說裡每個算得上決斷的決斷，都指向一個彼世與超越的國度：因為「選擇是自然的，甚至可能是自然元素特有的，但決斷卻是超越的。」[34]在決斷的時候，總是牽涉到超乎個人意願與能力的東西，這一點在一九二二年也可以很具體套用在班雅明的**政治神學**上。他認為威瑪共和也處在一個沒有希望的漩渦裡，就如歌德描述的那些夫婦所在的社會。從這樣的困境中，光靠選舉已無法尋得救援或真正的解脫。與其越來越不抱希望地一直去投票，還不如鼓起勇氣，彷彿帶著宗教意味一舉跳進新的體系，為一種澈底的、嶄新的、彌賽亞救贖般的共同生活做出決斷。

單純從私人層面來看，他與柯恩的事情從一開始就不成功，她根本不打算跳出她的生活來接觸班雅明。一九二二年的班雅明也欠缺足夠的心力與錢財，能勇敢從學院生涯這種市民社會認可的成就框架中掙脫出來。而在威瑪共和之後會出現什麼能將所有人從漩渦中拯救出來的政權體制，當時的班雅明同樣沒有確切的答案。順帶一提，海德格也同樣不知道。在這樣的背景下，卡西勒堅守他與東妮的婚姻——完美符合市民社會，即便也許缺乏熱情——反而展現他個人鮮明的政治性格：什麼都好，就是不要冒險，不要混亂的革命或內戰，尤其是在這個充滿重大危險與危機的時代裡。這只會把一切弄的更糟！

那維根斯坦呢？如我們所見，他循著齊克果與托爾斯泰的足跡，以非常個人的方式勇敢跳進了新生活，所以現在得長期面對這個決斷帶來的後果。

毫不留情【維根斯坦】

「我們禱告吧。」老師神情肅穆，把懷錶放在講台上，手杖靠在另外一邊。他合起雙手，閉上眼睛，以低沉的聲音對教室裡四十位男女學童朗誦每日例行的詩行：

聖靈啊，請前來對我們
散播你的慈悲之光，
好使我們永遠向前行，
永遠學習我們的義務，
讓已學到的不致遺忘，
求善的熱忱也不熄滅。[35]

他非常重視這個儀式。這個星期又到了維根斯坦兩週一次的宗教故事時間，主題是「關於宗教信念的鬥爭把人類帶到極端危險的處境裡」。[36]此時他那雙眼睛會興奮地閃動，其他時候他通常會因為害羞而用手遮住眼睛，同時指甲在額頭上掐出深深的凹痕。每個孩子都知道，這位老師跟學校裡其他老師都不一樣。昨天他還用作業簿敲打一個學生的頭，打到簿子都散了，紙張一頁一頁地散落在教室地板上。這個孩子犯的過錯不過是當維根斯坦問他耶穌在哪裡出生，他回答「耶路撒冷」。[37]

每天維根斯坦都一再努力把先前在哲學上所認識的，以及後來在宗教上所選擇的事物保留下來，使求善的熱忱不熄滅，同時不失去自制力或一切可能的生命意義。

> 我本來應該把我的人生用在好的事情上，變成一顆星星。然而我卻留在地上，而且漸漸枯死。我的人生已經變得沒有意義，都是一些多餘無謂的插曲。當然我周邊的人看不到這一點，也不會了解，不過我知道，我缺少根本的東西……[38]

一九二一年一月，維根斯坦對他的朋友保羅・恩格爾曼如此描述他在山間小村特拉騰巴赫（Trattenbach）教書的狀況，這是他第一個任教地點。到了一九二二年十一月，他又換了兩次地方，現在希望（或者假裝希望）在普赫伯格（Puchberg）村裡小學的情況多少可以忍受一點。

他對自身意義與生命價值的懷疑益發擴及到周遭的人與朋友身上。「非常慚愧，我得承認，我能說話的對象越來越少了。」他在一九二二年八月對恩格爾曼說。在這個時期，堅定的天主教信仰成為維根斯坦看人的重要標準：信仰不足的人——譬如羅素，他後來還寫了一本暢銷國際的《為什麼我不是基督徒》（*Why I Am Not a Christian*）[39]——維根斯坦覺得自己恐怕無法再與他溝通，因此與他的交情也就陷入嚴重危機。這種對一切人性的極度不信賴，越來越影響到他最親近的朋友圈。在特拉騰巴赫剛開始教書時，他曾對亦師亦友的羅素談到自己對人日益嚴重的不信賴：「確實，一般而言沒有什麼地方的人有價值，但是這裡的人遠比其他地方更沒用處也更不負責。……特拉騰巴赫是奧地利一個特別惡劣的地方；**奧地利人**自從一戰以來的墮落簡直是無止盡。」[40]在當小學老師的頭兩年裡，維根斯坦被困在一個厭世的向下螺旋中，不斷強化對自己與對他人的憎恨。

只有四分之三是人【維根斯坦】

一九二二年秋天，維根斯坦從特拉騰巴赫調到鄰近的小村哈斯巴赫（Haßbach），但他在那裡也只撐了幾個星期，因為他覺得那裡的居民「**根本**不是人類，只是噁心的毛蟲」。直到十一月再調到奧地利北部的普赫伯格，情況才終於有些好轉。但並不是因為那裡的人讓他感覺比較舒服，他仍然覺得自己周遭的人「最多只有四分之三是人，四分之一則是動物」。不過維根斯坦在這個月完成了「適任教師資格」的考試；在此之前他名義上一直都只是實習老師。所以從此時起，他有更多組織課堂內容的自由，在同事間的地位也比較穩固了。不過最重要的是，普赫伯格這段日子之所以相對放鬆，很可能與他重拾放棄的舊日生活有關。即便與羅素的私交越來越惡化，但是羅素於一九二一年八月從中國回來之後，確實如他所承諾，繼續努力為維根斯坦著作的出版而奔走，而且最後有了結果。一九二二年十一月十五日，維根斯坦的哲學論文的德英對照首版寄到了普赫伯格，標題就是此書後來確定的名稱《邏輯哲學論叢》（*Tractatus logico-philosophicus*）。

維根斯坦對收到的首版非常滿意。至於克根．保羅出版社（Kegan Paul Verlag）一個奧地利先令（或者一個英國便士）都沒有付給他，他完全無所謂。還要過多久才有人能真正了解他的論文，他也不在意。總之這本論文在英國問世了，翻譯大致上沒有錯誤，甚至譯筆還不差。這本書終於是世界上所有人都能觸及的一部分了，是一個可供公眾檢視的事實，一件為真的事實。你不能完全排除，總有一天會有一個人理解這本完全出於倫理動機而寫的論文，其真正的目標即其生命救贖的目標，究竟何在。

治療中【維根斯坦】

這個目標，簡單來說就是要「正確地觀看世界」——意即一個人能以有意義的方式說出的事，與他不能以有意義的方式說出的事，兩者間要鮮明地區隔開來——以便以此完全清澈的觀點出發，過著完全清澈的生活。維根斯坦之所以接受摩爾的建議，以《邏輯哲學論叢》為此書的標題，也是因為這個理論的出發點。這個標題顯然在影射史賓諾沙的一本主要著作，即《神學政治論》（*Tractatus theologico-politicus*）。這本出版於十七世記的書有一個鮮明的目標，就是要讓讀者正確認識人類心智的本質，擺脫因為思想與概念錯誤而產生的錯誤設想。特別是把人類心智跟神聖天啟連結起來，以為是理解人類的倫理與政治行為的基礎。當時史賓諾沙就認為，進行哲學思考最首要的任務，就是揭露當前的混亂與錯誤，並用邏輯闡述的方式把主要的錯誤觀點解析明白，使人類（作為世界的一部分）得以「正確地觀看」這個世界。所以史賓諾沙的計畫首先也是破壞性的，或者說要掃除無知，亦即把被語言決定的、從最日常的生活中學到的錯誤見解與謬誤，用語言解析的手段消除，使人的目光不再長期被扭曲。

回到維根斯坦，他在一九二二年所認定的錯誤見解，並非神聖天啟等宗教信念，甚至與此沒有特別的關聯；而是主要針對當時主流的基本設想——現代自然科學自以為已全面啟蒙的世界圖像。這種世界觀其實被侷限在極其原始的信念裡，而且毫無自覺也不願承認。維根斯坦認為，這些信念可以清楚被證明為毫無根據，甚至比任何純正的宗教信仰都還落後。經科學啟蒙的現代世界根深蒂固地相信，自然法則必然產生不可變更的效果，所以過去存在、現在進行以及未來將發生的一切都可以用因果關係解釋與預測，然而這一直以來卻是建立在一種概念的自我欺騙之上，那就是不把「邏輯的必然性」跟「自然法則的必然性」清楚地區隔開來。

以海德格、卡西勒與班雅明在同樣這幾年裡研究的問題為背景，我們也可以簡單說：維根斯坦作為哲學家最關切的，就是釐清「罪」與「命運」、「自由」與「必然」、「信仰」與「知識」、「人的存在」與「自然存在」之間的關係，因為這些是每個成年人所面對到最重要的主題。這些主題可以在維根斯坦首度拿在手裡的這本書中，讀到他用極其清楚的方式進行探討：

6.36311 太陽明天將升起是一種假設；而這表示說：我們不**知道**太陽是否將升起。

6.37 兩事物間的發生沒有必然因果關係的強制力。

唯一存在的必然性就是**邏輯的**必然性。

6.371 整個現代的世界觀是奠基於自然律對自然現象說明的幻覺上。

6.372 因此現代人只止於自然律，視它們為不可犯，正如古代人視天主和命運為不可侵犯一樣。

而且實在地說，兩者都對，也都錯：就古代人有一個清楚和認可的歸宿而言，古代人是比現代人的系統嘗試使自然律看成為一切事物的準則還要清楚些。

然而實際上什麼都沒有被解釋，尤其是沒能回答，為什麼這個有著我們可描述的規律性的世界竟然存在，而不是什麼都不存在。而這個問題永遠也得不到解答，因為任何解釋都會牽涉到這個世界**以外**的東西，必然會陷入無意義的鬼扯。一個如維根斯坦所想像的真正信仰宗教的人——維根斯坦此時也自認為是這樣的人——之所以勝過任何現代科學的信仰者，就在於多了後面這個解釋。

不過這並不代表在可說範圍之外，就沒有真正的意義中心可言，這只代表有時候我們想以最堅決、最確定的態度，在此範圍之外找到的東西，並不適合用來證明或解釋與**我們這個**世界有關的事——如果是事實或倫理方面的證明的話。

6.41 世界的意含必須在世界之外。在世界中的一切正如其然地存在，而且正如其然地發生。

在世界中沒有價值存在——而且，如果有的話，價值就沒有價值了。如果一個價值道道地地有價值的話，則它必須位於一切發生和一切如此存有的整個範圍之外……。

由上而下【維根斯坦】

不可否認，這些語句按照維根斯坦自己的標準來看，也都沒有意義。不過這正是他的概念拆除計畫裡真正厲害的一步。因為要釐清因為語言而產生的混亂，除了透過語言本身，還有什麼別的辦法呢？

所以到了最後，在讀者辛苦地爬上《邏輯哲學論叢》這座使他增加知識的語句階梯之後，所剩的就是把這座梯子一腳踢開、加以擺脫而已。

那麼在這新登上的高處裡，沒了梯子，究竟要做什麼呢？除了再度找到踏腳之處，又有什麼可做呢？根本來說只有一個選擇：就跳吧！跳進信仰的懷抱裡！跳進真正倫理的存在裡！跳到自由裡！這種跳躍的最大特點，就是跳的人完全意識到，這根本沒有依據也沒有理由！也就是從虛無裡跳出來，因為如果不是從虛無，就可能牽涉到一個在世界之內的事實、理由或事件。然而唯有沒有理由的跳躍才會帶來真實信仰的支撐，因為只有這種跳躍才讓人從一開始就不去期待獎賞、正義、靈魂救贖、永生或者任何其他在宗教中常常被許諾的未來幸福。你在《邏輯哲學論叢》裡也能一字一句地讀到這個觀點：

6.422 當我們建立一個「你應該……」這種形式的倫理規則時，我們首先想到的是：「那麼，如果我不照著它去做的話，又會怎樣呢？」很清楚，倫理學用通常的意含來說，它與處罰和獎賞無關。所以，一個行的**後果**如何之問題並不重要——至少這些結果不應該是事件。因為我們所盤問的問題，必須是正確的事情。的確，必須有某種倫理的獎賞和懲罰，但它們必須存於行為本身之中。……

所以，決定過自由的生活，其價值——如果真的有價值的話——就在於體驗到這個生活本身的開展（所以不能從外部被視為這個決定的後果）。換句話說，是跳進這個具體的生活，而不是跳進別的、後來的或甚至永恆的生活裡：

6.4312 不僅沒有任何方式保證人的靈魂之世俗不朽（即是死後永生），而且在任何情況下，這種假定完全達不到我們所預想達成之目的。或者某些謎底能由我們的永生而解決呢？這永生不像我們今生一樣是謎嗎？對時空中的生命之謎的解決要放在時空**之外**。

決定跳進信仰裡，或者更廣泛一點說，跳進一個真正倫理的存在裡，特別是海德格、班雅明以及維根斯坦在一九二二年用全套強大的修辭與銳利的思想，對他們的讀者所建議的那樣，本身並不尋求別的保證或理由，唯一尋求的是生命自身的開展。而且，誰要是認真問，我們究竟為什麼應該選擇這樣的人生——譬如那會比較輕鬆、比較愉快、比較舒服、比較無憂無慮嗎？——那麼這只顯示出，他還沒有掌握這種跳躍可能的**要旨**。是的，他或者她所表現的就是根本一點都沒搞懂。既不了解自己，也不了解世界。總之維根斯坦是這樣看，而且不只他一個如此。

重要的是，維根斯坦在這裡解釋的動機與期待的問題，正好說明了班雅明、海德格以及卡西勒在同時期的作品中，極其重視的「選擇」與「決斷」的差別：選擇是為可預見的後果找合理的理由，決斷恰好不是。在這個意義下，選擇是有條件的，決斷則是無條件的——也因此是自由的；選擇總是跟神話糾纏不清，決斷則是（在理想狀況下）從原因與結果、命運與必然、罪與贖罪等所謂主宰生存的理性邏輯中掙脫出來。以上就是維根斯坦在一九二〇年代提出的哲學教育的解放理論——或者解放神學。

然而有一件事是維根斯坦在一九一九年跳進新生活、成為小學老師的時候無法否認的：在每日的進程中，他沒能找到這個存在可能的意義。不管怎麼說，新生活沒能滿足他，而是讓他日復一日困在令人麻木的空虛裡，然而他之所以下定決心來當老師，原本是想逃離那樣的空虛。即使在普赫伯格，他的憂鬱症也毫無起色，他實在無法繼續忍受了。他在這段時間的書信筆調了無生氣，他對於無法擺脫自己性格與本性中的黑暗這件事再清楚不過，不斷有股力量猛烈將他拉回自我之中更深邃、更幽暗的底層裡。

當然，他很認真地試著建立社交，漸漸能跟同事們上餐館吃午餐，甚至跟魯道夫・柯德爾

（Rudolf Koder）結為好友，因為柯德的音樂素養能達到維根斯坦的要求，不久後，兩人每個下午都會一起演奏布拉姆斯與莫扎特的鋼琴與黑管二重奏。然而到了後來，他跟身邊所有人都清楚感覺到，在他與他以外的世界之間隔著一塊看不見也穿不透的玻璃，就像他曾對姐姐赫爾米娜坦白過的那樣。在這個冬天與一九二三年的春天，維根斯坦只感覺到無以復加的寂寞。

論文的出版也沒有改變這一點，反而使他那無止無盡、命中註定的孤獨感變得更強烈、更嚴重。他每天在設施簡陋的房間裡反覆翻讀這本書，只證明了一件事：靠哲學思想來解脫自己的煩惱，永遠有明確的限度。因為「正確地觀看」這世界又有什麼意思，如果你身邊根本沒有你願意與之共享這個世界的人？

V. 你——一九二三至一九二五年

維根斯坦咒罵著，卡西勒恢復了健康，海德格著了魔，班雅明變得有孔洞。

白痴【維根斯坦】

在普赫伯格，維根斯坦沒有一刻得到他所希望的寧靜，更不用說幸福的生活。在學校與小村人際關係緊密的社群裡，他一直顯得格格不入。有些關於他的怪異傳聞在流傳，從村子裡的聖人變成村子裡的白痴只需要一步。有些人覺得他是「男爵」或「有錢的爵士」，另一些人說「他自願放棄了所有的財產」。還有一些人聲稱知道維根斯坦在前線當軍官的時候頭部受過傷，甚至說「子彈還一直留在他的腦袋裡，造成他很大的疼痛。」[1] 這些傳言沒有一個完全正確或完全錯誤，但是帶著這些標籤的人很難得到真正的認可。維根斯坦住的小房間十分簡陋，牆壁沒有用灰泥抹平，僅有的傢俱是一張床、椅子跟桌子，過得就像他本來想成為的隱修士。他非常在乎他的住處不能有任何舒適之處，完全拒絕所謂現代文明的成就。他這個時期的衣著——皮外套、帶綁腿的皮褲、厚重的登山鞋——也十分符合他的這種努力。他從來不因為天氣變化而多穿或少穿一件，甚至從來不換穿。這讓他的同事不只覺得有趣，他發出的臭味還會讓人嘟噥幾句。

當維根斯坦在越來越頻繁的失眠的夜裡從窗戶仰望普赫伯格的星空，想到曾有過的短暫幸福時刻，就會回憶起大戰前在英國渡過的學生時代。在那裡，他不只得到了真正的精神快樂，而且也找到了他這輩子的真愛——大衛．平森特（David Pinsent）。為了紀念這位戰爭期間在一次試飛中喪生的朋友，維根斯坦甚至把他的《邏輯哲學論叢》獻給他。他曾與平森特騎小馬穿越冰島，也與他在挪威一起乘車前往荒遠的小屋。在他身上，維根斯坦感受到一種可能的人生意義。

一九二〇年夏天，維根斯坦提到他對失去真愛止不住的悲傷：「我已經沒辦法再交新朋友，而老朋友我卻不斷失去。這真讓人極度悲傷。我幾乎每天都想起可憐的大衛・平森特……他把我半條命帶走了，剩下半條命只等魔鬼來抓走。」[2] 三年後，就連與羅素的友誼也開始出問題，一來是去年夏天在茵斯布魯克的會談失敗之後，兩人都不得不承認關係受損。更重要的是羅素的離婚以及羅素長年和朵拉・布萊克（Dora Black）「狂亂」的關係（直到布萊克的兒子出生前不久，羅素才讓這段關係合法化），激起了維根斯坦的道德義憤；而羅素對他這位天才學生貌似虔誠的神祕主義總是興趣缺缺。

這很複雜【維根斯坦】

維根斯坦清楚看到，他可能會喪失他生命中最後的連繫。即使他走上這條全新的道路時，懷抱的是無比的決心，但這個發展仍然讓他感到痛苦。這種對喪失的恐懼使他在與人交流時變得更複雜也更敏感，譬如一九二三年春天一封寄給凱因斯的信所顯示：

親愛的凱因斯！

很感謝您寄來《歐洲的重建》（*Reconstruction in Europe*）一書。然而我更希望能得到您一行親筆的字，告訴我您過得如何等等。或者您是過於忙碌，以致無暇寫信？這我可不信。您還會見到約翰森（Johnson）嗎？會的話，請您代我向他親切問候。我多麼希望也能得到他的消息（不是他怎麼評論我的書，而是他現在生活過得如何）。

那麼，等您願意紆尊降貴時，請給我寫封信吧。

您的路德維希．維根斯坦敬上[3]

這是你能想到最讓人不想回信的語氣。而且這時候凱因斯確實忙得不可開交：因為如卡珊德拉（Kassandra）準確預告了臨頭的災難，凱因斯躍升為戰後世界上最具影響力的經濟學家。就像凱因斯在擔任英國使節團成員參加凡爾賽和約協商期間，以及在一九一九年出版的《和約的經濟後果》（*The Economic Consequences of the Peace*）裡所預告過的那樣，此時超級通貨膨脹正把德國與奧地利推向政治崩潰的邊緣。歐陸的命運再度岌岌可危；德法之間可能重新爆發軍事衝突；病危的列寧所統治的革命蘇維埃政府也陷入內戰，後果沒人能預料。凱因斯此時正為英國政府提供諮詢，也在國際上以知名記者的身分推廣他的書的翻譯，在劍橋大學的國王學院教經濟學反而像在兼差。就在維根斯坦於普赫伯格教小學生加減乘除的同時，凱因斯正坐在高官政要的會議室裡，為他們講解忽視經濟的基本運作會帶來哪些嚴重的後果。維根斯坦每天所奮鬥的，是不要喪失理智；凱因斯此時所奮鬥的，則是讓歐陸在新的經濟基礎上站起來。當維根斯坦在普赫伯格一間小房間裡與魯道夫合奏莫扎特；凱因斯則在週末與他劍橋的布魯姆斯伯里社團（Bloomsbury-Group）的老友，配著草莓與飄仙酒（Pimm's），高談闊論這些或那些經驗世界的可能形貌——在座者包括維吉尼亞．

吳爾芙（Virginia Woolf）、她的先生李奧納德（Leonard）、作家愛德華．摩根．佛斯特（Edward Morgan Forster）以及利頓．斯特雷奇（Lytton Strachey）。

到了一九二三年春天，維根斯坦的生命死路變得越來越窄。如果不想失去所有的寶貴連繫，他必須做點什麼。不是還有一個年輕的、顯然非常聰明的數學家嗎？他把《邏輯哲學論叢》從德文譯為英文，翻得如此之好，而且出版此書系的編輯查爾斯．凱伊．奧格登（Charles Kay Ogden）提到他的時候只有高度的讚譽——他叫什麼名字來著？

親愛的拉姆齊先生：

最近我收到奧格登先生的一封信，裡面提到您在接下來幾個月可能會到維也納來。對了，既然您把《邏輯哲學論叢》譯成英文翻得那麼好，您讀德文一定也沒問題，所以我這封信接下來就寫德文了……[4]

此封寫於一九二三年春天的信的德文原文沒有流傳下來，不過維根斯坦顯然在信裡對拉姆齊提出了某種邀請，請他到有機會的話到施內山（Schneeberg）下的普赫伯格來拜訪自己。對法蘭克．拉姆齊（Frank Ramsey）這位才年滿二十歲的、出身自優秀的劍橋學者家庭的年輕人來說，這是他一生難遇的機會。他可以與維根斯坦像熟人一樣對談，兩人一起討論《邏輯哲學論叢》——這本書出版才幾星期就已經讓劍橋大學的年輕菁英為之著迷且深感困惑。最後在一九二三年九月，拉姆齊終於前往普赫伯格，與維根斯坦兩人一連兩個星期，每天在維根斯坦下課之後，不中斷地逐句討論

《邏輯哲學論叢》四到五個小時。我們不難理解拉姆齊必定懷抱了很高的期待；不過維根斯坦出於什麼動機做這件事就不甚明顯。拉姆齊在給母親的信上描述了這次訪問的情況：

> 當他說「這樣明白了嗎」，我說「沒有」，然後他接著說「該死，還要再講一次真是讓人厭惡」，實在太可怕了。有時候他會說，這個你不能了解，所以我們只能講到這裡。有很多次他忘記不久前自己寫的東西是什麼意思，但是過了五分鐘之後又想起來。他有些句子是故意寫得模稜兩可，因為句子除了有一般的涵義，也包含另一個較為隱晦的意思，而他兩個都相信。

幾天後拉姆齊寫明信片給《邏輯哲學論叢》的出版者奧格登，語調卻大為不同：

> 維根斯坦每天對我講解他的書二到七個小時，這為我帶來巨大的啟發。他似乎非常享受這個過程，我們大約一個小時進行一頁……他講解得極其專注，儘管據他所說，他的腦袋已經不靈活了，永遠沒辦法再寫一本書……他非常貧窮，生活很悲慘，在這裡只有一個朋友——他多數的同事都覺得他有點瘋掉了。[5]

拉姆齊是個有點過重、膚色蒼白的年輕人，圓圓的臉上掛著鎳框眼鏡，性情開朗，充滿好奇，而且顯然智力出眾——在維根斯坦的眼裡，他確實是第一位能讀懂《邏輯哲學論叢》的讀者。所以對維根斯坦來說，這次會面也是一個絕無僅有的機會與經驗，只有在一九二三年九月的這兩個星期裡，他才能看到這樣的溝通能達到怎樣的程度。畢竟這本書已經開始在以形式邏輯為主的哲學圈裡得到高度的關注，而且就維根斯坦可以判斷的範圍來看，他們的理解完全是錯的。

譬如維根斯坦的出版者、文學家、語言學家以及哲學家奧格登，在一九二三年春天出版了一本標題為《意義的意義》（*The meaning of meaning*）的書，並獲得很大的迴響。這本書努力採取維根斯坦的核心主張，試著闡明語言意涵的基礎為何。奧格登在一九二三年二月滿懷自信地把書寄到普赫伯格去，然後在三月得到維根斯坦這樣的回答：

……我讀過了您的書，我願意完全坦白說，根據我的看法，您並沒有正確掌握我所處理的真正的問題（至於我對問題的回答是否正確，完全是另一回事）。[6]

奧格登提出的解決辦法（這個路線在今天的語言哲學界裡仍廣受歡迎），是透過「因果論」以及「說話者對被指稱對象的有意指涉」等範疇來解決語言意涵的謎題。然而就維根斯坦看來，光是出發點就已經過於偏差，以至於根本談不上一個可以認真看待的可能解答。難道維根斯坦不是已經清楚指出了嗎？對於在「邏輯的語句結構」與「世界的邏輯構造」之間的真正構成意義的關係本身，沒有任何有意義的話可以被說出，也不可能被探究，而是只能被視為既有之事，也就是我們最多只能為之讚嘆。

4.12　命題能夠描寫實在的總和，但不能描寫那表達實在所不可少的共同邏輯形式。

為了要描寫邏輯形式，我們必須將我們自身和命題置於邏輯之外，也就是說，置於世界之外。

4.121　命題不能描寫邏輯形式；這邏輯形式是映照在命題之中。

語言不能描寫映照在語言之中的東西。

凡是表達語言自身的東西，**我們**無法藉著語言來表達。

然而這正好就是奧格登用他的意義因果理論所要做的，他想用語言表達在語言內自我表達的東西。尤其是維根斯坦深信，你根本不可能把「因果律」或「各種因果法則」這類東西，當作在指涉世界時究竟有效的意義範疇，並視之為理論出發點。

6.36　如果一個因果律，它可以用下列的方式表示：有自然律。但是當然我們不能說的即：它顯示自己。

後來維根斯坦於一九二三年八月在維也納度假期間，聽說他的《邏輯哲學論叢》也開始在維也納大學裡成為討論課與學人團體（後來被稱為「維也納學圈」〔Wiener Kreis〕）熱烈研究的對象時，他大概也有類似的懷疑。維也納學圈信奉嚴格的自然科學世界觀，想以此拯救社會，匡時救弊。而這剛好和維根斯坦所努力的方向不相符，因為他相信，純粹自然科學的世界觀不過只是這個時代的另一條歧途，帶著號稱的清晰性和價值中立的啟蒙姿態，卻建立在特別頑強的錯誤見解之上。

不論再次逐句解讀這本該死的書有多麼折磨他的智力，這本書尚待解釋的地方還是很多。同時維根斯坦在一九二三年真正困擾的問題，絕對不是作為哲學家卻不被理解，也不是有可能一直不被理解下去，而是他越來越嚴重的孤立和寂寞。因為這個因素，他把拉姆齊到普赫伯格的拜訪視為一個轉機，也許他能找到返回英國的辦法，不論方法為何。即使必須再度融入那裡的學院生活，一個被維根斯坦視為極高代價的選擇，顯然他也願意接受。無論如何，從一九二三年十月起，這位受到劍橋所有核心人物——摩爾、羅素、凱因斯——提拔與呵護的天才少年法蘭克．拉姆齊就開始擔任維根斯坦在英國的密使。他的第一個任務就是去調查，維根斯坦作為昔日的學生與如今《邏輯哲學論叢》的作者，有無可能在劍橋拿到一個學位。「我還沒碰到凱因斯，還沒問他您的學位的事。」拉姆齊在一九二三年十月寄了一封像電報的信到普赫伯格。不過一個月後就有了具體許多的訊息。

親愛的維根斯坦：

謝謝您的來信。

我有個好消息要給您。如果您願意走訪英國，這裡有五十英鎊（等於一千六百萬奧匈帝國克朗）供您作差旅之用。所以請您來一趟吧。……我問了凱因斯關於您的學位的事，看起來事情是這樣：現在章程已經變更過了，所以修習六個三學期制的學期跟撰寫一本論文並不能取得學士學位（B.A.）。不過您可以靠三個學年的修習以及提出一本論文來取得博士學位（Ph.D.）。所以如果您能在這裡再就讀一年的話，大約就能夠把之前的兩年一起算進來，並以此方式取得博士。[7]

這筆給維根斯坦的約一千六百萬奧匈克朗的五十英鎊，是凱因斯出的錢，不過他不希望拉姆齊提到他的名字，他擔心那樣會立刻被維根斯坦拒絕。不過維根斯坦也對拉姆齊明白表示，他絕對不要任何施捨或補助，取得正式學位或某種哲學能力的認證文件也不是他的首要關切。凱因斯得知之後，便中止了十二個月之久的沉默，終於坐到書桌前給這位極其難纏的老友寫封信，邀請他到英國來。兩人往返的書信很值得幾乎全文引述：

一九二四年三月二十九日
戈登廣場（Gordon Square）四十六號
布魯姆斯伯里（Bloomsbury）

我親愛的維根斯坦：

一整年過去了，我一直還沒回信給您。這讓我感到慚愧，但這並不是因為我沒有想到您，事實上我一直覺得非重新向您表示我的友情不可。真正的原因是，我希望在我寫信給您之前，能紮實地讀懂您的書……我還是不知道該怎麼談您的書，除了意識到這是一本極端重要而且天才的著作。不管對錯，這本書自從問世以來，一直主宰著劍橋所有關鍵的討論。

我在另一個包裹裡為您寄去了我從戰爭開始以來所寫的幾本書……我極其希望能再見到您，並且與您好好談一談。您是不是有可能來英國走訪一趟呢？

帶著忠誠與愛慕

J·M·凱因斯

……我會盡我一切力量，以減輕您其餘的麻煩。[8]

不過凱因斯因為想特別禮貌與小心地傳達他的意思，所以沒能抓到應有的語氣，尤其是沒有回應到維根斯坦最關心的事。一九二四年七月，維根斯坦回信給凱因斯：

一九二四年七月四日

親愛的凱因斯，

非常感謝您寄來的書與您在三月二十九日的信。我延遲了很久才給您回信，因為我無法決定該寫英文還是德文。……那麼，首先我想向您為您的書與您親切的來信表達感謝。由於我非常忙碌，而且我的腦袋完全無法吸收任何學術的東西，所以我只拿了**一本**書來讀（《〈和約的〉經濟後果》）。我覺得非常有趣，雖然我當然一點也不懂這本書所談論的主題。您來信寫道，您是否能做些什麼好讓我再度從事學術工作：答案是否定的，此事已不可能，因為我內心已經沒有強烈動力去做這樣的事了。我必須說的一切都已經說了，內心的泉源已經乾涸。這話聽起來很奇怪，但實情就是如此。——樂意，我**非常**樂意再度見到您。而且我知道，您很善意地要幫我張羅待在英國所需的費用……不過當我想到，若我真的接受您的好心，就開始有了各種顧慮：我要在英國做什麼呢？只為了見您一面，然後盡量散心嗎？意思是說，我應該人去就好，只為當個親切的好人嗎？當然我絕非認為並不值得當個親切的好人——如果我**真的**能當個親切的好人就好了——或者接受別人親切的善待不值得，如果那真的是某種**非常**可親的事情的話。

不過要我待在一個房間裡，每隔一天與您喝個茶或做其他這類社交，這根本不夠**親切**也不夠**好**。那樣我就必須為這個小小的親切之舉付出很大的代價，就是眼睜睜看著我短暫的假期像幽魂一樣消逝……當然在您那裡住一段時間會比我一個人在維也納愉快。不過在維也納我至少還可以集中精神，即便我的思考並不值得一提，但是能做些思考總是比只是散心要好得多。……我們已經十一年沒見面了。我不知道您在這段期間裡是否有所改變，**我**則有極大的變化。可惜我必須說，我沒有比以前好，我只是**不一樣**了。因此當我們見面時，您也許會發現，這個來拜訪您的人其實不是那個您本來要邀請的人。即便我們彼此**能夠**溝通，也絕對會有一兩個小時的閒聊是無法令人滿意的，以至於我們這場會面將讓您感到失望且作嘔，也讓我感到作嘔且絕望。——假使我在英國有隨便一個工作就好了——不論是道路清潔還是幫人擦鞋子——那樣的話我就會非常樂意前去，而且親切的好事也會自動發生。……

致上真摯的問候！您永遠的

路德維希．維根斯坦

又：請向約翰森致意，如果您有見到他的話。9

所以維根斯坦一時還不會回劍橋。不過在這次書信往返中已經顯示出了一個根本的矛盾，而這個矛盾在往後數年，直到他真正回到英國，而且實際上在那之後還長期為雙方的關係造成負擔：維根斯坦想找回他的朋友，劍橋的社群則想找回他們的百年一見的哲學天才。為此他們願意盡一切能力，維根斯坦也展現出出乎意料的彈性，甚至重返哲學界這個代價他也願意接受。畢竟怎樣都好過待在普赫伯格，等著他越來越孤獨的心智最終離他而去或者無情地背叛他。

遠來是客【卡西勒與海德格】

卡西勒義不容辭地為來自馬堡的客人——這位客人不久前才在那裡獲聘為教授——親自導覽瓦爾堡圖書館的各個房間。這位客人就是海德格。前一天晚上，一九二三年十二月十七日，海德格受邀在漢堡的康德學會（Kant-Gesellschaft）（由卡西勒擔任會長）以《現象學研究的任務與道路》（Aufgaben und Wege der phänomenologischen Forschung）為題發表了一場演說。所以當他們一面瀏覽書櫃與書架上稀有的藏書時，有很多機會可以繼續深談前晚開啟的對話。當然，卡西勒認同他的客人的核心論題：在探問人類與世界的關係的基礎時，不能完全仰賴實證科學，譬如心理學、人類學或者生物學。畢竟，神話的概念形式，作為文化上更高等的探索世界的方式，是由根本不同的範疇與預設形塑而成的，而非由科學的世界觀所造成。

確實，海德格點頭表示同意，特別是這類「原始現象」有助於揭露此在的自我詮釋

（Selbstauslegung）的既有扭曲。不過另一方面，如果太重視神話的思想形式，就會有把「原始」與「原初」搞混的危險。若我們仔細思索，難道神話中的符號使用本身不也是建立在某種形式的「世界開啟性」（Welterschlossenheit）上嗎？而且這種「世界開啟性」不是使用符號的人可以自己創造的，而是以一種特別的方式詮釋出來的？如果是這樣，那麼當我們用描述的方式獲取一個真正原初的世界概念時，最重要的難道不就是在日常意義上去描述這個概念嗎？也就是處在一種基本的方向感裡，而這方向感必然是在此在能使用一切符號形式之前就已經被給予也被開啟了的。難道原始的此在不也認識一種日常（Alltäglichkeit），就跟現代科學的此在一模一樣？

「當然，」卡西勒回答——此時兩人在導覽快結束時再度在標示著「符號」主題的書櫃前停下來——「只不過這恰好不會先於也不會獨立於一切符號化的過程。因為那樣的話，對於在日常裡自動呈現的方向感的指引，你又該如何去思考與解釋？」「這也正是我在問自己的問題。」海德格微笑著給了一個尖銳的回答。

從漢堡到貝勒維【瓦爾堡】

當時在漢堡瓦爾堡圖書館裡，海德格與卡西勒首次的當面討論，大概就是這樣的談話（或其他與此十分類似的內容）。無論如何，海德格在後來的主要著作《存有與時間》裡回憶一九二三年冬天的這次相遇時，就是在這樣的脈絡中進行。[10]

很有可能在導覽過程中，海德格也會問起這座圖書館真正的創建者與設計者阿比・瓦爾堡。他還在嗎？如果是的話，他現在在哪裡？狀況如何？

即使對卡西勒這樣嫻熟社交的人來說，這也不是很容易應對。因為阿比・瓦爾堡，此圖書館的籌畫與建造者，因為一九一八年爆發的一次嚴重精神崩潰，已經住進精神療養院許多年了。從一九二一年春天起，他被安置在一家瑞士的療養院，在波登湖（Bodensee）畔的克羅伊茨林根（Kreuzlingen）。這間貝勒維（Bellevue）精神療養院屬於歐洲最著名也最進步的院所，由賓斯萬格醫生家族所管理。路德維希・賓斯萬格（Ludwig Binswanger）從一九一〇年起擔任院長。他是羅伯特・賓斯萬格（Robert Binswanger）的兒子，老路德維希・賓斯萬格的孫子，療養院由後者於一八五七年將從一座廢棄的修道院改建而成。貝勒維並非一個封閉的場所，而是由許多房屋與公寓組成的森林居住區，病人在此可享有極高的自由與尊嚴，起居空間大多非常寬敞，還有個人專屬的照顧人員。瓦爾堡在這裡也有一間專屬的屋子，有自己的寢室、工作室以及浴室。這多少也跟他精神疾病的嚴重程度有關。他主要的症狀是被害妄想與各種強迫症，發作期會產生嚴重的暴怒與暴力。最明顯的被害妄想是瓦爾堡一直擔心被人下毒，也懷疑別人送去給他的食物是用他妻子或兒女的內臟製作的，或者擔心自己跟家人很快就會被殺害。瓦爾堡的恐慌發作的主要症狀為繁複的清洗強迫與重複強迫，大多固著在對他自己房間的特定區域的整理與打掃。這些強迫症在他於一九一八年入院之前就已經出現，此時已成為他每日生活的主要活動。

住在克羅伊茨林根的許多年裡，除了完全失控的發作期以外，他也有心智完全清明與犀利的時候，這時他會關切他的研究圖書館最新的進展，主要是透過與撒克索博士書信往返。卡西勒到漢堡的事特別引起了他的關注。

蛇的關鍵實驗【瓦爾堡】

瓦爾堡的精神疾病是一個罕見但臨床上特別有趣的案例，因為他罹患的幻覺妄想、強迫行為以及恐慌發作，剛好就是他之前數十年文化學術研究的核心對象。瓦爾堡的文化理論特別以圖像媒介與具象表達為基礎。根據這套理論，人類有一種衝動，想用符號把他最深處的存在恐懼表達出來，也就是賦予這些恐懼固定的形貌，並以此方式使其可以被處理或用法術驅趕：這就是一切文化真正的源頭。這種文化的源頭也就是一種存在的恐懼、一種被外在的自然力量壓倒的感受，是人類心靈永遠無法完全超越或否認的，即便在進行最崇高與最抽象的活動時，譬如藝術或科學，也不例外。這個源頭總是在人類心靈裡發揮作用。

這種克服恐懼的動力，我們可以在原始民族——或者用今天更常用的說法，原住民族——的主要祭祀符號或儀式裡看得特別清楚。這也是為什麼這些符號在世界各大陸上，以及在時代相隔久遠的原住民族那裡，會如此相似、彼此重疊。瓦爾堡在《北美貝博羅印第安人的蛇祭》（Schlangenritual der Pueblo-Indianer Nordamerikas）的演說中就說得很清楚。這是瓦爾堡在他的主治醫師路德維希・賓斯萬格的建議下，在克羅伊茨林根的住院期間研究撰寫的一份演說，並終於在一九二三年四月二十一日在療養院工作人員與病人面前公開發表。

瓦爾堡認為，儀式中那條充滿神話意涵的蛇（很有可能連同聖經中的原罪一起）是「一個跨越國界的符號，其目的在回答：世界上這些巨大的毀滅、死亡與痛苦來自何處？」[11]

瓦爾堡認為這些恐懼、惡靈、強迫性的想像，就存在於我們一切文化存在的根基裡，而且在早期的發展階段中催生了一種由巫術與儀式宰制的政權。同樣地，這些恐懼與強迫想像，也以精神疾病的形式宰制了他的心智，正如瓦爾堡在清醒的時間裡清楚意識到的那樣。這些症狀決定了他的思想、他的感受，以及他全部的日常生活。

所以一個治療他的關鍵問題就是：他是否能透過學術的反思與分析等手段，從這些強迫症狀逃脫出來。也就是說，他，作為全人類的代表，是否能夠擺脫符號意識的原始階段，再一次與狹隘的巫術與圖騰拉開距離？還是他這退化性的疾病只能一直發作下去？

隧道與光【瓦爾堡與卡西勒】

這場一九二三年關於蛇祭的演說十分成功，因此成了瓦爾堡私人神話的一個關鍵轉折點。畢竟這是多年以來，善良與解放的啟蒙與分析精神首度重新勝過恐懼與強迫症的魔法與神話力量。當時瓦爾堡只允許極少數人可以直接閱讀他完成的演講稿，卡西勒是其中之一。這份信任讓撒克索博士更為確信，讓兩位學者當面會談也許對瓦爾堡的痊癒會是關鍵的最後一步，如此一來，瓦爾堡就可以回到漢堡。

一九二四年春天，卡西勒獲邀前往瑞士發表演說。卡西勒利用這個機會親自去貝勒維療養院拜訪瓦爾堡，這位他所景仰的同事與贊助者。[12]這次會面需要周全的安排與照顧。撒克索與瓦爾堡的妻子瑪莉都在卡西勒抵達的前幾天就前往克羅伊茨林根，以便陪伴這位極度期待也因此非常緊張的病人。對瓦爾堡來說，這是多年來第一次與一位陌生人進行較長的研討會談，而卡西勒又是他非常推崇的思想家，他甚至有理由認為，卡西勒是極少數能夠充分掌握自己的圖像史理論，並理解其可能影響力的人。

瓦爾堡密集地為這次會談準備了許多天，把他覺得特別重要的問題與疑難記在小卡片上，並分門別類，只不過在卡西勒抵達克羅伊茨林根前的幾分鐘，他又忽然認為這些在書桌上排得整整齊齊的小卡片都是禁忌。即使身邊人用最大的耐性勸他，他仍堅持把所有卡片以及其他不祥的物件清出房間。非如此不可。此時卡西勒已在走道上等著被允許踏入書房。

即便一開始有這樣的波折，他們很快就在自由談話中互相吸引。卡西勒認為人在符號中的成長是一個持續解放的事件，其起點是引導神話思考的概念形式。瓦爾堡對這個觀點表示完全同意，不過他特別著力於證明，在這個進步的過程中，神話的圖像世界有著不可消除的能量與動力。瓦爾堡欣慰地感覺到，自己終於找到一個志同道合的人了。會談才第一天他就做了如此的總結：「我彷彿聽到隧道的另一端有人在敲門。」

兩人的討論近乎強迫似地集中在文藝復興與近現代早期，作為歐洲思想的一個過渡時期，其特色在於神話與魔法的思維方式與邏輯數學的認知途徑同時存在，譬如星象學與天文學。在花園裡散步時，他們的談話內容主要圍繞在克卜勒（Kepler）在天文學上對橢圓型軌道的（重新）發現，但會固定被瓦爾堡焦慮異常的解釋所打斷——他想指出他被抓走的太太此刻被囚禁在這許多房屋中的哪一間，雖然後者正扶著他的手在旁邊走著。[13]瓦爾堡相信一切存在都有兩個極點（Bipolarität），而橢圓作為一個有兩個焦點的幾何圖形，最清楚的表達了這個性質。而這個雙極性，在一九二四年四月十日這個值得紀念的下午，也霸占著瓦爾堡的心智：他仍然覺得自己是一個揉捏而成的混合體，包含完全的理性與非理性，同時被絕妙的學術直覺與妄想的理念束縛。不過現在他再度燃起希望：他期待一個新的研究社群，期待畢生的學術計畫能延續下去，也期待卡西勒能追隨自己的思想路線，並用他自己的方式加以消化與詮釋。

一回到漢堡，卡西勒立刻把關於橢圓型問題的新書目與材料寄到克羅伊茨林根，而瓦爾堡在卡西勒離開的當晚就寫信給貝勒維療養院的院長尋求意見：「正如我的醫生們把重拾學術研究的症狀視為主觀上對病情有益的因素……這樣說也許不為過——或許卡西勒也已經跟您提過了——我還有能力草擬一個真正可行的方法來研究文化心理學角度的歷史問題。」[14]

現在瓦爾堡最大的願望就是回到他的圖書館。多年以來，這是他首次覺得有足夠的力量踏上歸途。一九二四年八月，醫生們對這個評估表示贊同。賓斯萬格在他離開的八月十二日這一天記載：「今天上午，瓦爾堡在本紀錄執筆者的陪同下，出發前往法蘭克福，在那裡改由安博登醫生（Dr. Embden）陪同，繼續前往漢堡……瓦爾堡安靜且正確地完成了行前的準備，出發時也沒有激動。

在前往法蘭克福的途中，他有條理、友善與平靜的樣子令人訝異……」[15]

瓦爾堡在對抗內心惡魔的戰鬥中再度得到了支撐與信心。儘管並沒有完全擺脫嚴重的恐慌症，但他再也不是症狀的奴隸。正是在這種處境中，一個人最能認識到，每個人的自我就是各自的在世存有（In-der-Welt-Sein）經過誠實分析所產生的最真實的結果。任何其他形式的安慰都是虛假與致命的。至少一九二四年秋天，在海德格也被一股新的、從所未遇的精靈（Dämon）給攫住之前不久，他是這麼想的。

危急的威瑪共和【海德格】

在馬堡當教授的第一個秋天，海德格與家人分隔兩地。找房子極其困難，因為從被法軍占領的魯爾區（Ruhrgebiet）湧進了大量的難民，以至於本已短缺的居住空間，又被當局強制分配給流離失所的難民家庭。同時貨幣危機不斷惡化。薪水的購買力在領到的幾個小時後就只剩一半，如果大學的出納辦公室還有足夠的現鈔可以發薪的話。一九二三年十月底，海德格總算是順利地匯了「三次二百億馬克」給家裡，並且立刻詢問埃爾芙利德這筆錢是否確實到了弗萊堡。

在許多人看來，一戰好像直到現在才真正輸掉。城市裡饑荒肆虐，到處是暴動與搶奪。威瑪共和國在這個秋天已瀕臨崩潰。巴伐利亞邦獨自宣佈進入緊急狀態，並在古斯塔夫．馮．卡爾（Gustav von Kahr）的領導下，成了一個事實的獨裁政府。共和國其他地區，如新成立的圖靈根（Thüringen）

或薩克森（Sachsen）各邦，也有類似的態勢。在許多較大的城市裡，共產黨的武裝人員跟民族主義右派的義勇軍連續數日進行著街頭巷戰。威瑪共和國事實上已陷入內戰。政府已無力壟斷武力的使用，對這個亂局也幾乎束手無策。

總理古斯塔夫・施特雷澤曼（Gustav Stresemann）（屬於民族自由主義路線的「德意志民眾黨」〔Deutsche Volkspartei, DVP〕）於一九二三年九月底宣佈共和國進入軍事緊急狀態。災難彷彿注定發生，只是不知道以何種形態出現。

革命的氣息在巴伐利亞最為濃烈。一九二三年十一月八日在慕尼黑（München）的「公民啤酒館」（Bürgerbräukeller），緊張的情勢繼續升高：希特勒（Adolf Hitler）在大批納粹黨衝鋒隊的護衛下，用手槍對天花板開槍，打斷卡爾的演說，迫使後者倉皇逃出啤酒館大廳，並呼籲在場聽眾參加次日的「首都大遊行」（追隨墨索里尼〔Mussolini〕與法西斯運動在義大利光輝的榜樣❶）。幾千人響應了希特勒的號召，不過這場革命大遊行在慕尼黑市中心只走了幾公里就結束了。卡爾動員了巴伐利亞邦的警察隊，並下令對遊行群眾開槍，造成二十人喪生，希特勒則搭上一輛救護車成功逃離。

施特雷澤曼並沒有放棄。為了阻止通貨膨脹，他的政府在一個星期內就推出以地產為抵押的德國馬克（Rentenmark）。出乎各方意料，這個措施收到成效，顯著穩定了整體的局勢。到了年底，

❶譯註：墨索里尼於一九二二年十月二十八日，由於不滿法西斯黨的國會選舉結果，在羅馬發動數萬人的大遊行，以展示政治實力。

法軍宣佈撤出魯爾區。威瑪共和國再度躲過了崩潰的命運。然而許多政治勢力都認定，這正是真正的災難所在。

穩固的堡壘【海德格】

到了一九二四年春天，海德格一家人的狀況也明顯穩定下來。他們終於在海德格的同事尼可萊・哈特曼（Nicolai Hartmann）教授家附近找到一間屋子。雖然不太理想，沒有花園，不過一家人還是很高興地在新家團員了。馬堡的名字光是發音就讓人想到弗萊堡。只不過這裡的山沒有那麼高，山坡沒有那麼陡峭，教堂沒有那麼讓人敬畏，巷弄也不如弗萊堡的那麼親切。這裡雖然不是第一眼就讓人喜愛，但對海德格一家來說已經夠熟悉、夠鄉下了。

在大學裡（馬堡於過去幾十年裡，在柯亨、納托普、卡西勒等馬堡學派的領導下，已成為新康德學派的重鎮），海德格以及他的「衝鋒隊」在第一年裡也得到很好的迴響。海德格在馬堡所吸引到的學生，名單列起來就像德國戰後哲學與哲學宣傳的名人堂：漢斯・格奧爾格・高達美（Hans-Georg Gadamer）、傑哈德・克律格（Gerhard Krüger）、卡爾・洛維特（Karl Löwith）、華特・柏洛克（Walter Bröcker）、漢斯・約納斯（Hans Jonas）以及里奧・史特勞斯（Leo Strauss）。

高達美在海德格最初幾個月的忙亂中是一個特別的助手，因為他是馬堡本地人，雙親在城裡備頗有聲望，因此在解決各式大小採買問題時幫了很大的忙。在哲學上，海德格發現新教神學家魯道夫．布特曼（Rudolf Bultmann）是個可貴的思想同道。這位深受齊克果與雅斯培影響的神學家致力於重建基督教真正的存在力量，並摒棄一切神話與虛假學問，排除所有體制性的限制與拘束。布特曼很重視將基督教破除神祕（Entmystifizierung）的工作。他想要全面揭露人類存在的荒謬性與裸露狀態，以便讓人更能聽到基督教福音的解放力量。[16]這正是前教會思想家海德格也想做的——只不過海德格拿掉了後面基督教救贖承諾的部分。

成為一個事件【海德格】

海德格在馬堡的最初幾個月裡越來越清楚認知到，個體之所以能認清自身在根本上沒有根基，主要是透過在自己的存在中不斷認知到「人是會死的」這件事。只不過人自身的救贖無法從外界、從別處找到，不是能被承諾或甚至被啟示之物，必須靠著自己直視（並因此總是懷著恐懼）自身有限性的深淵，才能獲得。畢竟對人類此在來說，只有一個真正不可逃避而且確定的事實，即不斷靠近而且在每個片刻都可能發生的死亡。基督教信仰承諾為每個人永遠解除這個重擔。海德格認為，就是這一點讓這個信仰顯得如此可疑。

所以，布特曼與海德格兩人在馬堡的學說都致力於，在關鍵的意義上為個體鋪設一條通往決斷的道路，讓他朝著自由、真正的存在樣態踏出第一步。每個人都能感覺到兩位思想家的親近與他們之間的差異，沒錯，這個哲學與神學並行的組合讓兩個系所的年輕學生如痴如狂。一九二四年，馬堡的思想界有著不小的動靜，各種討論很快地在學生之間傳開，而且不限於馬堡，還傳到了柏林或甚至更遠的地方。

海德格在思考中所要求的強度（而且作為教師他很懂得製造這種強度）不容許任何敷衍或轉圜，任何妥協都顯得像是懶惰，被視為思想怠惰。海德格大談「憂懼」與「此在朝向其逝去前進」，如他在一九二四年夏季對學生們所陳述的那樣，或許也有一點補償的意味。他此時三十五歲，已婚，有兩個小孩，正處在他人生與工作的中途上。然而他自己再清楚不過，有別於與他同世代的大多數人，他自己從未親身體驗過任何瀕臨死亡的臨界經驗，也不曾具體地朝向死亡挺進。無論如何，當他穿著量身訂做的綁腿馬褲加長外套——也就是一半傳統服飾一半正式禮服——踏入演講廳，開始輕聲、幾乎像耳語那樣開始說話，眼睛朝著窗外，不用稿子也彷彿沒有準備，然後用不斷升高的迫切語氣，越來越細密地進行哲學思考——此時他身上彷彿也放出光芒。這個人想製造的重大事件，就是他自己。

你，精靈[17]【海德格與鄂蘭】

直到一九二四至一九二五年的冬季學期，他才首次親身體驗到自己口中與筆下如此激烈講述的東西：「我從來沒有遇過這樣的事情。」一九二五年二月二十七日，他對自己——而且也對另外一人——承認：「一種精靈的力量打中了我。」[18]不過他在這裡宣告的並非他在課堂上召喚的憂懼或瀕死經驗，也不是某種僅僅牽涉自己的例外狀態。正好相反，那是對另外一個人的體驗，是愛情的體驗：「另外一人一旦闖入我們的生命，這樣的事情不是人心可以駕馭的」，因為「我們永遠不知道，我們在當另一人的時候會變成什麼樣子。」在一個如此的例外狀態裡，戀愛中的海德格寫道，因此只剩下一件事情可做：「一人的命運為另一人的命運奉獻，而為這樣的愛情服務，就是把這樣的奉獻狀態如第一天般維持下去。」這封信開頭如下：

一九二五年十一月十日

親愛的鄂蘭小姐：

我們之間的一切都應該是簡單、清楚與純粹的。唯有如此，我們才值得彼此相遇。至於您成為我的學生，而我是您的老師，不過是我們之間所發生的事件的一個契機。

我將永遠不被允許擁有您，但是您將從此是我生命的一部分，願這一點在您心中滋長。……19

這位海德格如此不遮掩、如此坦白說話的對象，是當時才十八歲的漢娜．鄂蘭（Hannah Arendt）；她來自科尼斯堡（Königsberg），主修古希臘文、哲學與基督新教神學。鄂蘭一九二四年秋天來到馬堡之後，很快便在學生之間脫穎而出，但並不只是因為她出眾的美貌與顏色誇張鮮豔的衣著風格。就跟海德格一九二三年就職教授時，能讓一整群學生與博士生從弗萊堡追隨到馬堡做他的「衝鋒隊」一樣，頭腦犀利出色的鄂蘭也說服了一大群朋友與同學，跟她一起從柏林轉來馬堡，彷彿鄂蘭是她們的首領與精神領袖，只為了親眼見識一下現在在整個威瑪共和哲學系學生間流傳的事：在馬堡有個新來的犀利的人，你能從他身上「重新學到如何思考」。這個人就是「此在的先知」：馬丁．海德格。

在存有之中【海德格與鄂蘭】

海德格所稱的「此在」的真正特色在於，這個概念沒有複數，也不能有複數。他的「此在」永遠是個別的、孤立的，或者如他也會說的，總是「某一個人的」。如果一個此在要真正解放與掌握自己，那麼他必須完全靠自己完成。然而此時突然來了另外一個此在，一個「你」，而且還是在第一次見面——在一九二四年十一月的一次學生會談時間中——僅僅靠著第一眼的強大力量，就深深打入了他的心裡。而且他之於她也是如此。所以也就不奇怪，這位年輕的思想大師一開始就承認自己沒有辦法不被這個事件擊倒。原因很可能就在於，正如海德格在信上對新戀人堅稱的，你永遠無法知道，一個戀愛著的「你」闖進自己的「我」後，會產生什麼影響或造成什麼結果。會使「我」從內部裂成兩半嗎？並因此與自己疏離起來？會敵意地接管這個「我」嗎？或者在哲學上更要命的：為那個「我」帶來最終的、永遠無需懷疑的安全感？

所有這些看起來突然都成為具體可能的事。因為馬丁對漢娜的愛，是他過去從未對任何人付出過的愛。他在這個春天裡幾乎每天都寫信對她告白這一點：某個新的東西出現在我眼前，一個巨大的你，在我的自我裡面，在我的存在之內。

純粹出於方便的考量，他們很快就找到典型的解決辦法：由海德格來精心規劃他們的約會。當然，主要是為了保護漢娜。他會用窗口上的光影或在選定的公園板凳上用粉筆符號對她傳訊。海德格到外地演講時，鄂蘭也會跟過去，必要時在下兩個電車站或者在城外幾公里的鄉下旅館前等待。[20]這些也就是一般人在這樣的情境會做的事。

兩人從一開始就清楚，他們「永遠無法完全擁有」彼此，至少就市民階級的婚姻關係來說是如此。在兩人的關係中，海德格從未考慮或提過與妻子埃爾芙利德離婚的可能。不過海德格而言，與漢娜中斷關係也不可能。因為那吸引力太過強烈，那情欲的陶醉太過迷人。這股愛情的吸引力，尤其讓年輕的女學生鄂蘭走到迷失自我的邊緣。在一封很長的、有寓言風格的告白信中（信的標題是「陰影」），她對海德格描述了她自己喜悅但內心分裂的狀態。她一方面因為這段愛情，從黑暗的孤立與不真實裡解脫出來，她的此在彷彿終於從洞穴裡被引領到日光之下；但是另一方面她也認真地表示懷疑，她在這個精靈令人陶醉的影響之下，是否有可能真正地找回自己。

思考那最重之物【海德格與鄂蘭】

在春天這段日子裡，海德格的哲學感受也持續在解放與壓迫之間徘徊。「你知道，你能給一個人扛的最重的東西是什麼嗎？」他在一九二五年五月十三日寫信給鄂蘭說。「對其他一切（重擔）

你都有方法、協助、邊界與理解——唯有在這裡，一切（最重之物）意味著：在愛情之中＝被逼到存在裡來。」[21]這段文字很令人玩味，尤其是如果拿來跟海德格幾年前寫給妻子的信做比較的話。在前面那些信中，他把哲學思考推崇為對人的存在最重與最深沉的挑戰。現在則換成了愛情本身。透過與鄂蘭的關係，海德格經驗到，自己無可逃避地被推向一種新的、對話形式的屬己性。不過他的哲學若要成立，這樣的事偏偏不可為真。

因此在短短幾星期後，他就在信中為自己發明了一種調和的詮釋，而且把此詮釋應用在鄂蘭身上：準此，人所經驗到的內心矛盾恰好保證了真正的自我發現；另一人的闖入恰好保證了最屬己的解放；戀愛中典型的無助與聽任擺佈的情感恰好證明了最高度的決心。換句話說：海德格不但沒有正視闖入者具有撕裂此在的分量，反而極力尋找辯證的辦法，來為這個分量在他澈底個別化的哲學裡指定一個位置。所以為了維護英雄般的屬己性的存在理想，他拒絕給予「你」這個經驗最終的認可。他自己似乎很滿意這個解法，然而這位愛上他的年輕女哲學家，漢娜．鄂蘭，卻並不滿意。她在沒有事先警告海德格的情況下，就在一九二六年夏天離開馬堡，前往海德堡，在那裡跟隨雅斯培開始撰寫她的博士論文。她選擇的題目是：「奧古斯丁的愛情概念」（Der Liebesbegriff bei Augustin）。鄂蘭尤其關心的問題是，如果人的本質從來就不能取消與其他人的存在相關連，那麼愛情的經驗對人來說會扮演怎樣的角色？實際上這完全逆轉了海德格的起點。[22]

世界之愛【海德格與鄂蘭】

鄂蘭的博士論文於一九二八年完成（這時她仍然間或和海德格幽會）。這本著作開啟的思想路線雖然持續與海德格的作品有所關連，但是其獨立性與重要性並不因此減低。因為鄂蘭的哲學從此時起的特色就是，探索與「你」事件相關的一切存在面向，將之澄清與鋪陳。這些是海德格待在他思想的居所中必然看不見的，假使他不想冒著完全流離失所與無家可歸的風險的話。然而鄂蘭看到自己終身都處在這樣的角色裡：就像二戰結束多年後她給海德格的信上所說，她是「來自異地的女孩」，帶著解放的思想闖入他人的家屋與居所，然後又從內部把這些屋子打開。海德格傳記作者呂迪格・薩弗蘭斯基（Rüdiger Safranski）的描述很確切：「對於**朝向死亡前進**，鄂蘭會回答『誕生的哲學』（Philosophie der Geburtlichkeit）；對於『屬我性』（Jemeinigkeit）的存在獨我論（der existentielle Solipsismus），她會回答『多元眾人的哲學』；對於『人之墜落於世界』（Verfallenheit an die Welt des Man）的批評，她會回答『對世界之愛』（amor mundi）。對海德格的**林間空地**（Lichtung），她的回答則是以哲學推崇公共領域（Öffentlichkeit）。」23

與海德格相反，鄂蘭不只認可她的愛情，在哲學上也能應付此一事件。然而海德格雖然在給漢娜的信上宣示，這如精靈般闖入的「你」對他來說是一種存在的解放，但是海德格從未在思想中賦予此事件一個重要的地位。這種對話能力的缺損，為他的哲學（以及隨他而起的存在主義〔Existentialismus〕）造成沉重的負擔與限制。

所以，作為戀人，海德格從未跨越鄂蘭事件。但是對鄂蘭來說，海德格從一九二五年起就成了她走上自己道路的起點——順帶一提，跟海德格在較早的給她的信中所期望的完全一樣。

飢餓療法【班雅明】

在一九二三年德國危急存亡的秋天，班雅明也宣佈準備做出極端之舉：「無論如何，我已決定把稿子寫出來，意思是我寧願在咒罵跟恥辱中被人趕走，也不願縮手撤退。」[24]班雅明在九月底給郎格（Florens Christian Rang）的信上說。畢竟在經歷兩年多的流浪與尋找之後，班雅明終於有了一個確定的題目，也找到一個系所至少還考慮接受他的論文。在身為數學教授的叔公薛恩福里斯（Arthur Moritz Schoenflies），以及家族友人、社會學家的薩洛蒙—德拉圖爾（Gottfried Salomon-Delatour）的大力支持之下，班雅明於一九二三年整個春天都在法蘭克福度過，以便尋找打入大學圈子的辦法。班雅明一開始希望可以把他已寫就的《親和力》直接當成教授資格論文來提交，只是很快就發現這只是個幻想。但是他的努力至少某種程度是成功的，因為他得到文學史學者與德國文學學者法蘭茲．舒爾茲（Franz Schultz）的同意，願意當他的指導教授。舒爾茲建議他寫一本關於「巴洛克悲劇的形式」的論文，尤其是關於所謂的西里西亞學派（Schlesische Schule）。這個題目對班雅明來說一點都不理想，因為他既對所牽涉的時代——十七世紀末——一點都不熟悉，對相關的作品與作者更是缺乏涉獵。所以他不能繼續手上的工作，而是得面對一個有待重新掌握的問題領域，包括閱讀大量的陌生文獻。

但是他又有什麼選擇呢？就法蘭克福的美學標準來說，其代表人物科內利烏斯（Cornelius）教授已經堅決排除了班雅明的提議。就連一位天賦極高的年輕博士生為他說情，也改變不了任何事——這個人叫作阿多諾（Theodor Wiesengrund Adorno），是班雅明這幾個月在法蘭克福的期間結識的朋友。所以這位班雅明既不熟識也不特別尊崇的舒爾茲教授，成了他唯一的希望。「我現在已經一頭鑽入了由您特別建議的悲劇形式的研究。」班雅明在一九二三年十月，從深受封街巷戰、停電以及缺糧暴動所苦的柏林，寫信給他的新指導老師這麼說。在秋天末這段時間，他的財務從未如此困難。朵拉在美國希爾斯特（Hearst）媒體集團的駐外單位找到一個領外匯薪水的秘書職位，但是只做了短短幾個星期就又丟了工作。那可恨的代爾布呂克街的老家——班雅明的父親在右腿截肢之後正在家中與死神搏鬥——再度成了他最後的撤退之處。班雅明自那對朋友郎格寫道：「誰要是想在德國認真從事人文思想的工作，會面臨最嚴重的飢餓問題……確實，挨餓有各種方式。但是沒有一種比在一個快餓死的民族裡挨餓更糟糕。在這裡，一切都耗竭了；在這裡，什麼都沒得吃。我的任務就算在這裡也無法完成。我是從這個角度看待移民問題的。願上帝讓此事可以解決。」[25]

班雅明夫婦覺得在德國已經沒有未來可言。然而朵拉想去的美國，班雅明完全不考慮，他一個英文字也不會說。巴勒斯坦——舒勒姆夫婦於一九二三年秋天移民過去，在那裡當圖書館館員——同樣不是選項。因為班雅明也缺乏必要的語言能力。要學會希伯來文，如果不是花好幾年的時間，就需要好幾個月密集的學習。他沒有這樣的時間與心力，如果他還想把就職論文好好寫完的話。因為論文這邊的壓力也很大。薩洛蒙—德拉圖爾極力建議他盡速提交，可能的話盡量在十二個月之內。因為舒爾茲在法蘭克福當院長、握有大權只剩下這麼多時間。尤其在這個秋天裡大家都聽說，由於財務緊縮，法蘭克福大學作為戰後新成立的年輕學校，很可能會被解散或者被併入馬堡。

即使有這許多不確定與挫敗，班雅明還是覺得就職資格論文是唯一能成功的道路，只因為他期待，至少「可以私下借到一筆錢」。像一隻困在陷阱中的狐狸——一九二四年新年前後他開始有這種感覺——他決定採取極端的措施：他要咬斷自己一條腿，並瘸著盡全力離開那裡。意即他在不到四個月的時間裡結束巴洛克悲劇的文獻工作，摘錄了六百多條可引用的出處，並整理成一種目錄的形式。然後靠這個基礎（這個基礎「薄弱地令人訝異或甚至不能接受」，「只掌握了少少幾部戲劇，遠遠沒有包括所有需要討論的作品」。[26]），他打算到一個別的比較自由的環境，在一種像僧侶的隔絕狀態下，盡快把論文寫出來，最好是在南方的（也就是比較便宜的）國家。遠離可恨的家庭糾紛，遠離令他感到疏離的德國，遠離日常過多的干擾以及大城市的種種誘惑。沒有一件事更能說明班雅明的決心是多麼澈底：為了執行這個計畫，他願意變賣自己一部分藏書。

德國再見【班雅明】

在同樣喜歡旅行的古特肯德夫婦與郎格夫婦的引導下，班雅明選中了義大利的卡布里島（Capri）。四月一日這一天，當班雅明在柏林街上散步的時候，他在路邊的報攤上讀到一則即將實施出國禁令的消息，目的是禁止富裕的國民帶著資本逃到國外。這也可能只是個逼真的愚人節的惡意玩笑。無論如何，班雅明匆匆決定動身。一九二四年四月九日，他帶著那六百條摘文抵達了卡布里島。

島上春天的美景與大自然的壯麗令他心醉神迷，所以一開始要專心工作頗有困難，尤其是在古特肯德夫婦與郎格夫婦也抵達卡布里島之後。他們一起住在一間夏季別墅的一個樓層，享有這座島上最高的陽台。班雅明感覺自己度過了一生中「最美也最古怪的一段時光」。三個星期後，郎格夫婦準備回家，古特肯德夫婦也要北返，此時一行論文都還沒寫出來的班雅明只能被留在冰冷的現實的地板上。他已經沒錢了。他寫了封信給海德堡的出版商魏斯巴赫，看他能不能幫點忙：

非常尊貴的魏斯巴赫先生：

……無法預料的情勢耗去了我大部分的旅費，以至於我現在手頭非常緊迫。我有一個請求，希望您不要感到不快：可否請您匯給我相當於六十馬克的錢？不論是當預付款或者當做借貸（還款日於一九二四年七月一日），款項請寄到費爾馬（Ferma）這裡的郵局來。[27]

至於這「無法預料的情勢」具體是什麼，我們難以確認（如果真的有這回事的話）。然而很有可能是，班雅明在他第一次到海灣對面的那不勒斯（Neapel）遊玩時，「錢跟證件一眨眼就被扒走了」[28]。無論如何，奇蹟出現了。魏斯巴赫真的把錢匯了過來，而班雅明更深地陷入這座島嶼神奇的風光裡。他的日子大多在漫步與郊遊中度過，也越來越頻繁地前往那不勒斯——這座城市讓他特別感覺到一種病態的魔力。五月，那不勒斯大學慶祝七百年校慶，一個大型的國際哲學會議在此舉辦，也吸引了班雅明的注意。不過會議的進行卻讓他得到這樣的結論：「哲學家之所以收入最差，因為他們是跨國布爾喬亞階級最多餘、無用的奴僕。至於他們以如此相稱的吝嗇與寒酸到處展示他們的奴從與依賴，我這還是第一見到。」[29]

班雅明在他們身邊連一天都無法忍受。

葡萄與杏仁【班雅明與拉齊斯】

不過在他的夢幻島嶼上，談話的氣氛就讓人愉快得多。這裡沒有跨國布爾喬亞，而是——至少卡布里島會希望如此自我介紹——自世紀交替以來成了左派知識分子所嚮往的休憩之地。俄國作家高爾基（Maxim Gorki），這位俄國革命的文學偶像，甚至在這裡建立了一個自己的學院（儘管持續的時間不長）。由於生活費低廉，地產馬克幣值穩定，一九二四年夏季的卡布里島尤其成了德國思想家與藝術創作者的群集之地，班雅明絕非唯一在此勉強度日的思想家。他們在卡布里島永恆的春天裡期盼更好的生活品質與更專注的精神，他們的聚會點是一對德國夫婦經營的「凱特・西地該該咖啡店」（Café zum Kater Hiddigeigei）。朋友離去後，班雅明常常在下午到店裡啜飲他當日第一杯咖啡，以便從廣場上來往的人潮中尋找思想的靈感，或讀著報紙，一次又一次慶幸自己能在這閃亮又遙遠的夢幻之地，在五月溫暖的陽光裡，見證著西方近在眼前的淪亡。

不過在卡布里島的生活也並非一切都如此美好，尤其是遲遲還沒開始動筆的論文一直讓他的精神與情緒感到沉悶。每次在壓力下，班雅明受不了噪音的毛病就特別嚴重。在義大利鄉下地方，這個問題可不好解決。他在這個月裡急切地尋找一個負擔得起的新住處，也逐漸因為日間的炎熱而把寫作的時間改到漫長的夜間。可惜「雞鴨就算在半夜也不讓人安寧」。此外還有一位年輕女士也讓他分心：幾個星期以來，他從咖啡店的座位常常看到她帶著小女兒出來買東西，或者在廣場上閒坐曬太陽，同時小女兒一手拿著冰淇淋在噴泉旁跳舞。她不是德國人，這點可以確定。高聳的顴骨以及儘管瘦削卻有點圓的臉頰，顯示她應該來自別處。每當她笑的時候，大眼睛總是瞇成一條線，為她的面容帶來一種亞洲人的感覺。班雅明為她感到著迷。大概在五月底的一天，這位美麗的陌生女子想跟路邊小販買一袋杏仁，卻無法用義大利文順利溝通。班雅明的機會來了：

「仁慈的女士，有需要我幫忙的地方嗎？」

「好的，謝謝你。」

這位站在她面前的男子，有濃密的深色頭髮，戴著「像小探照燈一樣發光的」眼鏡[30]，這種類型她很熟悉：「典型的布爾喬亞知識份子，看起來是有錢的那一種。」除了財務狀況以外，她的評估是準確的，也很快就被證實了。因為班雅明提議要幫忙提袋子，結果笨手笨腳地讓袋子掉在地上，杏仁滾得到處都是。「請允許我自我介紹：我是華特．班雅明博士。」

班雅明陪母女兩人回家，還邀請她次日晚上一起享用義大利麵與紅酒。從六月起，他的夜間工作時間，如他給遠在巴勒斯坦的舒勒姆的信上所述，變得越來越晚：「這段時間，特別是古特肯德回去之後，我在西地該該咖啡店（這家店除了店名以外其他都很好）認識了不少人。……一個來自里加（Riga）的立陶宛女人最為特別，她是布爾什維克主義者、劇場演員、導演、基督教徒……這封信我已經寫第三天了。我跟這位女布爾什維克主義者聊到半夜十二點半，然後工作到凌晨四點半。現在是上午、陰天、有海風，我坐在我的陽台上，整座卡布里島最高點的其中之一。」[31]

很有可能在其他晚上他們還熬夜到更晚，也不僅只聊天而已。班雅明陷入了前所未有的戀愛，他愛上了阿斯雅．拉齊斯（Asja Lacis）。在給舒勒姆的信上，他有時稱她為「來自里加的俄羅斯女革命份子」或「出色的女共產主義者，從俄國革命以來就在共產黨裡工作」，也稱她是「我所認識過的最出色的女人」。

拉齊斯當時三十二歲，比班雅明年長一歲。她與當時的伴侶，德籍的劇場導演伯恩哈德．萊希（Bernhard Reich），也是四月從柏林來到卡布里島，為了要治好她三歲女兒達嘉（Daga）的呼吸道疾病。萊希五月就返回德國，留下阿斯雅與達嘉在島上繼續療養。在到柏林之前，她是熱衷於俄羅斯前衛戲劇的演員與導演，並且曾於一九二〇年代初在俄羅斯中部的城市奧廖爾（Orjol）創辦過一間自己的青少年劇場。

對班雅明這位處在南方異國的德國人來說，這段關係為他的經驗打開了一個全新的領域。不只是精神方面，情欲方面也是。在這段充滿愛情與光芒的魔幻夏日裡，他也在給友人舒勒姆的信上描述島上葡萄園在夜間的神奇景象：「你一定見識過這樣的光景，當果子與葉子沒入深黑的夜色之中，你為了不要被人聽到與被趕出去，小心翼翼地去碰觸那碩大的葡萄。」為了讓舒勒姆理解真正的意思，他又加上一句：「不過裡面還有很多意思，也許雅歌（hohes Lied）❷的註解可以給你一些線索。」32

後來拉齊斯會對班雅明玩笑地提起那段日子，說「那時候你一天二十四小時都壓在我身上」。

啟程【班雅明與拉齊斯】

這段關係為班雅明的處世態度帶來的影響不可低估。他曾多次說道，自己彷彿變了一個人。他從青年時期起——從早年的一次巴黎旅遊開始——就固定上妓院。與朵拉的婚姻多年來都像是兄妹關係。對尤拉・柯恩的熱切追求並沒有得到回應與實現。所以不誇張地說，因為拉齊斯是一個在身體上極度吸引他、智性上也令他高度讚賞的女人，所以對班雅明而言，與她的關係是一種情欲的覺醒，甚至是一種肉體感官的成年儀式。這是一段在一切意義上都完滿的愛情。與這位信仰堅定的共產主義者與運動份子的對話，當然也開啟了他新的思想視野與角度：拉齊斯對於理論與實踐、藝術與政治、投入與分析的立場，與班雅明目前為止的想法正好相反。而這位俄羅斯的運動份子也完全不能理解，在革命氣息高漲的歐洲，怎麼會有人偏偏要研究十七世紀的德國巴洛克戲劇。對她來說，這正是布爾喬亞遁世主義的典型範例——而班雅明才因為那不勒斯的哲學會議，對他的哲學同

❷ 譯註：舊約聖經詩歌智慧書的第五卷，主要內容是歌誦兩性的愛。

行做出了同樣的指責。隨著與拉齊斯的相處，共產主義進入了班雅明的思想，作為一種有實踐意義的替代理論。後來他終身都努力克服此一入侵所帶來的影響，只不過徒勞無功。

不久後，人們就看到這兩個外地人常常帶著小孩一起在島上的田野上漫遊，彼此開著玩笑與進行討論，各種強烈愛慕的表現也沒缺少過。他們也常常到海灣另一端的那不勒斯去玩，這座城市對班雅明與拉齊斯兩人而言，簡直具有催眠般的吸引力。只不過當拉齊斯在當地日常生活的強烈情緒裡看到革命的潛在可能，班雅明看到的卻是最初與原始的符號力量在發揮作用；當拉齊斯在廣場上有趣的角色遊戲中找到多幕的前衛戲劇情節，班雅明則認為是巴洛克的寓言神祕劇在自由上演；最後當拉齊斯就具體的物質性與即席表演藝術進行分析時，班雅明則相信該片刻浮現了永恆的理念組合。就像剛交往的戀人間常見的那樣，兩人急切地想用另一人的眼光看世界，想把另一人的視角置入自己內心的中央。

這有一個見證，就是一九二四年夏天由兩人共同執筆的城市印象〈那不勒斯〉[33]：這篇獨一無二的文章記錄了一個信奉前衛共產主義、堅定的文化實踐者，與一位從事跨時代情勢分析、玄想的理念祕教者，彼此為對方的世界觀敞開心胸，是怎麼一回事。所以在這份文本裡，**多孔性**（Porösität）[34]的現象，作為一種創造性的缺口狀態，不只克服了昔日堅固的二元對立，而且成為他進行城市的人文探索的指導概念。多孔性成了在那不勒斯生活的真正原則：

在岩盤延伸到岸邊之處，人們鑿出許多洞穴。彷彿十三世紀的隱士圖一樣，岩石上好些地方都

> 有門。門若開著，你能看到裡面有寬大的地窖，可以同時當作睡房與倉庫。此外有梯階通往海邊，進入一間一間以天然洞穴打造出來的漁夫小酒館。黃昏時，黯淡的燈光與細微的音樂從那裡往上傳出來。
>
> 建築就像這塊岩盤一樣充滿孔洞。在庭院、拱廊與梯階中，構造與行動彼此過渡。在每一處你都能注意到一種餘裕，允許新的、從所未見的組合被展示出來。要避免一切確定的、定型的東西。沒有一個情境是彷彿為了永恆而設想，沒有一個形貌能主張其「只能如此而無其他可能」。[35]……因為沒有什麼是已經完成與結束的。多孔性不只出現在南方工匠的慵懶中，也特別呈現在他即席表演的熱情裡。
>
> 你無論如何都得為他留下空間與機會。建物可以當作大眾舞臺。所有人共享數不清的且同時上演的舞臺空間。陽台、前庭、窗口、大門通道、階梯、屋頂，全都既是舞臺也是包廂。即使是最悲慘的存在，也會因為幽微地認知到，自己的潦倒同樣參與、促成了那不勒斯永不重現的街景，因而能感到充滿自信，能優雅地享受悠閒，追隨這壯闊的全景。梯階上所上演的，就是一所高等的戲劇學校。階梯沒有完全露出來，卻也沒有隱沒在單調無聊的箱型房屋裡，而是一階一階從每個轉角出現而又消失，然後再度突出現。[36]

毫無疑問，這是班雅明的語言。然而引導這段文字的觀看方式，卻是來自拉齊斯。[37]對存在純粹地興致盎然，對豐盈與變化永遠感到喜悅，這樣的元素在班雅明先前的文字裡是前所未有的。在這個嶄新觀看方式的辯證關係裡，各種對立不可分離且持續不斷地互相穿透：善與惡、外與內、勞動與遊戲、死與生，以及理論與實踐。他不但沒有一層一層剝除外殼以進入那真實的核心，反而是一層一層向上堆疊，也從運用的素材中擷取出全新的面向與品質。這種凝結和蒸發的傾向（馬克思認為它正是構成資本主義的要素，而且最終必將使一切指導生活的傳統關係毀滅和抹除）在這個新的思考圖示裡得到了近乎烏托邦式的重新詮釋：「那不勒斯」成了另一種現代性的象徵，即一種值得擁抱且持續革新的現代性。就像一場只有呢喃私語的戀人才理解的私密對話，這篇描寫城市風情的文字裡每一個段落都灌注了兩人最愛使用的概念。這就是一對原先陌生、現在幸福的情侶在異國裡書寫的方式。

一九二四年夏天，班雅明獲得突破，找到一種新的書寫與觀看的方式。這個方式從此將推動並伴隨著他的工作。與幾乎同一時間發生的海德格與鄂蘭的愛情比較起來，我們可以看到，思想家班雅明在這場戀愛中展現了足夠的通透性與彈性，以至於當所愛的人震撼闖入他的自我之內時，使他經歷了一次重大的哲學創新。

在這段期間裡，班雅明本來必須把原先的工作方式，盡可能清楚嚴格地運用在他只有破碎掌握的題材領域上，現在卻又開啟了新的思想方式，所以對他的就職論文來說，自然產生了一些衝突與時間壓力。九月底，當拉齊斯帶著小女兒從卡布里島返回柏林、回到她的伴侶萊希身邊時，班雅明的論文還寫不到三分之一，而且先前接下一份普魯斯特小說的翻譯工作也嚴重落後。如果他給出版商魏斯巴赫的信可信的話——他又向魏斯巴赫乞求財務支援了，只不過這次沒能成功——原因是他不幸得到了敗血症，至於是因為被昆蟲叮咬還是錯誤飲食而導致，班雅明解釋得很含糊。不管怎麼說，在八月與九月裡，他還精神愉快地遊覽了帕埃斯圖姆（Paestum）的古希臘神廟。此外他還為前來造訪的恩斯特・布洛赫（Ernst Bloch）做導遊，帶他在卡布里島上到處走走。晚上很晚他才回到自己的書桌前——這是他七月時為了節省費用新租的住處，一個有四面白牆的舊日的雜物間，只有一個僧侶房間的大小，不過至少窗外「可以看見卡布里島最美的花園」。

吹進窗戶的秋風越來越冷。是回家的時候了，美夢即將結束。十月十日班雅明離開卡布里島。在羅馬與佛羅倫斯做了密集的參觀後，他於一九二四年十一月中回到柏林。回到朵拉身邊——還有阿斯雅。不過最主要的是，回到他關於德國哀悼劇的論文工作上。這本一直沒有好好完成的論文，正橫阻著他走向更好未來的一切出口。

VI. 自由——一九二五至一九二七年

班雅明感到悲傷，海德格生了小孩，卡西勒成為明星，維根斯坦變成了小孩。

紅星【班雅明與阿多諾】

我們很難知道，這四位德國人坐在班雅明一年前非常喜愛的路邊咖啡店裡，廣場上路過的那不勒斯人會作何感想。無論如何，當地人對這場盛會想必一個字也聽不懂，就算這幾位可敬的、穿著市民階級夏季西裝的先生彼此質問時，說的是義大利文（而非德文）也是一樣。即使講話方式再怎麼像道地的那不勒斯人，談的首要話題仍是德國特有的憂慮。「異化」（Entfremdung）、「物化」（Verdinglichung）等概念佔領核心角色，「內在性」（Innerlichkeit）與「本質認知」（Wesenerkenntnis）也是。他們三不五時會大聲提到如「起源」（Ursprung）、「啟示」（Offenbarung）或「蒙蔽」（Verblendung）等概念。當然還有「階級意識」！[1]

討論者其中之一的阿多諾，在寫給他的作曲老師阿班・貝爾格（Alban Berg）的信上回憶說，「在那一場哲學戰役裡，雖然我們都能守住陣地，然而也都發現我們很有必要重組我們的兵力。」[2]他這裡說的「我們」，指的是當時二十二歲在法蘭克福大學哲學系寫授課資格論文的自己，以及比他年長十四歲的夥伴齊格飛・克拉考爾（Siegfried Kracauer），《法蘭克福日報》（*Frankfurter Zeitung*）副刊的主編。儘管兩人一直以來總是水火不容，但是這次在義大利的三個星期間，兩人總算握手言和。有鑑於咖啡桌對面的敵軍火力之強大，他們必須高度團結。因為這個敵軍不是別人，正是精神上的那不勒斯人班雅明，以及他的多年好友阿爾弗列德・索恩雷特爾（Alfred Sohn-Rethel），後者已於多年前離開德國，到阿馬爾菲（Amalfi）海岸邊的小村索倫蒂諾（Sorentino）

潛心研讀馬克思的《資本論》（*Das Kapital*）。所以紅色陣營有明顯的地主優勢，還有具體的直觀體驗可供援引，廣場上的景象便可見一斑。

由於克拉考爾有口吃的問題，戰鬥能力有其極限，所以捍衛前衛藝術家立場的重擔（從某種不易看穿的角度來說，這個立場和齊克果的「內在性」與「個體性」（Individualität）[3]概念內涵一致），就完全落在阿多諾這位年輕、犀利的學生身上（不到一年之前，他才在科內利烏斯教授手下以論文《胡賽爾現象學中事物與所思的超越性》（*Die Transzendenz des Dinglichen und Noematischen in Husserls Phänomenologie*）在法蘭克福大學獲得博士）。這位年輕的維森格倫德（Wiesengrund）（圈內人都會戲謔地用阿多諾本家的姓稱呼他）可以被挖苦的地方很多，但是口才不是其中之一。他在法蘭克福大學的學生時期也從來不會在理論上捨己從人。他們去年在法蘭克福就相識，在法蘭克福極度資產階級的知識份子生活中，這類咖啡館論辯也是固定的構成要素，甚至可以說是他們真正的核心活動。所以現在他們像是一群天才同學在校外旅行。

班雅明在那不勒斯的討論風格特別尖銳，而且寸步不讓，沒有絲毫與人達成共識的意思。所以毫不奇怪，他兩個半月前——也就是一九二五年七月——才提交的授課資格資格論文《德國哀悼劇的起源》，在法蘭克福被評為不合格而且被拒絕了，主要的評審者還是哲學家科內利烏斯，也就是阿多諾的博士指導教授。為了讓班雅明不至於難堪地收到論文失敗的正式通知，校方於八月初在一封信上暗示他，請他主動撤回授課資格的申請程序。班雅明在多日的內心掙扎之後，終於也照辦了。這就是班雅明典型會遇到的事。又一次。

批判的前言【班雅明】

這是怎麼發生的？他不是在同年二月，也就是在提交論文第一部分的一個月之前，才寫信給遠在耶路撒冷的好友舒勒姆說：「情勢對我相當有利：舒爾茲是院長，其他方面也有些能幫得上忙的地方。」嗎？事實上是如此，至少在評審教授看到論文之前是這樣。由於班雅明在二月與三月都一直在撰寫與修訂論文，所以論文是分成好幾個部分慢慢被送到舒爾茲教授面前的。直到一九二五年五月，論文才被完整交出。然而在這個時間點，文學史教授舒爾茲[4]早已根據第一眼的印象做出了評判——很可能只是匆匆瞄過論文開頭的〈認識批判論的前言〉而已。作為主要指導者以及論文主題的建議者，他斷定文章內容超過他的本行，所以把評鑑工作轉交給他的同事，也就是哲學家與美學教授科內利烏斯。所以這個授課資格變成不在文學史領域，而是由美學領域的專家來審。然而科內利烏斯同樣對這本論文感到絕望。班雅明的這篇〈前言〉讓他百思不得其解，以至於他認為，自己無法充分了解內容以做出評價。他特別找了助理馬克斯．霍克海默（Max Horkheimer）博士與阿代馬爾．格爾布（Adhémar Gelb）博士來提供意見，但他們也遭遇相同的問題。按照科內利烏斯提報給學院的評鑑報告說法，「儘管對這位作者做了善意的理解（我知道他在其他方面是個明智且有見解的人），我仍無法不感到懷疑，他的表達方式如此令人費解，或許必須被視為對探討內容的認識不清，所以無法在這個領域裡帶領學生。」[5]

就〈前言〉來說，這樣的評斷一點都不奇怪，尤其是連班雅明自己都說過這樣的話，他曾對舒勒姆說，那是「整本書最難纏的部分」。事實上班雅明這本論文的架構相當笨拙且缺乏策略，你甚至會懷疑他是否故意搞破壞。不管怎麼說，因為他使用了極度複雜與隱晦的語言，不只在前言，還包括翻譯波特萊爾的部分，以至於讓人覺得這位作者是不是害怕論文一定會遭到拒絕，所以寧可把命運掌握在自己手上，也就是提供評審者最好的理由，讓他們做出上述的評價。此外還值得認真考慮的是：如果評審者真的看懂了他前言的意思的話，哪怕只是看出一點苗頭，那麼他的授課資格論文被接受的機會是不是會更渺茫？班雅明對舒勒姆形容論文的這個部分為「極度的無恥，因為這份前言不折不扣是個知識論的導論，也就是我早先的一篇（你曾看過的）語言論文的第二階段；是不是更好的階段我也不知道，但是被打扮成觀念論的模樣。」[6]

亞當的墜落【班雅明】

所謂「早先的一篇語言論文」指的是班雅明一九一六年所寫、直到死後才被公布的文章《論普遍語言與人類語言》（*Über Sprache überhaupt und über die Sprache des Menschen*）[7]。這篇文章通篇充滿了猶太神學的素材，主張現代哲學（特別是當中的語言哲學）盛行的時代，其實是遠離真理的墮落時代，其結果是一種席捲整個自然與所有現代人的深沉的悲傷。而這樣的思想主題現在也明顯出現在他哀悼劇論文的〈批判知識論的前言〉中。

標題中用到的「批判知識論」的概念，所指稱的顯然是在一九二五年仍為主流的一種看法，認為現代哲學就是知識論。就像康德的第一個（也是一般以為最核心的）基本問題所稱：「我能知道什麼？」然而康德並不願意直接回答這個問題，而是認為（而且這一點正是他的理論途徑具有劃時代的意義之處）我們首先應該先好好地檢查一下，人類知識能力有怎麼樣的條件與限制。這就是他一八七一年《純粹理性批判》所處理的問題。

班雅明的〈批判知識論的前言〉恰好不是這種知識論批判路線**內**的另一個演練，而是以詩學與分析手法，對當時廣泛流行的一種見解發起正面攻擊：從今以後，哲學的任務必定或主要只能在康德的知識論批判架構內進行。換句話說，班雅明批判的是，現代哲學就此被窄化為只有知識論了。他認為這樣的窄化是一種全然誤導的、帶來全面文化災難的發展。

因此班雅明的授課資格論文主要並不是在分析「巴洛克哀悼劇的形式」以及其所謂的起源，而是在文學分析的包裝下，對他眼中已經淪為「哀悼劇」的現代哲學進行根本性的批判。因此他前言的重點並不在於闡明**知識或認識的可能性條件**，而是正好相反，他要盡可能詳述廣泛存在於當代的**真實認知的不可能性條件**。

班雅明的分析要點是，這些不可能性條件正好在巴洛克哀悼劇的現象中，以絕無僅有的密集程度得到藝術性的表現。在真實存在的巴洛克哀悼劇作品裡，這些不可能性條件以典範的清晰度**顯現**出來，得到了典範的藝術體現。把藝術作品中藏了數百年的真理揭露出來，才是**批判**真正的目的所在——早在一九一九年的博士論文裡，班雅明就也已經如此認定。

在明白這本論文的目的之後，就只剩下三個關鍵的問題，而且這些問題與班雅明的哀悼劇論文結構完全相符。這些問題是：把現代哲學視為知識論，為什麼是災難性的，其主要的錯誤認定為何？（〈批判知識論的前言〉）根據其對世界的理解方式，會產生出什麼形式的悲傷？（第一部分：〈巴洛克哀悼劇與希臘悲劇〉〔Trauerspiel und Tragödie〕）在這個衰敗的分析裡，寓言這種語言的藝術手段何以具有特殊的知識論功能？（第二部分：〈寓言與哀悼劇〉）

就像藝術家工作室裡一頁一頁散落滿地的速寫，班雅明的基本論題也被打散在前言的整個文本裡。因此這是他曾以德文寫下的文章中，最晦暗但也最豐富的一篇。如果透過分析整理，並且順著作者的指示，把焦點放在作為認知條件的語言角色問題本身上，這篇文章其實是班雅明所有哲學基本信念的濃縮版彙整。這些信念決定性地引導了班雅明從一九一六年起的思想道路。就像一個艱澀的、獅身人面怪物一般的謎團，這篇前言需要由班雅明的每一個讀者親自去解開，如果他或她想在班雅明的思想空間裡自由行動的話。所以嘗試一下或許是值得的。

悲傷之處理【班雅明】

首先，班雅明認為現代語言哲學真正的原罪，就是認為語言符號根本而言是任意的，或者說是無道理可言的。根據這個說法，譬如「桌」這個字，跟它所指稱的對象，兩者間並無本質性的關係，只有全然任意的連結。針對這個實際上幾乎無人質疑過的現代思想的基本認定，班雅明提出一種亞當式的或者說是伊甸園式的語言概念，作為反制。也就是說在一個原初的語言裡，在班雅明所稱的這種真正創造意義的「純粹語言」裡，事物的符號／名稱，與其所指稱的對象，兩者間完全不是任意的關係，而是有種必然與本質性的連繫：

> 亞當式的命名遠遠不是遊戲或任意，正好相反：在此命名過程中，伊甸園狀態才真正得到確認。人們仍無需費心於文字的意涵——那純然只是為了傳遞訊息而已。[8]

據此，現代語言哲學的第二個根本性錯誤假設就在於，把溝通當作是語言真正的任務，或甚至視為其本質。然而根據班雅明的說法，語言絕非傳遞有用訊息給其他人的**手段**，而是**媒介**。人在這個媒介中發現其自身與周邊的一切事物，也就是以命名的方式認知這些事物與自己。所以不是人透過語言進行表達，而是語言透過他進行表達：

> 根本要知道的是，這個精神的存在是在語言內進行表達，而不是**透過**語言。所以沒有語言的使用者這種事，如果你意在人是**透過**語言來溝通表達的話；而是要說，人作為精神的存在，是在語言內而非透過語言來進行表達……[9]

班雅明於一九一六年所稱的「精神的存在」，現在根據他要把「整部觀念論改頭換面」的目標，在這部哀悼劇論文的前言裡被改稱為「理念」（Idee）。論題是：語言的運作絕非為了世俗溝通，而是為了存有的彰顯。所以在正確的理解下，語言是啟示，而非溝通。而這正好與維根斯坦的《邏輯哲學論叢》以及海德格於一九二五年前後慢慢形成的關於語言本質的思考完全一致。

然而啟示並非渴望認知的主體自己所能製造出來的。如果要意識到此一光照事件，人需要對存有抱持一種特定的、較為被動的傾聽的態度。而這樣的態度，跟現代科學與現代知識主體的活動（現代學術研究以科學實驗的方式探索自然，現代主體則充滿好奇地蒐集知識）正好背道而馳。

然而這種在契機中得解脫的啟示或光照事件（班雅明認為此事件絕非來自我們這個世界，也不可能在這個世界中被製造出來）並沒有發生，取而代之的是當代的一種歷史哲學，其高舉的旗幟是在所有領域上逐步推動社會進步，以走向真理、自由與正義。

這是一種人類持續進步的圖像，是整個啟蒙運動、尤其是康德哲學的真正動力；相反地，班雅明提出一種重大斷裂的邏輯，後來他稱此概念為「衝撞」（Chok）。這種「衝撞」事件可以全面推翻或創造世界圖像，最好的例證就是所謂的**原初跳躍**（Ur-Sprünge）（例如《哀悼劇的起源（*Ursprung*）》）。因為：

> 在起源中並沒有**已生起的事物**的生成問題，只有**正在**從生成與消逝中**源起的事物**可言。**起源**立於**生成**的洪流之中，並按其節奏把**形成的材料**席捲進去。❶[10]

所以對班雅明來說，起源並非歷史時間**內**的事件，而是新的歷史紀年與世界形態的開端。[11] 現代哲學的起源，以及這個起源如何將所有當前的知識組合捲入洪流，以便再度從中浮現，就成了班雅明處在全面發展的思想中真正的研究對象。

❶ 譯註：這段引文中的黑體為譯者考量可讀性所加。

回想的聆聽【班雅明】

從這裡我們就能看到，班雅明的論文無論在切入點或論述性質，都與學院論文的要求（或者過分要求）南轅北轍，難怪評審覺得被冒犯而無法認同。他們要求與期待的是一本資格論文（而且此要求完全合理），然而他們拿到的卻是一篇哲學的啟示宣言，而且這份宣言所彰顯的並非作者的精神貧困，而是他所處時代的整個哲學界的精神貧困。班雅明的〈批判知識論的前言〉一文本身就想成為一個重大事件：這篇文章想打破與席捲一切，一舉跳進一種嶄新的、超越現代哲學的思想裡。臉皮厚到了極致，事實上。

尤其是若你考慮到，班雅明為現代哲學的時代當頭推薦的另一種起源，看起來是多麼反動。班雅明認為最終來說只有上帝——也就是一個神性事件——才能保證真正的救贖。這就跟人會說話這個現象本身一樣，是神性的。所以對他來說，語言——作為認識世界的一切有意義的途徑——不可能源自於人類，像（透過一種「純粹的語言」）認知真理這種充滿衝擊的救贖事件，也不可能是人為的。因此就跟維根斯坦一樣，班雅明也一再堅持，語言這種奇蹟是不可能在語言裡被解釋的。充其量，這種關係的真正本質可以透過特殊的語言表達方式來**展示**。

在語言上進行努力，從他的具體時代裡事實性的「不聆聽」（Unvernehmen）出發，並密集指出他所稱的這個「原初的聆聽」真正原因何在：這就是班雅明所認為的哲學。這是一種以回憶形式進行的工作：

哲學家的本務在於，透過描述把文字的象徵性格重新置於最高的位置（在象徵性格裡，自我理解的理念才會出現；一切朝向外界的通知正好是其反面）。既然哲學不可以傲慢地以啟示的姿態說話，因此這件事唯有透過一種回憶來進行——一種首先要返回「不聆聽」的回想。[12]

由於這種回想主要是透過沉浸在專為此目的而創造的人為思想圖示裡來進行，因此具有毋寧說是被動的性格，像聆聽那樣，而不是像主動的認知。在這個脈絡下——他特別強調，這首先只是為了讓我們認知到一種不可能性——班雅明稱此回想為「豐富的懷疑」（fruchtbare Skepsis）。具體的作法以重溫與沉思為目的，盡量提升自己感官的敏銳度，以充分掌握一切現象顯然的現實性，體會其一切可能的豐富經驗。這可以與密宗佛教的曼荼羅（Mandala）相比較：求道的修行者必須沉浸在其充滿寓意的圖樣裡，並且在為自己釐清的過程中，消除一切虛假的圖像。用班雅明的話來說：

這豐富的懷疑可以比擬為思維的深呼吸：在這樣的深呼吸之後，人的思維可以悠閒且不壓抑地沉迷在極微（das Geringste）之中。因為只要觀察的目光沉浸在藝術的作品與形式中，以衡量其內涵時，我們所提到的都是至小之事。賞析藝術品時顯得急切，像要偷走他人財物那樣，是老手特有的毛病，而且比外行人的慇勤熱切好不到哪裡去。相對地，真正的沉思會拋棄推論的過程，會不斷深入地、熱情地回到現象——你永遠不用擔心那現象淪為一種模糊的讚嘆客體，只要其陳述同時是理念的陳述，而且其個體性在其中得到真正的救贖。

對班雅明的衰敗診斷而言，關鍵在於要能認清這種伊甸園式的「重返現象」、回到「物自身」永遠不會變成哪一種形態的判斷，即道德意義下的**價值判斷**。現代所謂有判斷力的主體如此傲慢，以至於在萬物面前以善惡的裁判者自居，也就是宣傳這種信念，以為人類倫理可以在現象的基礎上（甚至在語言的現象上）被建立起來，[13]——這樣的傲慢對班雅明來說，就是現代性真正要命並且扭曲一切的原初罪孽。順著被指定的論文主題，他把這個原初罪孽等同德國巴洛克哀悼劇的起源，作為一個衰敗文類的衰敗階段的經典範例：

> 巴洛克極其反藝術的主觀性在此處與主觀者的神學本質匯聚起來。聖經把惡引申為一種知識概念。「認識善與惡」是蛇對最早人類的預示。但是在創造世界之後，「上帝看著所造的一切，看哪！都很好。」所以惡的知識並沒有對象。這樣的知識並不在世界上。……所以關於善惡的知識與一切實在的知識相反。考慮到主觀性的深度，這基本上只是惡的知識。這是一種意義深遠的「閒話」——齊克果對此字曾經做過如此的理解。那樣的知識就是一切寓意象徵觀察法的源頭，作為主觀性的勝利與對萬物獨裁統治的發端。……因為善與惡不可命名，作為無名之物，在命名的語言之外——那是伊甸園的人類為事物命名所用的語言，也是他在提問的深淵上所離棄的語言。[14]

主觀性的大舉勝利，一種誕生於內在性精神的專斷統治**物**，特別是統治了在此旗幟下變成**物**的自然——正好就是這些東西最終也導致人類無可救藥的物化。以一句話來說：這就是現代真正的衰悼劇，班雅明的論文所探討的就是這哀悼劇不幸的起源。尤其是關於善與惡的知識，實際上「並無對象」，並「不在這個世界**裡**」。用班雅明奇特的名稱存有論（Ontologie des Namens）來表示：這種知識「是在命名所用的語言（Namenssprache）範圍之外」。

然而關於無法說出的東西必須保持沉默。但現代主體因為意圖賦予自己全部的權力，偏偏不肯沉默，而是「夸夸其談」，並在這個過程中越來越深陷一種麻木的充耳不聞，然而其所產生的效果（這效果總是只在幽微中被知覺）就是悲傷。

這就是班雅明對於德國文化現況、對於裝做學術的哲學的現況診斷。如我們前面所見，維根斯坦與海德格對此也會完全同意。他們同樣都堅信，哲學倫理學不能成立，而且如果有任何人試圖以內在性精神來建立這樣的倫理學，也只會顯示出一種最清楚的症狀，即空談的糾纏已經侵入作為命名者的人類到何等地步。

這幾位思想家裡，沒有一個曾寫過一部現代意義上正規的倫理學，也不曾嘗試過。卡西勒也是一樣。他們深知此事為何應該放棄。

哀悼的轉喻【班雅明】

伴隨著現代性的起源，有一種特定的悲傷越來越籠罩與壓抑著整個世界境遇（Weltbefinden）。對班雅明來說，這種悲傷牽涉的不只是、甚至並非主要是人類——誤解自己是裁判主體的人類。而是同樣也涉及據稱沒有聲音的客體——所謂的自然。現代人自以為能夠自由且任意地支配自然，就像他們能支配那些用於命名自然的任意符號一樣。然而班雅明認為自然絕非本質上沒有聲音，而是自然在這「墜落之後」的時代裡越來越沉寂，而且是在我們面前沉寂。

在「真實的語言」裡，自然會對我們說話，就像我們對它說話一樣。沒有人會把意義傳達給另一人，而是意義會自己產生。

這樣仔細聆聽彼此的相互關係，在現代全然扭曲的認知條件下，卻導致這個動態關係的兩端——自然與人類——越來越失去彼此的迴響。這種全面喪失意義或者說全面喪失語言的近乎抑鬱的現象（「再也沒有什麼東西發聲說話了」），班雅明恰當地稱之為悲傷：

> 自然因為悲傷而陷入沉默。在所有悲傷裡，最深沉的傾向就是無語（Sprachlosigkeit），而且這遠遠不只是沒有能力或沒興趣溝通傳達……然而在人類的語言裡，〔自然的事物〕被過度命名了……過度命名作為一切悲傷與（從事物的角度觀之）一切沉默在語言上最深遠的原因。[15]

這種從現代的、什麼都想知道的「過度命名」精神[16]中所產生的沉默，恰好就是巴洛克時代想用藝術方式填補的空間。在德國哀悼劇的舞臺上，巴洛克作家讓一**切**都成為言說的對象，哪怕是最冷僻與最遙遠的事物，也都在劇中成為對觀眾傳達的內容，其手法極其笨拙且形式無法承載。彷彿像是在喪失原初意義的自由墜落中盲目發作與暴怒。所以這樣一場認知的真實哀悼劇，必定隨著二十世紀一九一〇年代的開始而重新上演，其墮落的原因顯而易見，因為班雅明堅決認為，表現主義

（Expressionismus）過度的語言表達跟巴洛克時代過度的語言表達，完全是同一回事。

在此背景下，作為巴洛克典型藝術表達手段的寓言（Allegorie）❷，其關鍵角色也更加凸顯。寓言初始是一種間接傳達訊息的形式，譬如描繪一個女人手上拿著天秤，作為正義的寓言；或者在較近的時代，像《百年孤寂》這樣的小說，作為影射哥倫比亞殖民命運的寓言。某些沒有被直接說出來的東西，被間接象徵出來。然而作為巴洛克哀悼劇偏好使用的表達手法，寓言最主要的功能在於：把變得完全不同與矛盾的東西，一目瞭然地表達出來。因此最適合把墜落**後**的世界的真正情況具象呈現。在一個把全然的（符號）任意性奉為律法的世界上，寓言作為「惡魔的認識手段」（diabolisches Erkenntnismittel），正是最好的藝術的認識手段。用班雅明的話來說：

> 寓言的意圖跟真理的意圖是如此互相衝突，以至於我們無法比在寓言裡更清楚看到，目的僅在於求取知識的純粹求知欲，與人類傲慢的〔與他人的〕隔絕，兩者合為一體。17

既然哲學真正的任務在於「首先要重返不聆聽的回想」，那麼在現代「墜落」之後的時代裡，哲學成立的唯一可能，就是揭露真實知識在事實上的不可能性條件。為此，最適合的認識手段，就是能把這個時代最引以為傲的、全然的任意性與不對稱，盡可能讓人印象深刻陳述出來的辦法。也就是說，這種認識方法會與真正指向真理的意圖如此鮮明與確定地產生衝突，以至於在這個方法

❷ 譯註：指別有所指的、具象徵意義的文字或圖像表達。中文沒有一個同時涵蓋文字（寓言）跟圖像（繪畫或雕塑象徵）的對應辭彙，勉強以寓言翻譯。

中，我們可以特別清楚意識到已發生的失落深淵，即這個深淵彷彿可以作為負片影像來**呈現**。在墜入現代性之後，再也沒有直接的方式可以說出真理。對此，語言早已過於糾纏且被過度掏空。然而在這個糾纏的脈絡中，確實有不少辦法能明確並且可記憶地指出已發生的不聆聽程度：那就是寓言。在這種思想圖像的書寫與認知方式中，寓言在班雅明於一九二四至二五年的著作中占有重要角色，並且引導他走向一個全新形式的高峰。

批判的圖畫冊【班雅明】

班雅明哲學計畫的構思與執行完全是有系統的。若要全面理解他的哲學計畫，有一點需要特別強調，就是班雅明以寓言為描述手法，是作為反認知的手段（Anti-Erkenntnismittel）。以事物語言的整體性來說，其他手段是不可用的（而且或許永遠都是如此）。就像維根斯坦必須先爬上梯子（儘管這梯子由已知無意義，並且因此非常遠離真理的述句構成），才能夠「正確地看到」世界，班雅明也把寓言與寓言式的解讀當作一種初步的手段，來對他所處的仍十分現代的時代進行真理導向的批判。就他看來，真理基本上無法在語言中被說出，無法在他所處（且無法跳脫）的文化狀態中被說出，但要指出或者彰顯則是十分可行的。

因此依照寓言的思考圖像，班雅明不使用邏輯嚴密的論證，而是依照圖畫冊（Album）的工作原理，其目的在於在分支廣闊的思想領域裡直走與橫走，跨過種種障礙，朝每個方向一段一段地探訪。同時重新從不同的方向去碰觸同一個（或幾乎相同的）點，並將之置於新的排列組合中，以便觀察者獲得一個局勢（包括對於他自己的處境）的清楚圖像。由於班雅明的〈認識批判論的前言〉的論述極為龐雜散亂，本身就具備這種圖畫冊或素描本的特徵。無法為自己把這謎團拼湊起來的人，自然也沒有能力理解自己所處時代的符號。因此班雅明的〈認識批判論的前言〉可以被理解為某種考試。無法通過考試的人，最好就不要講話。他絕對不該下判斷——或者評判高下。

從這個角度來看，並不是他的論文在法蘭克福沒有通過，而是法蘭克福沒有通過他論文的考驗。此外，不合格的也不只是當時的法蘭克福人，也包括直到今天仍相當活躍的膜拜班雅明的社群。他們一貫地把他們的英雄推上一個引發各種聯想的密教者的寶座，沒能學習到他深具系統性的思想動力，包括其一切結果與其指導未來的獨立性。在這個意義下，哀悼劇的時代在今天仍然持續著，並沒有結束。

巴勒斯坦或共產主義【班雅明】

由於經濟困厄的逼迫，因此認為自己非走學術道路不可——這種強迫性的想像，儘管在他生活中比較明亮的片刻顯得「沒有什麼比這個更恐怖了」，實際上卻構成了他生平經歷的悲劇源頭。在論文毫不意外遭拒之後，也就是他形式上想要求取任教資格的學術領域與系所根本回絕了他之後，班雅明意識到自己終於從成年以來的這個生活重心中解脫了。儘管遭到拒絕必然帶來各種負面的情緒，但他仍把法蘭克福大學的決定視為解脫。一九二五年八月，他在寫給薩洛蒙－德拉圖爾（他的「經紀人」以及他在法蘭克福唯一真正的支持者）的一封信上寫道：「如果我對自己的評價，哪怕只有一丁點，真的是靠那些評分來建立的話，那麼學校官方用如此不負責任且輕浮的態度來處理我的論文，必定會帶給我極大的衝擊，我的生產力就不會那麼快就恢復過來。至於這裡面沒有一句話是成立的（除了其相反），則不關別人的事。」[18]

一九二五年年中，班雅明終於首次成了真正自由的人——當中自然也包括餓死的自由。他未來的寫作方向以及與此密切相關的未來生計選擇，需要他做出重大的決定。在《哀悼劇》一書中，他之前所有重要的作品——也就是《論普遍語言與人類語言》、短文《性格與命運》、波特萊爾譯稿的《前言》以及關於《愛的親合力》的散論——的核心見解，全都以極高的密度彼此呼應、相互交織在一起了。一九二五年時，班雅明已經具有非常獨特的哲學觀點與聲音。在他最初的一些思想圖像裡，譬如談那不勒斯的文章，這些聲音也開始以更自由、更直觀形象的面貌浮現出來。整體看來，《哀悼劇》書中的分析為他提出了兩個差不多可以銜接、但彼此不能相容的研究與生活路線。你可以把問題簡短地歸結成：在巴勒斯坦與莫斯科之間做抉擇。

巴勒斯坦意味著他要投入猶太教神學，也就是持續追尋失落的伊甸園語言，以及維護猶太教彌賽亞主義真正超越的救贖境界。這些是透過他的作品十分容易想到的事。支持他走這條路的是他最好也最忠誠的朋友舒勒姆。舒勒姆於一九二三年就移民至巴勒斯坦，也一直希望把班雅明來到這個應許之地。不過一個必要的條件是要會希伯來文，但班雅明不會說也不能讀。

另一方面，班雅明的許多觀點都傾向對時代做分析診斷（這個點子是他一九二四年夏天，在卡布里島與共產主義者同床共枕的夢幻時期所想到的），像喬治．盧卡奇（Georg Lukács）在早期作品中演示的那樣，尤其是在他一九二三年問世並受到廣泛矚目的《歷史與階級意識》（*Geschichte und Klassenbewußtsein*）裡。班雅明也曾與阿多諾、克拉考爾以及索恩雷特爾等人一起密集討論過此書。

在班雅明《愛的親合力》一文中，那種幽暗的、對市民階級的自我意識而言，隱約起著主導作用的神話力量，可以很容易被解讀或轉寫為階級鬥爭的力量。此外，班雅明對整個現代性的悲劇與其哲學所做的核心指控，我們可以毫無保留地說，不外乎就是「物化」——不只自然的物化，尤其也包括人的物化。

盧卡奇認定，資本主義最大的罪惡就是其異化的力量，「變本加厲地消滅了勞動者質性的、身為人類個體的特質」。[19]這種指控，就是無產階級被資本主義體系以物化的方式加以異化，這與班雅明的思想正好相符：他提出一種反異化的、一切事物都可任意交換的圖像。依照這種語言哲學的設想，每一個符號被賦予的主題都是任意的，並不承認其與原初的神聖命名有任何重要關聯。而這種由此產生的遺忘個體性的混亂局面，按照班雅明的分析，最適合用巴洛克的寓言藝術來進行詮釋性的探究：

「每個人，任何事物，每個關係，都可以意味著任意另一個東西。這種可能性對凡俗的世界作出了一個毀滅性但公正的宣判：最標誌這個世界的，就是細節並不真的那麼重要。」[20]

因此——我們可以明白加上一句——個別的人類作為一個個體也沒那麼重要。那麼要何去何從呢？班雅明非常清楚自己站在叉路上。一九二五年五月，當授課資格論文的事情明顯失敗之時，他在給舒勒姆的信上寫道：「對我來說，一切都取決於出書的事情如何發展。如果無法成功的話，那我大概就會加快進行馬克思主義的政治活動，而且加入共產黨，看看在可預見的未來能否至少短期去莫斯科走一趟。這一步我大概無論如何都會踏出去。我工作的前景早已不同以往，我不能故意再限縮。當然這首先會為我個人致力的方向造成極大的衝突，這跟希伯來文的研究必然彼此衝撞，而且我不指望自己會做出根本的決定，只是必須實驗看看，從這裡或那裡先起個頭。唯有從這兩邊的經驗中我才能知道，我約略感覺到的前景，整體是黯淡還是光明。——……」

作為一個強調緊急事件、決斷以及原初跳躍的理論家，班雅明在所謂的現實生活中一直是個優柔寡斷的角色。就像那隻有名的跳蚤，每次跳躍都只會跳到達到目標所需距離的一半，這位先生在生活世界裡也習慣半路即止。一九二五年秋天他就是這樣。

班雅明「出書的事情」確實有很大的進展：他與羅沃爾特（Rowohlt）出版社簽了一個合約。羅沃爾特願意在接下來的一年裡出版他討論《愛的親合力》的文章、他的《哀悼劇》論文，再外加一本書（後來的《單行道》），也同意為此每月支付班雅明固定金額（即便這筆錢一點也不夠生活）。此外他還獲得委託，為羅沃爾特多翻譯幾冊普魯斯特的《追憶逝水年華》。

就在他面臨「莫斯科或巴勒斯坦」這個非常關鍵且不可迴避的選擇時，一九二五年十一月，出於一種不可名狀的感覺，為了精神狀態得到一種象徵性的充電，他前往立陶宛的里加，並在那裡待了幾個星期。但真正的理由其實是因為阿斯雅．拉齊斯——她在那裡忙著策劃幾齣戲劇的上演。肉體的欲望勝過了舒勒姆的友誼號召。懷著無法遮掩的內疚，班雅明從里加寫信給舒勒姆，說自己正用功地學習希伯來文（往後好幾年裡他一再假裝自己正在學），甚至還在波羅地海這個寒冬的城市裡「零星見到幾個東歐猶太人」。[21]毫無疑問，這是個徵兆。但是預示了什麼呢？

在身邊【海德格與鄂蘭】

當班雅明於一九二五年夏天在法蘭克福等待《哀悼劇》論文的評斷時，海德格正處在一種情欲激動的狀態裡，就連馬堡令人倦怠的雲霧以及讓他越來越不耐的教學日常的都澆不熄。「我遇到一件讓人很生氣的事，因為有人突然丟給我一本完成的博士論文，我得從頭到尾讀一次——即使只是為了不予通過。所以在我工作最順暢的時候，就這樣損失了半個星期。希望妳來的時候我已經處理完這件事了。至少我是這麼希望的。因為我總是很高興一忙完就能在妳旁邊。……請在**星期五**晚上來找我，跟上次一樣。」海德格在一九二五年七月一日給漢娜的信上如此寫道。這個時機對海德格特別有利，因為他太太埃爾芙利德為了兩天後過生日，已經帶著兒子約爾格回威斯巴登（Wiesbaden）的娘家了。她也收到海德格的一封信，約略提到兩人婚姻生活此時更為功能取向的性質：「在妳生日這一天，我寄上我最真摯的祝福。我要感謝妳對我的照顧以及與我的合作。這些都是——在現象學的批判之外——特別困難的事：需要放棄、等待以及相信。如果我從妳身邊來看待這樣一個學期，那是要付出不少力氣的。在這裡，責任所要求的與你出於善意、能力所願意多做的，兩者之間總是有差別。即使我沒有多提學校的事，妳也知道那是我思慮所在。儘管生日這一天妳不在家這一點本身並不美好，但我也因此有機會更完整地對妳表達我的感謝。相對地我也感到高興，如果我的放棄能夠為妳跟妳的雙親帶來喜悅。」22

數十年後，漢娜・鄂蘭對海德格這個人做了如此評斷：他並不是擁有壞的性格，而是根本沒有性格可言。如果你把上述這兩封可能在同一天寫下的信放在一起讀，就會大概知道鄂蘭這麼說是什麼意思。情欲與婚姻在海德格的一生中，依照良好的市民社會的風格，一直是有著細緻區隔的兩個領域。從這兩封信我們可以清楚讀到，海德格並不是真的把兩位收信對象視為獨立的人格，而是在功能性的從屬關係中讚美她們，也就是作為達到目的的手段。這個神聖的目的就是思想的任務，而且是他的思想。這是海德格面對他周遭的人時所採取的首要立場——至少在他真的把對方當成周遭之人時是如此。一九二五年夏天，他益發感覺無可推遲，必須把這個任務在一本獨立的作品中實現出來。因為這位德語哲學圈所傳頌的「地下國王」至此所出版的，除了博士論文與授課資格論文之外，只有一些零碎的文章與應徵用的樣稿。沒有任何成熟與完成的作品，沒有稱得上有分量的出版。

開工【海德格】

一九二五年七月，馬堡大學教授尼可萊・哈特曼，收到科隆大學的聘任邀請。因為海德格在馬堡顯然給他不小的壓力，他立刻就接受了。海德格與雅斯培在通信中很快達成一致，卡西勒「毫無疑問」是填補這個空缺的「最佳人選」，不過同一時間，馬堡校方也在哈特曼的主導下向海德格表達，希望他能接下一九二四年過世的保羅・納托普留下的教授職缺。不過校方同時對他懇切要求，請他務必提出一本獨立的作品，不然任何支持他的評鑑到了辦理聘任程序的柏林教育部那邊都會遭到回絕。即使狡詐如海德格，如今也身陷體制的陷阱裡了。他若要維持自我形象與地位，就必須交出正規的著作。

僅僅九個月後，一九二六年六月十八日，馬堡校方把《存有與時間》最初的印刷樣張寄往柏林。日後海德格將一再抱怨，他是在何等巨大的時間壓力下寫出這本所謂的主要著作（實際上這是他曾經出版過的唯一一本有完整書本架構的獨立作品）。確實，這本書的成書過程，可以算是哲學史上最偉大的創造力爆發的時刻之一。如果把馬堡學期中教學責任所需的時間扣掉（海德格在這些時間裡幾乎沒有連續寫作的機會），那麼這本將近四百五十頁厚的作品的主要部分，應該是海德格在不到五個月的時間內寫出來的。也就是每個星期要產出三十頁可以付印的完稿。

海德格有事先完成的詳細材料可以使用，尤其是過去六年中所做的演講與講課材料。《存有與時間》成了他一段連續思考與探索活動的階段性總結，最早從一九一九年克難學期的課堂講稿《一個詮釋處境的揭露》，到在馬堡關於柏拉圖《辯士篇》（*Sophist*）的授課演說，一直到關於《時間概念的歷史》（Geschichte des Zeitbegriffs）的演講課——這是他在一九二五年夏季學期開授的演講課（每週兩次，都是早上七點到八點）。

問題的揭露【海德格】

在他思想路徑的這個階段裡，核心內涵是針對一個唯一的問題並揭示其意涵：即是對存有的探問，或者更準確地說，是對**存有的意義**的探問。不過在這個思考的原初問題可以（再度）被探究之前（更不用說切近任何答案），海德格認為，我們必須先釐清人類作為一種存有者（Wesen）特有的存在方式（Seinsart），因為人類是我們唯一知道，這個問題在他面前能夠有意義彰顯的存有者。

唯有對人類來說，存有的意義是一個問題的可能對象。唯有人類才有能力為了「竟然存在某物而不是什麼都沒有」這一點感到驚訝。尤其是，只有人類作為能說話的生命形態的一員，才有能力問他特定的此在的意義究竟為何。而為了把他所稱的這種「根本的存有論」的研究路線跟任何其他生物學、人類學、心理學或甚至康德意義下的先驗哲學的研究有意識地區隔開來，海德格特地把人類稱做「此在」：

此在是這樣一種存有者，他不是單純出現在其他存有者之間。而是說，對這個存有者來說，在其存有中，最重要的就是這個存有本身。不過，此在的這種存有理解也包括了，此在在其存有中對於此存有具有一種存有關係。而這句話再度表明：此在以任何一種方式與明晰性在其存有中理解其自身。23

如海德格堅稱的，每一個此在總是以任何一種方式與明晰性，在其存有中理解自己，而這句話也意味著，此在個別的存有理解並不是理所當然或自動發生的。由於錯誤的分析與偏差的概念工具，這個存有關係同樣會在此在面前被矇蔽與錯置（verstellt）。根據海德格的看法，落實到他所處的整體文化環境裡，這甚至是普遍的現象。

一九二五年，此時的海德格認為，在這個衰敗事件的持續進程中——此事件最晚從亞里斯多德發端，然後在現代哲學的起點處又透過笛卡兒更進一步陷入晦暗——不只對「存有之意義」探問的可能意涵，已完全被人遺忘或者說被宣佈為禁忌，而且就連此在本身對於其存有處境（特別是其生命意義）的真正基礎與源頭也置若罔聞。在這個脈絡下，海德格斷定，現代文化中有一種廣泛的**存有之遺忘**（Seinsvergessenheit）；在作為認識理論的現代哲學中尤其如此。

所以實際說來，他的分析所追尋的目標，跟班雅明在《哀悼劇的起源》一書裡標舉的完全一致。這兩本書共同的出發點是這樣的：在自身文化所處的狀態中，要給出任何答案都言之過早而且不恰當。你唯一能做的就是把那已經被遺忘的損失，透過富於想像力的概念工具重新找回來。海德格在《存有與時間》裡首先要做的就是這件事：只是一種揭露，為了讓人準備好面對真正的問題。因此他把這個企圖稱為「對此在的預備性的基礎分析」（vorbereitende Fundamentalanalyse）。

分析這個概念在此不能只用純然描述的意義，也必須在療癒的意義下來掌握。我們應該透過一種盡可能貼近現象的、無偏見的，並因此普遍可理解的方式，對已發生的遮蔽進行重新描述，以便引導明智的此在，重返他真正的基本處境及其自由之光芒。與佛洛伊德的精神分析或維根斯坦《邏輯哲學論叢》的哲學類似：對每個人各自的處境（在最廣泛的意義下）做盡可能精確的描述，並揭露其結構，以及對個人的生活實踐進行根本性與自我決定的轉型，這兩個目標是齊頭並進的。

這個架構使海德格在自己的哲學中，要不完全避開不用當前描述現代世界關係的種種概念（主體、客體、實在性、個體性、價值、生命、物質、事物）——這些概念雖然事實上很流行但卻是根本錯誤的——，要不用新創的辭彙加以取代（此在、周遭世界、在世存有、屬我性、憂慮、器具）。在錯誤的語言中不可能正確說話。所以海德格就創造了一種新的語言。

此在的時間【海德格】

由於力求貼近經驗與盡可能確保不帶偏見的體驗（這是海德格從胡賽爾那裡繼承的現象學格局），這特別影響到他對於時間以及時間性（Zeitlichkeit）的理解。海德格並不從「通俗的時間概念」入手（這是指把時間視為中性的、數學上清楚的，並因此完全可測量的東西，可以切碎成分、秒等更小單位），而是尋找一種能自我彰顯的時間理解，就在這個特定的彰顯方式中，此在經驗到他的時間性。這個如海德格在他的此在分析中所論述的基礎，把時間的框架嚴格限制在可經驗世界的內在性（Immanenz）範圍裡。換句話說，若要有助於照見此在被錯置的存在可能性，那麼時間必須清楚被理解為有限度的。其真正賦予意義的視界，則是死亡。任何對超越性（Transzendenz）的指涉，不論是來生或班雅明意義下彌賽亞的開放性，都是錯置（Verstellungsgeschen）而非揭露的一部分。就像對維根斯坦一樣，死亡對海德格而言也不是生命的事件。不過與準備一舉跳到信仰裡的維根斯坦正好相反；海德格認為，由於預先見到這個絕對的界線，才保證了唯有在一個被如此理解的、也就是有限的時間視域（Zeithorizont）**之內**，「生命之謎」[24]的意義才能夠被有意義地探問，甚至在可能的情況下被掌握。

海德格哲學一個很大的特色，就是非常直接地貼近經驗，而這一點在這本作品裡特別顯著：為了把分析具象化，海德格一再援引與他自己最親近與直接相關的脈絡、狀態及特殊狀況，而這也使他得以把非常個人的生活實踐具象地呈現。這尤其牽涉到三個關鍵概念——這些概念撐起了他對此在的哲學詮釋——那就是：**器具**、**憂懼**、**死亡**。

這就是鐵鎚：器具分析【海德格】

我們可以相當準確地說，他真正開始瘋狂書寫的時間，應該是落在一九二五年八月八日這一天前後。為了專心工作，海德格搬回托特瑙山上的小屋；他們全家人也在這裡度過整個夏季。還在馬堡的時候，他就寫信給雅斯培：「我八月一日要出發前往小屋；我很期待山上強勁的空氣——山下這種柔軟輕鬆的氣氛，長期下來只會毀掉一個人。我會先砍八天的柴，然後再繼續寫作。」只有在山上的空氣中，他才能清醒地呼吸與明確地思考。在這段話裡，海德格一口氣說出之後的砍柴工作以及他的寫作計畫，並非出於偶然。這是他一貫的自我形象塑造。儘管擁有大學教授的職位，他仍強調只有農夫（而非無產階級！）的出身，也就是永遠需要雙手紮實勞動的身分，才是形塑他的關鍵力量。這種自我形象也直接被套用在他的哲學分析裡，尤其是當他用各種描述來闡明此在和世界的原初關係（Weltverhältnis）時。因為對一個尋常的、每日與眾人一起奮力勞動的青年農夫來說，從他自己的經驗出發，是不會想到要把自己當成思想的主體，然後懷疑自己在認知上如何能夠達到（據說本身毫無意義的）客體世界的；他根本就不會產生這樣的疑問，因為作為不斷行動與持續生產的人，如海德格所說，他本來就一直「在這個世界裡」（in der Welt），而且不只是從空間上來說（像一隻死魚在罐頭裡那樣），而是與他具體經驗到的周遭世界，從一開始就有飽含意義的關聯性。所以從此在分析（Daseinanalyse）的一開頭，海德格就反對笛卡兒那種在安樂椅上進行的哲學、反對一個（無身體的）主體想要光靠思維來確認世界真實性的情境；相反地，海德格描繪著一個生氣勃勃劈著木柴的黑森林農夫，描寫他走出小屋，以便在渾身的汗水中忘我地勞動。海德格這麼說：

若要以現象學的方式指出我們所遇到的最接近的存在，就要依循日常的在世存有（In-der-Welt-sein）這條指導方針來進行。這個在世存有我們也稱之為**在世相處**（Umgang in der Welt）以及**與**世界內的存有者相處（mit dem innerweltlichen Seienden）……然而所謂最接近的相處（Umgang）……並不光只是在感知中認識對象，而是動手操作與實際使用的關切（Besorgen），而且這種關切有一種特有的「認知」……這種懷著關切的相處作為一種存在狀態，並不需要我們費心進入。因為日常的此在已經**處在**這種模式裡了，譬如說：開門的時候，我會動手使用門把。[25]

然而，對於在我們（審慎但很少特意深思的）日常生活進行中會使用到的所謂的「東西」（Dinge），海德格套用了一個從黑森林地區農夫日常語言中得來的新的框架概念：他稱其為器具（Zeug）❸。

我們把在關切中遇到的存有物稱為**器具**。在相處中我們可以找到書寫工具、縫紉用具、工具、交通工具以及測量工具。器具的存在方式是需要清楚說明的……嚴格說來，**一個器具**從來不只是「在」（ist）而已。器具的存在裡永遠包含了器具的整體脈絡；一個器具要在整體脈絡中，才能作為它（這個器具）……依照器具的特性來說，一個器具永遠是由與其他器具彼此相屬的關係而構成：書寫工具、墨水筆、墨水、紙張、墊板、書桌……這些「東西」從來不是先獨立

❸ 譯註：Zeug 某個角度對應「具」這個字，如工具（Werkzeug）與文具（Schreibzeug）當中的「具」。但是中文的「具」單獨一字無法達意。此處翻成比較明確的「器具」，但是海德格的 Zeug 又比「器具」更為廣泛。

出現，然後才被加總起來構成一間書房的實體……在提到個別的東西**之前**，我們已經先有了一個器具的整體脈絡。26

正如海德格用貼近土地的實用主義（Pragmatismus），把純粹觀察者所臆想的知識論起點整個翻了過來，他同樣也透過把器具揭露為一種已經屬於某種整體脈絡之物，全然顛覆了笛卡兒路線的古典知識論。笛卡兒的知識論以個別的、不可再分割的事物為出發點，然後探問這些原先各自分開的部分，如何構成一個整體。然而，對於在現象學方法上抱持實用主義的海德格來說，這種對事物零星個別的觀點，用最好的話來形容，也只是原先世界體驗萎縮之後的特定殘餘——在那種原初的世界體驗中，在一切理論反思發生之前，人所經驗到的各種對象本來就被囊括在一個充滿意義的整體之中。在動手操作器具的關切中，一個人馬上就能明白，器具是牢牢地被綁在一個整體中。因為在真正決定性的問題框架下，也就是在對「存在」的探問中，海德格毫不含混地指出，器具（也就是包括我們日常相處範圍內的一切事物，以及我們在這世界上進行安排與配置時所使用的種種工具）的存在究竟會在何處顯現。為了說明這一點，作為一個在小木屋裡工作與砍柴的人，我們不難理解海德格為何選擇鐵鎚作為例子：

對於鐵鎚這個東西，如果我們僅止於凝視它的情況越少，而是最大程度地將它拿起來使用，那麼我們與鐵鎚的關係就越符合本然，鐵鎚也會更顯著地以器具的樣態出現在我們眼前。用鐵鎚來鍾打之際，人才會發現持有鐵鎚的「稱手性」（Handlichkeit）。器具的這種存在方式，也就是器具透過自己彰顯出來的方式，我們稱之為**及手性**（Zuhandenheit）[27]。

由於器具真正的本質是決定於人對器具的動手操作與使用，所以器具對於此在來說，並非僅僅是**在眼前**（vorhanden）（好像那只是一個用途不明、仍有待探究的「物」〔Ding〕一樣），而是實在地**在手邊**（zuhanden）。然而胡賽爾現象學方法論的真正基礎，就是把對象視為純然只是在眼前的某物，並對其進行全神貫注的、以知識論為出發點的凝視（以及描述）。所以海德格的工作可以說是對自己的老師、對這位提攜自己的人的哲學進行了正面攻擊——這一點胡賽爾在第一次閱讀印刷樣稿的時候也馬上就意識到了。海德格不無得意地告訴雅斯培：「這本書〔即《存有與時間》〕如果想要達成任何成果，不外乎就是我在寫作過程中已經獲得的東西：也就是讓我打開一片自由的天地，而且能以一定的自信與主動性來提出**問題**……如果這本論述有『反對』任何人，那就是反對胡賽爾，而且他也立刻看出來了，只是他從一開始也正面看待。」[28]

風暴與恐懼【海德格】

一個務農的此在，每日陶醉在與他的器具關切的相處當中——即使這一幕看起來多麼幸福，對於追求哲學意義的海德格而言，還是有一個嚴重的缺陷。因為，當一個人原初地根植在他的周遭世界裡，當他完成眼前種種任務時毫無困擾，那麼這個此在必定是對自己毫無疑問的存在。他與世界的關係是如此原初、直接與充滿意義，以至於這個關係對他而言從來不是問題。完全沉浸在自己世界裡的人，就不會對存有的意義或自我生命的存在發出疑問。要直到他具體經驗到意義的失落，並因此（無論以任何形式）感受到與世界的關係被妨礙，才會在這個關切的此在心裡喚起對於存有的意義的問題，尤其是關於自我存在意義的問題：這一切是為了什麼？到底我為什麼會在這裡？

任何人的人生——不論他過得再好、在家受到再好的保護——都曾經歷過這類對自己存在的困惑以及意義問題。然而對海德格來說，這些問題會在你體會到一種特別的感覺時變得完全無法擺脫。他對這種感覺有個更精確的稱呼：「此在的情緒」（Gestimmtheit des Daseins）。海德格所指的是憂懼的經驗，而且把它與害怕（Furcht）清楚區隔開來，因為後者是針對某種特定之物、是可以具體指證的感覺：

> 那憂懼所懼怕之處，就是「在世存有」本身。在憂懼中，環境裡的及手之物（das umweltlich Zuhandene），尤其是內在於世界的存有者（das innerweltlich Seiende）都沉下去了。這「世界」再也無法提供任何東西，其他人的共同此在（Mitdasein）也同樣不能。因此憂懼奪走了此在透過世界與透過公開的被解釋狀態（öffentliche Ausgelegtheit），以理解自己的可能性。憂懼把此在扔回去面對他所擔憂的東西，也就是他真正意義下的「在世存有的可能性」（In-der-Welt-sein-können）。憂懼把此在個別化，讓他成為最屬己的「在世存有」，而在世存有作為理解者，把自己本質性地投射到各種可能性之上。因此藉由此在所憂懼的事，憂懼把此在啟發為一種**可**

能的存在（Möglichsein），而且是唯一能完全出於自己的主動，在個別化過程中被個別化的存在。[29]

照海德格的陳述，憂懼最好的例子就是經驗到全面性的意義失落；而由此產生的空虛與無所依靠，正好開啟了每個此在的視線，讓他看到自己真正的根基何在。然而他所看到的，卻是根基並不在那、並不存在、並不是預定的，也沒有任何事物或任何人確保其存在！在憂懼的樣態（Modus der Angst）下，此在體會到自己的存在——甚至包括一切的存有者——事實上既沒有根基，也可能沒有意義。然而這個無可推卸又亟待解決的意義問題，並不允許被委託給第二人或第三人，不允許被推給超越界，更不允許依靠習俗、傳統或家鄉來自我安慰。正好相反，海德格認為為了守護自己的存在張力（Existenzspannung），我們必須澈底地、盡可能持久地讓這個問題保持開放：

> 墮落地逃**進**在公眾裡的「在家狀態」（Zuhause），就是逃**避**那「離家狀態」（Unzuhause），意即，逃避那種恐怖狀態（Unheimlichkeit）❹——這種恐怖是此在作為被拋者（Geworfene）身上就有的，是他作為被交付到這個世界上的存有本來就具備的。[30]

這種「離家狀態」，也就是那些通常被避而不談的恐怖情事，在某種情境下的體會，會特別鮮

❹ 譯註：海德格在玩文字遊戲，Unzuhause 與 Unheimlichkeit 兩個字的字根都有「家」的意思，好像「不在家狀態」跟「恐怖狀態」也有字源關係似的。

明、強烈且充滿恐懼，那就是當此在能獲得最大的安全感與熟悉感的時候——尤其是當他待在故鄉的家裡、在自家的四面牆壁內的時候。就海德格來說，最能說明這個狀況的，就是他在托特瑙山上的小木屋。特別是在這裡，憂懼發揮了真正開啟他的生命、也就是真正在哲學上啟發他的效果。所以一九二六年四月，當《存有與時間》已經大致完成時，他對雅斯培說：「如您所見，我們現在還坐在山上。我在四月一日已經把我的論文《存有與時間》付印了。這本書大約有三十四塊印版❺。我寫得非常順利，唯一不高興的只是學期快開始了，又得再度被那種庸俗狹隘的氣氛包圍。院方要再度推薦我，而且要附上已印好的樣書。……小孩們的猩紅熱在小屋這段時間裡都好了。現在夜已深。狂風吹過高地，小屋裡的屋樑在嘎嘎作響，生活則像心靈一樣純淨、單純與偉大。」[31]

在強風吹襲的山上小屋裡，海德格體會到這種恐怖卻又在家的感覺，恰好最貼切地對應到一種盛大又強烈的心靈寧靜，也就是進行哲學思考的經驗本身。這就是一個渴望思考的此在的理想圖像。

確定的某事：朝向死亡的前進【海德格】

然而沒有一場黑森林風暴能永遠吹下去。思想家再怎麼偉大，時候到了還是得返回庸俗小氣的日常煩惱中。這一事實無疑會造成此在的倦怠。為了預防這種狀況，海德格指出人類生命還有另外

❺ 譯註：印版是全開紙列印後再摺疊的裝訂單位，一塊版通常有十六頁。

一個十分常見的、甚至是唯一無可逃避的基本情境，那就是人生之有限性。此在深知自己生命的有限——事實上，這一點使人類顯得比所有其他生命的存在特別不同。他對這個有限性如此確信，以至於在自己的生活實踐中，這個有限性總是以一種具體的可能性形式伴隨著他，總是在他眼前。如果你仔細觀察就會發現，一個自由拋入（entwerfen）世界的此在，在他能夠決定的一切可能性當中，只有一個是他能真正確定必將實現的，即「他將不復存在」的這個可能性。

作為對此在而言，時間上與內容上全然不確定，然而又必然發生的可能性，因此海德格語帶雙關地把死亡稱為「確定的可能性」（gewisse Möglichkeit）。與恐懼相反，死亡的確定性是此在持續不斷在面對的，所以基本上並不是一種有時出現有時又消失的情緒。作為具體可經驗的確定性，死亡代表了一種固定的可能性條件，是此在在生活脈絡中所能具體把握的一切可能性的前提。換句話說：死亡是通往自由的大門。

死亡之所以能發揮這種功能，只因為其本身一直是全然未定的事件。所以關於死後生命的假設、玄想或者期盼，對追求揭示存在意義問題的海德格來說，都必須拒斥。這些假設與玄想扭曲了此在的目光，讓他看不到自己真正的存在可能性。因此，作為在世界上敞開著的、真實的存在，此在也就持續朝向死亡邁進。

此在憑藉死亡在其**最屬己**的潛能（Seinkönnen）中，立於自己之前。在這種可能性中，對於此在最重要的完全就是他的在世存有。他的死亡則是再也不能存在的可能性。當此在作為自身的此種可能性立於自己之前，所能倚賴的就**完全**只有他最屬己的潛能。在這樣立於自己之前時，他身上的一切與其他此在的連繫都被斷絕。那最屬己的、斷絕連繫的可能性，同時也是最極端的。作為存有能力，此在無法超越死亡的可能性。死亡是此在之絕對不可能性的可能性。這樣一來，死亡就被揭示為那**最屬己的、斷絕連繫的、不可超越的可能性**。[32]

所以，海德格並沒有從死亡的必然性出發，用回顧的眼光控訴一切存有者的、尤其是自身存在的虛無，像班雅明在《哀悼劇》書中分析巴洛克時代所做的那樣；而是在確認自己曾經的虛無後，呼籲對每個人自身此在的可能性（Daseinsmöglichkeiten）進行自我決定的掌握。與其長久停頓在對自身有限性的悼念裡，像某些基督教或古代的人生智慧所訓示的那，海德格認為，在生活實踐中，反而更要堅決正面迎向這有限性。與其去想像這個世界在自己死亡後（像人們常說的那樣）會繼續運轉，並藉此自我安慰，海德格則認為「朝向死亡走去」（Vorlaufen zum Tode）才是無可比擬的最大鼓勵，讓一個人企及那最屬己的此在可能性。

每個人的死亡完全是自己的事。自己的死亡就跟自己的生活一樣無法委託他人。然而海德格這個「朝死亡走去」的此在概念，如果被當成是叫人自殺，那就是最大的誤解了。因為誰要是親手結束自己的性命，恰好就終極斷絕了他在走向死亡的過程中，本來可以把握到的一切可能性。此一堅決把握的持續進程，海德格稱之為：存在（existieren）（海德格認為，因為這個進程來自一個還未被充分理解的問題，也就是對存有意義的疑問，所以必然帶有一點開放性）。能在這個意義上存在的人，便是依照此在應有的方式在生活，也就是真正地活著。很少人能做到這一點，大多數人都做不到。

所以難怪海德格覺得，比起一般畸形的學術圈，黑森林的所謂庶民社會，更加體現了真正的屬己性。「我並不渴望與其他教授們來往。農夫們才更令人愉快，甚至是更有趣的人。」有一次他對雅斯培教授這麼說。還有：「我常常希望您能在這個時候到山上來。偶爾我也無法理解，人在山下怎能扮演那些奇怪的角色？」[33]

在瘋狂撰寫《存有與時間》的這段時間裡，存在主義哲學家雅斯培也是他與學界唯一接觸的人。海德格視他為平等的同伴，能與他坦誠交談。特別也談到關於面對死亡本身的具體問題。因為在關於死後以及瀕死者的恐懼等問題上，海德格在一九二四到一九二七年這段期間打開了新的經驗視野，對他有很深的影響。他的父親於一九二四年五月中風，然後半昏半醒地與死神搏鬥數週後死去。這件事給海德格留下最深印象的是，虔信天主教的父親即便在瀕死時，都對地獄與最後的審判極為恐懼。整整三年之後，他的母親在同一天飽受大腸癌折磨數月之久後過世。她對馬丁背棄基督教信仰的事特別難以接受，臨死前在床上還一明二白地讓他知道這一點。一九二七年二月五日，海德格對妻子埃爾芙利德提到與臨終的母親在床前的談話：「我對可憐的母親來說當然是個很大的煩惱，她也一直覺得要為我負責。我請她不要擔心這些，不過她還是覺得負擔很重。就在這個時刻，這些憂慮特別流露出來。母親很認真地，或幾乎是嚴厲地說（同時她本來的性情就像被掩蓋了一樣）：『我再也無法替你禱告了，因為我得為我自己做些事了。』這些是我必須承受的，而且我的哲學也不該只是紙上談兵。」[34]

海德格將在一九二七年五月三日把《存有與時間》最初的樣書拿到母親臨終的床前。瀕死的母親擔憂著自己死後的生命，有意識地進入了一種孤立狀態，甚至連兒子的靈魂救贖也棄之不顧；「我得為我自己做些事了。」這種孤立狀態可能讓海德格感受特別深刻，因為在他的哲學裡，恐懼的情緒以及特定的死亡可能性，尤其會為此在造成一種徹底孤立的效果。只不過是就死亡**之前**的生命而言。

唯有從這個經驗出發，唯有透過這個徹底孤立的實現，此在才能達到海德格所強調的那種屬己性，旁人關心的陪伴在此處並無幫助。因此，海德格對屬己性——也就是自我發現（Selbstfindung）——的呼籲，是建立在此在徹頭徹尾的非社會性之上。唯有作為完全脫鉤、獨一無二，也就是孤立的存在，此在才能洞察自己真正的可能性。

一九二六年夏天，漢娜逃到遠處更具社會性的生命哲學家雅斯培那裡去了，海德格則在他雲霧繚繞的馬堡小窩裡感到寂寞而失落。無論如何，他總算為家人找到一個新的、更明亮、還帶花園的房子。就連在柏林的頑固教育部也無法再抵抗校方強烈的願望多久了，因為《存有與時間》在德國哲學界開始發出如彗星般的光芒。他獲聘為正教授。這是一個安慰，但不是高興的理由。海德格在馬堡的時間——他以類似死亡般的清晰度意識到這一點——已經無可挽回地結束了。卡西勒在漢堡的新故鄉則以同等的確定性，自以為站在一個新思想時代的開端。

漢堡學派【卡西勒與瓦爾堡】

如果稱為正式慶典，有些言過其實。毋寧說是一群好朋友與研究同仁，在一九二六年五月一日這一天，於漢堡的黑爾維希街（Hellwigstraße）一一六號齊聚一堂，慶祝瓦爾堡圖書館新館的落成。從一九二四年秋天回來後，暱稱「阿比」的瓦爾堡先生很快就開始了圖書館新建築的營建計畫。他的藏書此時已超過三萬冊，原來的空間已經不敷使用。財務方面他毫無困難，眼光與熱情也一樣不缺。不到兩年，瓦爾堡在住宅旁買下的這塊建築空地上，就蓋起了一棟有閱覽室與研究空間的圖書館，其館藏與設備在世界上罕有其匹。配備了「二十六線電話、電報設備、書籍輸送帶、書本專用電梯以及乘客電梯」[35]，這座新的瓦爾堡文化研究圖書館（縮寫KBW）光是在科技設備方面就立下新的標竿。此外主建築與開放空間的無縫結合，也是一項建築設計的傑作。特別值得一提的還有那巨大的橢圓型閱覽室：卡西勒就在這裡踏上演講台，以「文藝復興哲學中的自由與必然性」（Freiheit und Notwendigkeit in der Philosophie der Renaissance）為題做了一場報告。

即使工程師有種種反對與顧慮，瓦爾堡仍然堅持圖書館這個位於中央且最大的空間必須是橢圓型的，因為在他的思想國度裡，每一個幾何形狀都具有特殊的象徵意義、甚至有世界觀的意涵。卡西勒在這件事上其實也參了一腳。因為就是他在克羅伊茨林根，與瓦爾堡一起討論橢圓型對於克卜勒天文計算的意涵，才讓瓦爾堡對於自己作為研究者的精神力量恢復了信心。

對瓦爾堡來說，克卜勒首度計算出火星的繞日軌道是橢圓型的（也就是並非圓形！），是真正突破了神話中世紀式的思考，真正踏入了現代自然科學的自由思想中。因為橢圓型作為擁有兩個焦點的環形，並不屬於柏拉圖在《蒂邁歐篇》（*Timaios*）中所確立的理想幾何形狀；而圓形作為理想幾何形狀，直到克卜勒的時代為止，都是天文學家在計算自然現象時必然的前提。就瓦爾堡看來，克卜勒在天文學與數學精神的驅使下，把這種純粹從古代神話中誕生的圓形典範加以擴充，展現的正是人類精神一次意義極其重大的解放。克卜勒此舉如典範似地體現了人類從神話到科學概念形式的跨越，亦是朝向自由跨出了劃時代的一步：一個走向現代世界圖像的重大突破。

他現在重新清楚意識到，自己要進行的研究計畫，就是標舉出這個發展的起源，並且從文化科學的角度研究這件事是在什麼條件下成為可能。因此，他的這條研究路線純粹從問題角度來說，不只遵循了海德格與班雅明的主要著作——這些書同樣是對現代性的病史的獨立探究——也理所當然追隨了哲學家及哲學史家恩斯特．卡西勒的研究核心主題：在瓦爾堡文化研究圖書館（KBW）這座新落成的橢圓型建築裡，卡西勒已成為漢堡學派排行第二的精神領袖了。

被遮蔽的起源【卡西勒】

我們今天這個現代的世界觀是怎麼形成的？卡西勒於一九二六年春天在一部獨立的論文中探討了這個問題，並獻給瓦爾堡作為六十歲生日禮物。論文的標題是《文藝復興哲學中的個體與宇宙》（*Individuum und Kosmos in der Philosophie der Renaissance*）[36]。在圖書館建築的開幕典禮上，卡西勒就是拿著這本最新完成的書，對在場的人朗讀書中的第三章（全書共四章）。卡西勒這本至今備受推崇的文藝復興研究，並非「只是」一部爬疏哲學史材料的著作，而是也在發掘文藝復興的精神根源的同時，試圖找出能提振自身時代哲學思考的衝擊與靈感。

所以這本沉靜的主要著作也具有一種性格：它是一本闡明損失、分析危機的書。只不過其目的並非把現代性呈現為根本性的錯誤道路，譬如陷入有關鍵文化意義的世界悲傷（Welt-Trauer）或者存有遺忘（Seinsvergessenheit）。恰好相反，卡西勒的重點反而在於，要對文藝復興的起源做出清楚的認可或甚至哲學的頌揚，那是一個極其廣泛的自我開展與形塑世界的事件，只不過其核心的動力，從十七世紀起卻被笛卡兒與他一絲不苟的後繼者們固著於抽象思維的、敵視身體的、純聚焦於內心意識的現代性給遮蔽了[37]，而這個發展直到二十世紀的一九二〇年代，對哲學產生了重大影響。即便覆蓋著漢薩城市高貴的外皮，卡西勒這本《個體與宇宙》同樣呼籲對現代哲學進行根本的革新。書中要求，我們應該返回哲學真正的泉源，即文藝復興的源頭。這種想法正好完全相符卡西勒在《符號形式的哲學》中試圖展開與鋪陳的哲學理解。所以用論題的形式來說，也就是比卡西勒的文字風格更直接地表達，此書的主旨即：文藝復興的精神——作為我們現代世界真正的以及至今仍具指標意義的源頭——如果以這樣的精神來進行哲學革新，就必然要採取符號形式的哲學形態！

結果的多元性【卡西勒】

同時卡西勒（看似矛盾地）強調，文藝復興最重要的特徵，就是哲學在這個覺醒事件中並不扮演重要角色。由於經院哲學（Scholastik）受制於教會的學校教育中已然僵化，因此哲學不論是在藝術或者科學領域，顯得無法在概念上跟上或反思十四與十五世紀狂飆的創新節奏。就像今天大部分的分析哲學一樣，當時的經院哲學寧願沉浸在彷彿戀物癖般的細小思辨中，自以為立足於穩固的問題基礎上，也不願冒險為更加理解自身的時代（這個連根基都在動搖的時代）做出有意義的貢獻。用卡西勒的話來說：「所以尤其是在哲學中，這個時代的根本的精神力量——那種想要截然地劃界與形塑、想要分割與個體化的衝動——似乎還沒有發揮作用，或者才剛起頭就後繼無力。」[38]

因此在這本書的開頭幾頁，卡西勒就明確反對格局宏大的基本設定，特別是海德格的墮落分析（Verfallanalyse）這種。這種設定可以被稱為是「對哲學的文明價值的過分高估」[39]。只在哲學身上尋找一整個時代（特別是現代這個時代的）所謂起源的人，他既無法真正看透那個時代的特性，也無法深入掌握那個時期的哲學。相對地，卡西勒在他對文藝復興的分析裡，把哲學視為許多創新力量的其中之一，而且還具有把各學門連結起來的功能。這種看法正好也是他的符號形式哲學，在一九二〇年代這個藝術、科學與科技急速發展的創新時代裡的主導思想。我們有很好的理由把一九二〇年代視為充滿創新的十年；這些創新是前所未見並且改變世界的，尤其是在科學技術方面。大量生產的汽車成為街景的主角，無線電成為跨國公共通訊的媒介，電話則成為私人住宅裡通話的工具。首度誕生作為藝術形式的電影，最早的商業飛機航線開始營運，跨海航行的也不再只有蒸氣輪船，很快的也包括了齊柏林飛船，甚至還有飛機——查爾斯・林白（Charles Lindbergh）展示了如何駕機飛過大西洋。人們見證了全球通訊時代的誕生；其誕生的精神就是標榜快速進步的技術創新。一直到我們今日這個時代都是如此。沒有一個個人、也沒有一個學門有能力跟上這快速前進的腳步。哲學也辦不到。尤其在德文文化圈裡，哲學自我理解為深受進步力量的驅使，然而通常最多充當幫進步踩煞車的批判者，絕非扮演推動進步的引擎。

所以，當卡西勒在把作品獻給瓦爾堡時強調，這本書其實必須被看成一個研究小組的共同作品，他所表達的或許不只是客套的謝詞而已。這個研究小組維持著密切的跨學科交流，這座圖書館已經成為他們研究工作的精神堡壘。一九二六年時，小組的核心成員包括：格特魯德・賓恩（Gertrud Bing）、恩斯特・卡西勒、艾德加・溫德（Edgar Wind）、艾爾溫・潘諾夫斯基、約阿希姆・里特（Joachim Ritter）以及弗利茲・撒克索——這還只是當中後來最有影響力的幾個人。卡西勒在演講中表示，這座建築（連同其依照思想分類的內部結構）所體現的理念就是：思想史上一切領域與潮流，可以在研究方法上統一起來。

哲學的核心任務，根據卡西勒就是跨越個別形式的一切差異，在每個時代中發現某種統合一切的核心主題。哪怕只是為參與塑造時代的一切力量與潮流，打開一個視野，讓他們見到各自的侷限性，也讓個別學門在整體的巨大合奏中的相互關聯能被看到。如果沒有這種促進統合的揭露，各學門的眾聲齊鳴在高度變化的階段中，就有成為嘈雜惡音的危險。而最終受害的還是所有的參與者。

藉由探索世界來自我形塑【卡西勒】

卡西勒認為，文藝復興時代統合性的中心主題，就是人類在由他所重新發現的宇宙中的重新定位。這本書的標題《個體與宇宙》就是這樣來的。文藝復興的人首先且最主要把自己理解為一個個體（Individuum），而每個人個體性的建立與保存，有賴於他有能力以開放的態度，積極且非教條地打造自我。在這個文藝復興的個體面前，宇宙展開為一個無限寬廣的空間，而且透過積極探索的自我塑造的實踐，宇宙的規律性難以置信地豁然開朗。

此外，在卡西勒的演講中，自由的概念代表了人類能夠自我探索與自我塑造的能力，必然性概念則代表了對於世界（也就是對自然法則）認知與探索的過程。

在這樣的理解下，自由與必然性這兩個概念再也不是互不相容的關係（而這一點對卡西勒來說正是文藝復興特別迷人的地方，也是他自己符號形式哲學的旨趣所在）。而看似必然產生的疑問：「如果一切都由自然法則所統治，那麼怎麼可能有自由或自由意志存在的餘地？」從卡西勒這個觀點去看，就失去了讓人感到顫慄的生存力量。正好相反的是，自由與必然性成了互補的概念，兩者從一開始就互為前提：意即唯有在自由的自我形塑的工作中——這些工作不只包括自然科學的實驗，也涵蓋藝術、工程科學以及醫學——唯有在這些工作中，自然的規律性才能被探究，任何關於因果必然性的談論也才成為可能。因此對卡西勒來說，現代的自由與因果的必然性，兩者系出同源。而且不像哀悼劇的源頭，把一切弄得沉默且麻木，而是像一種對於受造物的廣大、豐富進行認知的慶典，讓萬物說出話語以及發出聲響。就像達文西能感受與達成的那樣：集藝術家、科學家、詩人、哲學家、工程師、醫生於一身，作為一個在情欲與身體方面有多方興趣的個體。

而這些對自我與世界的探索活動的真正基礎，就文藝復興時期來說（正如同對卡西勒自己的哲學而言），就是能夠為自身經驗賦予符號表達的能力。亦即讓自己的、每個人獨特的世界想像，用作品的形式具象地呈現出來（什麼作品都行，哪怕只是一聲口哨、一個手勢、一幅素描或者一道計算）。如此成為符號之後，也就是被置於公共空間之後，一個「作品」才能成為其他追隨者進行各自的自我探索與世界探索的起點：文化作為符號導向的不斷前進的過程或探索，其形式則為文字、圖畫、計算或者個人肢體。卡西勒認為，這就是「文藝復興研究真正的邏輯」所在。至於這個具有獨一無二創造性的文藝復興世界的構造，正好與瓦爾堡圖書館內容分類的結構相符合，並非出於偶然。

仰望宇宙【卡西勒】

對卡西勒來說，文藝復興作為走向對世界全新理解方式的過渡與突破時期，具有一個十分特別的特徵，那就是同時在文化上經驗到「神話世界觀」與「現代科學性」。這一點在當時仍然沒有明確分界的星象學與天文學領域特別顯著。從星象學的角度來看，人類受到神祕力量與星體的影響；他最多可以探究其意義，卻無法自主引導或改變。同時，星象學所理解的自然服膺於嚴格的規律，自然法則扮演決定性的角色。然而這些法則首先是神話性質的，而非透過數學計算被發現與掌握的規律。天文學就是在這一點上跟星象學正好相反；克卜勒與哥白尼這些過渡時期人物最大的貢獻，就是在文藝復興的進程中，雖然本身深受星象學陶冶，卻還是達成突破，開啟了天文學的新思想。這個轉變帶來的效應，改變了人類的自我理解，使他在宇宙中取得了新的地位。卡西勒如此描述：

> 就算人類仍然必須頂著一個特定的行星出生、必須在其統治下度過一生：即便如此，他還是可以決定，從內在的各種可能性與力量當中，他要挑出哪些來加以開展與付諸實現。他甚至可以依照自己的心智傾向以及心中懷有的志向，讓自己有時候受這個星座支配，有時候又讓另一個星座引導。[40]

如此，思維方式就翻轉過來了：觀看方向不再是宇宙的自然力量在上、個體在下，而是從個體的小宇宙（Mikrokosmos）出發，向上仰望大宇宙（Makrokosmos），把自己視為後者的一部分。同時他並不否認，個體是自然被納入那巨大的整體宇宙環境裡，而這會為他自我形塑的追求帶來一定的限制與約束。所以在文藝復興時代的理解中，個體自我決定的能力並非絕對，也不是完全自律的。每個人的成長都受法則決定，而且沒有一個凡人能自己制定這些法則。全面的自律狀態是一種脫離現實的幻覺。有別於此，文藝復興時期的人們所意識到的，我們可以這麼說，是有條件的自由，也就是一種在特定範圍內自我打造的彈性。然而一個個體如果越能看清決定他成長的個別條件，就能夠在認清的框架條件內贏得越大的彈性空間。

舉個科技的例子：沒有人生來會飛。就算是達文西也不行。然而在重力、慣性以及空氣阻力等法則被發現之後，彈性空間就被打開了，人可以藉由特定的計算與技術來改變據說是不可更改的「無法飛翔」的命運。作為一個能運用創意設計新管道來面對世界的人，他可以說是讓一個星座（即法則）跟另一個星座（即法則）互相對立。然後他就飛起來了。

正如同文藝復興的人不認為個體有絕對的自由，當談論到個體存在時，他們同樣也不認為「自然法則」有絕對的必然性。在這個意義上，把命運握在自己手上完全是有可能的，辦法就是對於決定個人成長的動態力量進行研究與探索。這裡要再度強調的是：卡西勒展示的「文藝復興時期自由與必然性」的現代關係，完全就是他《符號形式的哲學》一書裡的內容。

是的，卡西勒在《個體與宇宙》中所探討的現代性起源，跟班雅明與海德格的著作一樣，同樣具有一種失落的性格。然而以他的觀點來看，後世的現代人所失落的東西，可以用不同的方式清楚地指出來：由於十七與十八世紀的自然科學強大的支配與預測力量令人陶醉，於是便發展出一種觀點，把物理自然法則視為絕對的力量，一切宇宙變化都受其決定，包括人類在內——人類於是變成了純物質性的事物。這麼一來，要解決人類（意志）自由的問題就得付出一個代價：你得把人類真正的本質完全放到這個世界之外，也就是用笛卡兒式的意識哲學來面對這個問題。於是人成了純粹思想的主體，被理解為完全脫離肉體的存在。

在一個完全由盲目的因果效應來決定的自然世界中，人類如果要被視為是自由的，就只能脫離這個世界，把自己形容為某種小小的神明，然後還得賦予自己一種永遠解釋不清的神祕能力，也就是能用心智的力量，像無中生有一般，自己產生一系列的因果效應。

在卡西勒的術語中，這套對於**後世的**現代人、特別是對**啟蒙時代**的診斷，一方面很清楚，一方面似乎也是矛盾的：這個診斷指出，文化再度退回神話的思考範疇，只不過支配力量明顯變高了。原本是鐵一般的神話必然性，被因果律取而代之；原本是喜怒不定又專斷的星象或慈悲的上帝，現在換成了被昇華為純粹意識的「自律」之人。

這就是真正的**啟蒙的辯證**（Dialektik der Aufklärung），也就是卡西勒清楚點名與控訴的對象。然而他之所以控訴，並不是因為這個基本傾向在文藝復興時期裡必定造成災難的後果，而是因為這個基本傾向在文藝復興的開展中被掩蓋與偽裝了。卡西勒的符號形式哲學想要達成的，就是把掩蓋的現象重新還原。在一九二〇年代這樣的時代裡，尤其是自由與必然性、古典物理學中所稱的決定性與不準確，正遭受到最激烈的質問。海森堡（Werner Heisenberg）發表「測不準定理」的時間（Unschärferelation），剛好與卡西勒的《個體與宇宙》在同一時間，都在一九二七年。

把握自由吧！從一個科學的世界觀出發，同時對其界限、誤解以及詮釋的濫用保持清楚的意識。這同時也是《邏輯哲學論叢》及其作者——小學教師、走向「更好」時代的精神領袖路德維希・維根斯坦——所想達成的目標。

小孩的口吻【維根斯坦】

就連在這個田園般的奧特爾塔爾（Otterthal），村民們也將舉辦一場盛大的遊行來慶祝我的生日；我本來非常希望能守住祕密的。從瓦德馬克（Waldmark）的所有行政區將有好幾千人蜂擁而來，為了在這一天上向他們親愛的老師致意，並且表達他們的願望，希望他能長年在崗位上堅持下去，為祖國的少年創造福祉，同時也給較年輕的同事（譬如你❻）建立一個犧牲奉獻與盡忠職守的榜樣。我自己則將在當天發表一場關於八小時工作日、民族和平以及失業者救助的演說。41

在一切結束之前，也只能嘲諷了。在三十六歲生日的這一天，擔任小學老師的維根斯坦比從前任何時候都更清楚，離開的日子已經不遠。給好朋友寫這些荒唐的字句（譬如上面這個例子是寫給魯道夫．柯德爾）對維根斯坦來說並不罕見。像他這樣想要清楚界定「意義」的人，也必須特別熟悉「荒謬」的各種豐富樣態。如果有人在一九二五年春天認真問維根斯坦，以他看來，德國文化哪些方面正走到歷史的新低點，他一定會提到政治的領袖崇拜、媒體對大眾的操控與愚弄、陰沉的國家社會主義，此外還有社會民主黨人的進步迷信——這些當時既典型又爆炸性的題材，就是他在一

❻ 譯註：指收信人柯德爾

九二五年四月二十九日給柯德爾的明信片上嘲諷的標的。一九二五這一年，希特勒出版了《我的奮鬥》（*Mein Kampf*）；史達林（Stalin）終於掌握權力；一個名叫法蘭西斯科．佛朗哥（Francisco Franco）的年輕西班牙將軍率領部隊在「死亡萬歲！」的戰呼中征服了摩洛哥（Marokko）；國家社會主義德國工人黨（NSDAP）創黨；保守派的興登堡（Paul von Hindenburg）接替社會民主黨的弗里德里希．埃博特（Friedrich Ebert）出任威瑪共和國總統；卡夫卡（Kafka）發表了《審判》（*Der Prozess*）——這一年維根斯坦已經來到他當小學老師的第四站，奧特爾塔爾，而且如一年後顯示的，這也是最後一站。然而這位受各方「喜愛」的老師此時還不願放棄。就在海德格、班雅明與卡西勒各自擬定關於現代性的衰敗分析的這段期間裡，維根斯坦仍然在地方上頑強地堅持著草根的工作。

言說的工程師【維根斯坦】

他對於《邏輯哲學論叢》能給出怎樣的治療建議，並沒有什麼幻想。這些建議永遠是為極少數人保留的。在他陳述的那種意義下「正確地觀看」世界，並不是真的能傳授的事情。一個很重要的原因在於，《邏輯哲學論叢》的入門梯階，尤其是在關鍵的開端處，是與特定的經驗與洞見捆綁在一起的。而這些經驗與洞見所牽涉的內涵，又遠遠超乎真正可講述、可用論述傳遞的範圍之外。因此維根斯坦在〈前言〉中也強調：「所以，它不是一本教科書。」《邏輯哲學論叢》的哲學源頭其實是一個不可取得的、簡直是上天賜予的經驗，而非一個可以清楚重構的論證。

另一方面維根斯坦作為教育家，跟維也納其他的現代主義名人完全一樣（包括恩斯特．馬赫、卡爾．克勞斯、佛洛伊德等人），尤其是在日常語言的領域裡，確實看到很大的治療介入的空間。就跟對那些現代主義者一樣，對他來說文化的危機首先是公共語言使用的危機。若要從根剷除這個弊端，你完全不需要像海德格、班雅明與卡西勒那樣去探究遙遠的歷史過往以及其錯誤發展。畢竟隨著上帝新賜予的每一天，都有新的生命進入我們的社會，而這些新生命還沒有任何文化，意即還未染上相關的病痛與混亂。難道每個聰明伶俐的孩子不都是活生生的證據，證明一種更好的、更清晰的、也就是促進自律的說話方式，從根本來說是可教導的嗎？如果說啟蒙是「一個人從他自己造成的未成年狀態裡走出來」，那麼這種「自己造成問題」的現象也可以從教育的面向來解釋。康德所抨擊的「自己造成的狀態」可以被看成一種世代關係與世代災難：我們把我們的小孩教養成一種跟我們一樣的未成年狀態，是因為我們自己並沒有足夠釐清語言與概念的使用，就把這些東西傳遞給他們，作為他們的整個世界觀。但這並不是命運，這是可以改變的，只要透過適當的練習就行。如果在父母家中辦不到，至少可以在學校裡做到。

語言雖然不斷製造種種誤解與錯誤詮釋，但是語言本身憑藉其內在邏輯，在任何時間點上與任何文化狀態中，也蘊藏著一種力量，恰好能治癒上述的誤解與錯誤——這就是維根斯坦《邏輯哲學論叢》治療計畫的基礎信念。這也構成維根斯坦自一九二九年起整套晚期哲學的核心主張，尤其是他的第二部主要著作《哲學探討》（*Philosophische Untersuchungen*）。在這第二本、從頭到尾以對話形式寫成的書中，主要的發言者是一個隨意發問的小孩。事實上，這部作品絕大部分的篇幅是一位哲學家跟一個（想像的、內在的）孩子不斷進行的問答遊戲。幾乎每一頁都呈現了的生活教育模範場景，哲學家用父親般的口吻對孩子解釋語言是什麼、語言建立在什麼之上（以及不建立在什麼之上），尤其還講述了特定的關鍵辭彙在我們的生活中真正具有怎樣的角色與指涉。

這本書的內容由前後鬆散連接的文章段落所組成。書中第一段就提到一個被回想起的教育場景。其目的是明確地推翻偉大的教父奧古斯丁（Augustinus）在他的《懺悔錄》（*Konfessionen*）裡關於人類語言本質的想像：

> 一、「當大人稱呼」某物件時，他們同時轉向該物件；我注意到這些而明白，他們是用發出的那個聲音來意指該物件。……由此，我一再聽到字詞被用在許多不同語句的適當位置，便逐漸學會了解它們所表示的物件。到後來我的口舌既已習慣於發出這些聲音符號，我便用它們來表達我的欲望。』（奧古斯丁，《懺悔錄》第一卷第八章。）[7] 42

維根斯坦緊接著評論奧古斯丁的這段童年回憶：

> 在我看來，我們似乎可以從這段話裡，得到人類語言本質的一幅特殊圖像。那便是：語言中的個別字詞稱呼對象——語句是這種名稱的結合——在這幅語言的圖像中，我們發現以下想法的

[7] 編按：引文中譯見：《哲學探討》，張新方譯，一九七九，海國書局。以下引文不再加註。

根源：每一個字詞都有一個意義。這個意義與該字詞是相互關聯的。意義便是字詞所代表的對象。

奧古斯丁並沒有說到詞類之間有什麼分別。對語言的學習作這樣描述的人，我相信，他首先想到的，大概是「桌子」、「椅子」、「麵包」以及人名等等的名詞；其次才想到某些動作和性質的名稱，而忽視了其他的詞類。……[43]

維根斯坦致力的治療目標在於，拿出另外一套記憶與思想圖像，來對抗那些被固著在我們記憶中的虛假、錯誤圖像，以便我們能「正確地觀看」這個世界以及我們所處的位置。而童年作為最揭露我們與世界的關係的時期，在這裡扮演絕對關鍵的角色。在第五節裡清楚提到：

五、我們考察第一節的例子，便感覺這種對字詞意義的普遍看法，形成了一團圍繞著語言運用的迷霧，致使我們不可能得到語言運用的清晰景觀。而研究語言素樸類型的使用現象，就可以驅散這團迷霧；在這樣的研究中，我們才能看清楚字詞的目標和功用。

孩童學習說話的時候，就是使用這樣的素樸形式的語言。[44]

如果轉換成具體的教育與哲學行動，就會如《哲學探討》第十一節所說的：

十一、想想工具箱裡的工具，有鎚子、鉗子、鋸子、螺絲起子、規尺、熔膠鍋、膠、釘子和螺絲。（字詞之功能像這些工具的功能一樣，各不相同）。（這些字詞之間或這些工具之

間，彼此皆有類似點。）……[45]

這個道理每個四年級的小學生都懂。所以維根斯坦的治療方案很清楚地是要「回到根源」（back to the roots）——回到說話的真正開端，回到學說話的具體情境。而且不是歷史或形上意義的返回，尤其是班雅明與海德格所說的那樣，而是在生活世界裡，扣緊我們教小孩子講話的經驗。

他從一九二〇年起就特別熟悉這件事。當他在晚期哲學中著重提到「說話的小孩」這個形象時，當中不只有哲學洞見，也有生涯的經驗，而這些與他當小學老師的經歷直接相關，尤其是自一九二四年起在奧特爾塔爾的這段時間。因為維根斯坦就是在奧特爾塔爾時（海德格、班雅明與卡西勒同一時間）新寫了一本書，專門探討我們與世界關係的語言源頭的問題。這本書是他在世時除了《邏輯哲學論叢》之外唯一以自己的名字出版的書。其主要問題十分簡單：一九二五年的奧特爾塔爾的小學生會用哪三千個字來指涉這個世界？所以書名也極其直白：《國民學校字典》（*Wörterbuch für Volksschulen*），維根斯坦著。

理性的列表【維根斯坦】

維根斯坦之所以寫這本奠基的書，一開始要解決的完全不是哲學問題。奧地利在那時，貧困地區的小學生根本買不起任何一本字典。維根斯坦知道這個問題，認為這個缺口很容易補上，所以一九二四年秋天與維也納的一間教科書出版社就此事進行接洽，對方也立刻對他的計畫表示興趣。他們決定編寫一個依照字母順序、拼法合乎標準的單字表，包含奧地利小學生最常用也最重要的字彙。小學生若有任何疑惑，可以直接翻查這本書，靠自己改善拼寫單字的能力。所以這件事本身看起來並不是什麼重大的計畫。「晚餐」當然會被納入，「晚飯」也是。不過「長庚星」（Abendstern）或者「西洋」（Abendland）為什麼也被選入呢？「孔雀」與「箭頭」是必要的字彙，但是「林蔭大道」（Promenade）又是怎麼回事？[46]還是說，當這個概念進入一個鄉下小孩的生命裡，文化衰敗也就已經開始？

如果語言的邊界就是世界的邊界，那麼每一個好的教育者不就有責任把邊界盡可能細心地劃分清楚，並將之看守好？這類問題一個接一個，而且清一色都帶有價值取捨的性質。這個維根斯坦的測試直到今天都還很好用：告訴我三千個你生活世界中最核心的字詞，我就告訴你你是個怎樣的人。這個「字典」計畫，無論就其內容或執行方式，都很能闡明維根斯坦的整套教育學方法。

他在一間安靜的小房間裡挑選這些字彙，不問學生的意見，更不讓他們決定。他收入方言字彙，因為這些是他的學生們自然語言的一部分。此外他讓這本字典變成奧特爾塔爾的孩子們在一學年中逐步完成的計畫：他們先手抄一次這份字彙表，時常耗費好幾個小時，然後再用工整的字體謄寫一次，接著把紙頁裝訂起來，加上硬紙板封面，做成一本書。所需的材料則是維根斯坦自費從維也納買來的。對許多他當時的學生來說，這本親手製作的冊子就成了他們手中第一與唯一的一本書。

此外維根斯坦還是一位非常重視教學計畫的老師。他總是盡量用實物具體呈現所教的內容。在這方面他特別喜歡使用動物的骨骼；這些是他與學生們一起準備與製作的。他從村子的街道上撿拾被車子撞死的貓與狐狸，親手去除內臟，然後一連數日熬煮，直到屍體變成白骨。在他還在特拉騰巴赫的時候，這種處理過程中總是發出的惡臭就已經引發鄰居強烈的抗議。然而這並沒有影響維根斯坦在所有待過的地方繼續進行他的教學計畫。畢竟這又不是為了他自己，而是為了教學。再者，他對於村民與鄰居高不高興完全無動於衷，跟他在自己照顧的學生面前剛好相反。誰要是來按鈴抱怨，他會當著這位怒氣沖沖的村民的面把門關上，而且建議他，如果真的不能忍受這個惡臭，那他可以離開這個地方，最好永遠不要回來！

責任原則【維根斯坦】

即便被看成一個怪人，但是維根斯坦作為一名鄉下老師，有著清楚的構想與教育理想：認清你是誰，探索你想探索的，經驗你能經驗的，盡可能避免明顯無意義與邏輯錯誤的事。能說的事情都可以清楚說出。實踐勝過理論。如果地球上真有什麼東西是可以拯救與治癒的，那就是你自己的靈魂，而絕不是全世界。

如果把重點放在每天與四年級小學生的相處，這樣的教育方針並不特別複雜或陳義過高，也談不上不合情理。然而維根斯坦在奧特爾塔用這套教育方法，仍然受到很大程度的孤立。即使他非常願意追隨托爾斯泰的腳步，與「淳樸的人民」為伍，甚至完全融入他們的善良與謙卑之中，但是他的教學仍然明顯帶有一種強硬的菁英的執拗。他身為「少年的引導者」，首先希望培養出來的是有能力、對自身有認識，而且德性、人格穩定的個體。他作為教師的善意總是為了少數，而非多數。海德格對於黑森林農夫們的原初智慧和樸實無華讚不絕口，而鄉下老師維根斯坦卻覺得他身邊的成年村民都是牲畜與毛蟲，最多只有四分之三的成分是人類。維根斯坦雖然喜愛這個「淳樸人民」的理念，卻不喜歡其真實存在的樣貌；他喜歡「當一個老師」的理念，卻不喜歡奧地利在社會民主黨政府的教育改革下，快速變遷的教學實務。他對當時導入的教學方法有多麼厭惡，在《國民學校字典》的前言中也直言不諱：

> 絕對必要的是，學生要靠自己改善自己的文章。他應該要感覺到自己是文章的唯一撰寫者，也是唯一要為此負責的人。只有當學生靠自己改善文章，老師才能對學生的知識與才智有正確的印象。如果讓學生交換修改作業，就會混淆老師對班級能力的評斷。我不想同時從學生甲的作業中看到學生乙的能力；後者我只想從學生乙自己的作業裡看到。而且互相改作業甚至無法顯示出班級普遍的水準，如同有時候被宣稱的那樣（因為那需要每一個學生都改到所有其他同班同學的作業，但那當然是不可能的）。[47]

想知道維根斯坦在奧特爾塔爾有多不受歡迎，你只需要想像一下，每天中午他與同事們在「黃金鹿」（Goldener Hirsch）小客棧共進午餐時，他如何對他們大談特定教改措施有哪些根本上的、甚至是純粹邏輯造成的錯誤。從論據上來說，他也許是對的。但是我們都知道這在生活中並不是一切，甚至不是最關鍵的，對一位走上教師歧途的哲學家來說尤其如此，所以官方對他的字典持很大的保留態度也就不奇怪了。地方的教育局請了布克斯鮑姆（Buxbaum）先生來評鑑他的工作，而這位先生得到的結論如下：

> 從教學法的角度來說令人詫異的是，作者在前言裡提到他拿這本字典讓學生做聽寫。如果是已經學會的、在提示教學法中處理過的以及學生常寫的字，為了檢查學生拼字的正確度而讓他們進行聽寫，還說得過去……但是以目前這種模式，根據評鑑者的判斷，這本書幾乎不能被認為值得推薦給學校使用。[48]

又一次無法被理解。又一次出不了教科書。就算以字典的層次而言，維根斯坦對出版商來說也是一位麻煩的作者。儘管如此，這本書最後還是在沒有重大修改的情況下問世了。只不過是在一九二六年秋天，在此書完稿後的十八個月。對維根斯坦的教師生涯來說太遲了。可嘆的是，跟先前的《邏輯哲學論叢》一樣，這本書終於問世的時候，作者早已離開了原先的工作。或者更準確地說：是不得不離開。

昏厥事件【維根斯坦】

他昔日的學生並不願意說他是「體罰老師」。要說是體罰老師的話，他的心情太難以捉摸，暴怒的次數太少，體罰（主要是快步走過學生座位，一個一個敲頭或用手杖打人）也太不固定。一九二六年四月十日時，年十一歲的約瑟夫・海德鮑爾（Josef Haidbauer）究竟做了什麼還是忘記做了什麼，才使得老師對他發脾氣，事後班上同學沒有人說得清楚。約瑟夫從沒見過他的父親，母親在農夫皮里鮑爾（Piribauer）家裡當女僕，無論如何他並非特別壞的孩子。正好相反，大家對他的印象是性情安靜、高個子、不太靈活，以及尤其是鼻子的部位總是有點蒼白。在事件發生三年之後──這件事直到今天都冠著他的名字，即「海德鮑爾事件」──這個少年就因白血病而死去了。有可能這個疾病在之前幾年就已經使他相當衰弱，但是否如此已無法斷定。總之，維根斯坦在上課時打了海德鮑爾一個還是兩個耳光。下手不是特別的重，但已足以讓少年直接昏倒在地，不省人事地躺在教室地板上好幾分鐘。維根斯坦立刻讓學生離開，請人去叫醫生，自己則抱著仍然毫無反應的少年到二樓的一間休息室裡等待。當醫生終於從四公里外的基希貝格（Kirchberg）趕到時，約瑟夫已恢復意識。不久後，約瑟夫的母親以及皮里鮑爾（當地最富有的地主之一，此外還是家長會代表）也都到了現場。孩子的義父皮里鮑爾從走廊開始就對維根斯坦大吼，罵他「不是人」，又說他是「馴獸師」，威脅要「告發」他，讓他永遠不能再教書。那麼維根斯坦呢？他把約瑟夫交給他的母親與醫生，從另一個出口離開樓房，拿起他的行李箱（反正他沒有任何傢俱或書籍），搭了第一班離開田園小村奧特爾塔爾的巴士。所以他是逃走的。[49]

當皮里鮑爾第二天早上到警局報案時，維根斯坦早已逃回維也納了。最後警局立案也不了了之，就連教育局進行的內部程序調查結果也以「教師並無嚴重違失」結案。儘管如此，一九二六年四月十日這一天，仍然是維根斯坦擔任小學老師的最後一日。正如同他多年來在給朋友的信中多次預感到的一樣，最後終於發生了「大災難」。

「我已經失去我們班級的向心力了。」他在私人談話中對行政區的督學孔特（Kundt）解釋。即便孔特堅持要他重新再考慮一次，維根斯坦還是請求立即解除他的教師職務。這道解職令於一九二六年四月二十八日正式生效，在他三十七歲生日的後兩天。

當初維根斯坦啟程到鄉下，目的從來不是為了祖國的青少年著想，不是為了支持工時八小時制（Achtstundentage），也不是為了改善窮人的物質生活條件。而是希望能與小學生們（以及跟他自己）建立一個比較健康的連結。而現在，在他從一次世界大戰中返回後整整七年之時，他不得不認知到，當小學老師的生涯規劃已經在所有層面失敗了。這時僅剩的羞恥心在維持他的生命。

VII. 拱廊街——一九二六至一九二八

維根斯坦蓋房子，班雅明有所突破，卡西勒深受吸引，海德格返鄉。

技術的天分【維根斯坦】

「我知道，自殺一定會造成一團混亂，因為一個人根本不**能夠**希望自己毀滅，曾經想像過自殺過程的人就知道，自殺是對自己的**奇襲**。然而沒有什麼比必須奇襲自己更讓人討厭的了。當然，最主要的因素就是我沒有信仰。」[1]這是維根斯坦在一戰結束後的十八個月，在一段極大的絕望中寫給他朋友保羅．恩格爾曼的話。他們在奧爾米茲（Olmütz）的前線戰鬥訓練期間認識的，在戰後也保持頻繁的連繫。在維根斯坦當小學老師的期間，返鄉的恩格爾曼則在維也納創辦了自己的建築師事務所（他戰前曾經當過卡爾．克勞斯的私人祕書，後來則跟建築師阿道夫．羅斯〔Adolf Loos〕學建築）。作為他的朋友，恩格爾曼也注意到路德維希在逃離奧特爾塔爾之後，再度陷入了何等惡劣的心理狀態。

維根斯坦在一九二六年六月三日接到母親的死訊。這時他正避居在赫特爾多夫（Hütteldorf）的慈悲兄弟修道院（Kloster der Barmherzigen Brüder），目的是懇求修會允許他加入。我們難以想像，如果當地的修道院院被維根斯坦說動，對於二十世紀的哲學會意味著什麼樣的損失。他們的談話清楚顯示，這位過去的哲學家是多麼失落與茫然。儘管修道院拒絕他的加入，但還是讓他住下來，而且是住在修會的花園小房裡。夏天住在這裡的幾個月裡，維根斯坦找到唯一有效的散心方式，就是當園丁助手，從事辛苦的體力勞動。

「小路」失魂落魄的狀態就跟七年前一樣，自然也引起家人嚴重的擔憂。他的兩位姐姐赫爾米娜（暱稱「米寧」〔Mining〕）以及瑪格麗特（Margarethe）（暱稱「格麗托」〔Gretl〕）尤其擔心，因為在母親死後，她們是維根斯坦家族真正的家長，管理著仍然相當可觀的家族資產。赫爾米娜現在是家裡最年長的人。瑪格麗特比她小八歲，於一九〇五年嫁給美國企業家與銀行家傑羅姆．史東博勒（Jerome Stonborough），戰爭期間在瑞士與美國度過，直到戰後一段時間才回到維也納。她此時與先生分居，也重新找回了藝術贊助者與社交貴婦的身分；這是她一九一四年之前曾經扮演的角色，當時有很大的影響力。克林姆（Gustav Klimt）於一九一一年為年輕的瑪格麗特．史東博勒．維根斯坦所畫的肖像，今日也仍傳達這樣的印象。

不過「格麗托」若要完全照自己的想法發揮，就需要一間屬於自己、像維根斯坦家宅邸那樣的大房子。她選了恩格爾曼來當她的建築師。因為與路德維希的友誼，多年下來他也成了家族可靠的友人，也為赫爾米娜完成了幾次房屋改建的計畫。現在他也要為瑪格麗特規劃一棟氣派的宅邸了。他不用擔心經費的限制，也無需受主流的慣例或風格的約束。早在一九二五至一九二六年的冬天假期裡。他就與路德維希就這個建築計畫交換過看法，現在考慮到後者悲慘的狀態，他擬定了一個連格麗托也立即感到興奮的計畫。一九二六年六月，她在給留在美國的兒子托馬斯．史東博勒（Thomas Stonborough）的信上寫道：

> 恩格爾曼剛剛找到了一個天才的點子：他要找小路當合夥人。你能想像這能給所有方面帶來多大的好處嗎？小路最大的天賦——道德的權威以及邏輯原則的提倡者——終於有用武之地了。

他的技術天賦可以取代工程顧問。恩格爾曼也有機會在蓋房子的同時，無需棄道德行為不顧。2

如此一來，朋友有事做，業主滿意，還節省了成本。把路德維希找來一起蓋房子確實像是經典的雙贏策略。他們甚至很快也找到了適合的建地，並順利買下。依照瑪格麗特明確的意願，這塊地並不在如維也納第一或第三行政區這樣的傳統名宅區域，而是在當時屬於低階中產到無產階級的維也納鄉郊區（Wien-Landstraße）。所以光是選定的位置就已經是一種宣告。而即將立於這塊土地上的建築也更加表現出建造者的意志。

一九二六年十一月十三日，這座預定蓋在昆德曼街十九號的三層樓私人宅邸的建築計畫終於正式完成。依照建築法在上面簽字的負責人是「建築師保羅．恩格爾曼與路德維希．維根斯坦，地址：維也納第三區，帕爾克街（Parkgasse）十八號」。維根斯坦在六個月內從被趕走的小學老師搖身一變成為明星建築師。在一九二六年的維也納，這種事還是可以的，如果你姓維根斯坦，又有正確的朋友幫你的話。

於是這個有自殺傾向的問題弟弟有了一個正式的職業，甚至還拿到一份有薪水的工作。如果只說他著迷於這個新的計畫，那就太保守了。實際上路德維希簡直是一頭栽進這個新工作中。才剛加入一個月，他就已經把所有參與建造的人員都置於他絕不妥協的強迫性格的壓迫之下。恩格爾曼的設計圖在維根斯坦加入前就大致完成，也已經付諸執行，但是據他回憶，一直到建築完工為止的這一共二十四個月「對我來說非常艱難」。最終他承認，「跟這樣一個有強烈意志的人共事」簡直「讓他陷入了嚴重的心理危機」。兩人的友誼在這次事件之後再也沒有恢復。總之從那時起，指揮大權完全落在路德維希手上。在興建過程中，他不只扮演建築師、營建工程師，甚至連室內設計師的角色都攬在身上：「路德維希把每一扇窗戶、每一道門、每一個窗門、每一組暖氣送熱片畫得如此精準，好像那些是精密儀器一樣，而且是最高等的那一種，然後他又毫不妥協地堅持實際的施工也要達到同等的精確度。我記得聽鎖匠說過，一次鎖匠問他關於一個鎖頭開孔的位置：『工程師先生，請問精確到公釐對您真的很重要嗎？』話還沒說完，他就聽到又響亮又堅決的一聲『對』，使他幾乎被嚇到了。」[3]

這種追求毫釐不差的理想同樣驅使著作為建築師的維根斯坦。從平地起構想與打造一座建築——反正這不就是哲學家都在做的事嗎？康德在著作中總是提到理性的**建築結構**，這是偶然嗎？歌德的浮士德在第二部（也就是真正具哲學性的部分）變成建築師，這讓人意外嗎？維根斯坦時代的維也納思想界熱切追求新的「基礎」與「根基命題」（Basissätze），也只是碰巧嗎？維根斯坦所有的天賦與渴望，彷彿在這個新角色中獲得了綜合的實現：同時有精確數字與審美要求的計畫、對細節忠實的施作原則、在與環境材料的交換中創造性地落實那憑空的構想……而且這一切最高的目的，就是給人類——這無緣無故被送到這個世界上來的存在——提供一個安身之處。而且在維根斯坦家這個具體的例子上，甚至連常見的材料與預算限制都不存在（恩格爾曼在多年的自由創作中不得不承認，建築師這個職業必然要面對材料與預算限制的痛苦）！

總之，格麗托完全放手讓她的天才弟弟去做。沒有什麼是不重要的，唯一不用擔心的只有時間與金錢。畢竟照她的願望，這件事從一開始就遠不只是為了單純蓋一棟住宅。更重要的是，要把一種特定的、對世界的道德與審美感受給表現出來。

即便赫爾米娜是他最喜歡的姐姐以及首選的信賴對象，但是在公然的奢侈浮華與自我表演的意志上，路德維希其實更接近格麗托這位姐姐，遠超過他自己願意承認的程度。維根斯坦在請求進修道院時的那種簡直像表演一樣的強烈意志，由此觀之，剛好就是姐姐格麗托性情的反面鏡射：從少女時代起，格麗托「身邊的一切都必須新穎又盛大」。

只為神明而建【維根斯坦】

這座今天至少在外觀上大致沒有改變的建築，你光看一眼，就會想要跟《邏輯哲學論叢》奇特的形式結構做個比較。昆德曼街這座宅邸完全沒有裝飾。用赫爾米娜的話來說，這房子就像一套「化為房屋的邏輯」。直角六面體讓人感覺冰冷，瘦長狹窄的窗戶傳達的更多是隱密的封閉性，而非親近人的開放性。

配置上以維根斯坦的舊家宅為基礎：巨大的前廳、高得令人畏懼的大門。窗戶用的也不是從天花板放下來的機械式百葉捲門，而是整片鐵板，以阻絕任何進入屋內的視線。雖然從內部看來，屋子的一切結構與機關如電梯纜線，都是透明可見的，但是從外部看來卻像一道深邃的謎題，你只能自以為抓到其可能的意涵，卻無法說出那藏在背後的真正的問題。無論當時還是現在，這棟建築在周圍環境裡顯得不太真實，彷彿卡夫卡的《城堡》中的匿名單位，而當中有一位法蘭茲．K（Franz K.）正徒勞地為了他離奇的案件探尋最終的解答。如果「居住」的意思是在一棟房子裡真正感覺親切熟悉，那麼昆德曼街的這座宅邸簡直可以用「家的反面」（Anti-Haus）來形容。用總是措辭精準的赫爾米娜的話來說，那「更像是神明的居所……而不是為了像我這樣非常渺小的凡人所建」。

為神明而建的居所——就維根斯坦這個例子來說，若說作品與建築之間存在著家族的類似性，確實是很吸引人的說法。只不過，如果這房子真的在最終意義上順從《邏輯哲學論叢》的建築原則，那麼就不會有承載房屋的基礎或確保建築穩固的地基，而是會像魔法一樣，在沒有可見的支撐與基礎的情況下，以不容質疑的穩定度懸浮在地面上方十五公尺處。不過物理法則畢竟跟形上學法則無法對應，因為形上學法則並不實際存在。所以這個類比不能跨越這個世界的清楚界線。只有當思想家的維根斯坦才能真正施展魔法，當建築師則不行。

直到今天，昆德曼街這棟房子的風格該如何適切歸類——是古典主義的路斯學派（Adolf Loos）？已經算包浩斯（Bauhaus）？還是立體派（Kubismus）？或者甚至如羅素所形容的，是走柯比意（Corbusier）路線？——就跟《邏輯哲學論叢》難以放進傳統的哲學事件中一樣：是經驗主義嗎？邏輯至上主義（Logizismus）？觀念論？還是存在主義？這樣的爭論永遠無法被有意義地斷言，因為維根斯坦無論在人格上還是就他本質上是審美性質的世界觀，都奇妙地雜揉了許多相反的元素：激進的現代性與死硬的保守主義、完美的幾何學性格與令人惱怒的比例失調、類似數學證明的嚴格性與類似箴言的多義性、特別是全然的通透性與神祕的隱密性。這個人不適合任何學校或學派。既不能當老師，也做不了創始人。

沒有大師的門徒【維根斯坦】

要掌握維根斯坦現象有多麼困難，維也納大學的哲學系教授莫里茲．施利克（Moritz Schlick）一定深有體會。他花了兩年之久，逐句研究《邏輯哲學論叢》，直到一九二六年四月中，在一連串連絡的嘗試都失敗後，他終於鼓起勇氣，帶著幾名學生健行前往奧特爾塔爾，以便到工作的現場當面拜訪這位避居世外的天才。然而在抵達目的地之後，這幾位背著背包的朝聖者卻被告知，他們晚來了幾天。「維根斯坦已經不在這裡教書了，也不知道搬到哪裡去。」

就跟在劍橋一樣，維根斯坦在維也納也因為自己的不在場而成了一個無所不在的人物，他的作品打入了那些最具創造力的人的思想與研究裡。每週四維也納最前衛的哲學家會在施利克家中聚會，研議如何對哲學、甚至對整體歐洲文化進行深度的改革，共同的信念是以邏輯為根基的對於世界的科學認識。他們要永遠告別那些形上學的偽論戰、宣揚衰敗世界觀的哀歌以及夾帶宗教意味的屬己性呼籲。理性的新道路所憑藉的並非意見，而是論證；並非教義，而是事實；並非空洞的預言，而是可重複的實驗。

「邏輯實證論」（Logischer Empirismus）是維也納這群人的戰鬥標誌，關鍵人物除了莫里茲．施利克外，還有魯道夫．卡納普、弗里德里希．魏斯曼（Friedrich Waismann）、赫伯特．費格爾

（Herbert Feigl）以及奧圖・紐拉特（Otto Neurath）。只缺一個人就可以說是全員到齊了，那就是他們所崇奉的宗師與啟發者：路德維希・維根斯坦。

又過了整整一年，施利克請求接見的努力終於有了回應。透過格麗托謹慎的牽線，他們終於在一九二七年春天見面了。他們共進了一次午餐。維根斯坦此時全心全意地忙於昆德曼街的建築工作，並不確定自己還適不適合與人對談哲學。午餐結束後，他也立刻對人表達了這次談話的印象：「我們兩人都覺得對方完全瘋了。」[4]不過從一開始他們都有基本的好感。這或許不只有習慣性的理由。跟維根斯坦一樣，施利克也出身於極其富裕的家族，而且施利克家甚至還是貴族。作為古老的新教的家姓，施利克在捷克曾經是奧匈帝國最重要的幾家貴族之一。[5]

你們什麼都不了解【維根斯坦】

所以社交禮節是需要講究的。要接近維根斯坦，這已經成功一半了。比起談話時的語言風格問題，沒有別的事更讓維根斯坦無可轉圜與容易暴怒了。施利克也立刻就了解了這一點。當他一九二七年夏天終於讓維根斯坦也與圈子裡其他核心成員見面時，他懇求他們，「請不要進行像我們在圈子裡習慣的那種討論」[6]，而是應該肅穆聆聽大師的闡釋，最後才看情況小心地請求進一步的解說。不過他們圈子裡——這些人後來全都是深具影響力的邏輯學家、數學家與哲學家——當時沒人預料到的是，維根斯坦一開始並沒有絲毫興趣擔任領袖的角色，也根本不想跟他們談論自己的著作或任何嚴格意義下的哲學問題。

在這些日後成為傳奇的星期一會談裡，維根斯坦從一開始就主導一切。他站到房間的中央，背對聽者，不做解釋或引言，開始朗誦印度詩人泰戈爾的詩（泰戈爾富有靈性色彩的詩歌與散文當時在特定的圈子內深受歡迎，是一九二〇年代的風潮人物，不過今天很大程度已被人遺忘）。如果你以為這段開場白只是一個極度自我糾纏的天才不可理喻的古怪表現，那就太低估維根斯坦對於呈現自己思想家形象的表演細胞了。實際上這樣的姿態屬於一個長遠的傳統，即東方智慧大師開示時使用的矛盾手法。除了朗誦詩歌，來自山中的智者同樣可以要求他求知若渴的門徒用一隻手拍手，或者冥想一下佛陀的本質在什麼意義上等同於一坨大便。總之他所傳達的訊息很清楚：我不是你們的大師。我沒有達到智慧的方法。**這個**問題根本不存在。也更不存在任何解答。所以如果你們以為自己已經了解了，那只證明你們事實上什麼都不了解。

這一開始自然引起極大的困惑。不過這類的溝通情境內含一種可預見的動態關係：對大師身分的斷然駁斥，恰好可以被當作是大師風範無可否認的明證。以施利克為首的這個維也納圈子也不例外。尤其是維根斯坦在會談的基調確定下來之後，在接下來的聚會中也願意討論哲學問題了，即便是用他完全獨特的方式來談。魯道夫・卡納普回憶（不過十年之後，卡納普就成了在美國建立「分析哲學」的關鍵性中介人物）：

「他極度敏感，也很容易生氣。他不管說什麼都非常有趣，很有啟發性，而他的表達方式常常令人著迷。他對人或提問方式的觀點，特別是牽涉到理論的時候，與其說像是科學家，其實更像是藝術家。或者你也可以說，那些觀點很像虔誠的先知或預言家會說的話。每當他開始陳述他對一個哲學問題的立場，你就能感受到此刻在他內心進行的掙扎，那是一種極度專注與痛苦的努力，只為了從黑暗中走進光明——你尤其能從他臉上的表情讀出這一切。當他最後——通常在長時間劇烈的掙扎後——終於提出一個答案時，他會把這個答案像一個新完成的藝術品或甚至像一道上帝的啟示那樣，展示在我們面前……他使我們產生一種印象，彷彿這個洞見是靠著神性的靈感而產生，以至於我們無法不覺得任何理性的評判或反駁都必然成為褻瀆了。」[7]

於是，他們本來期待見到的那個客觀研究方法的典範，實際上卻是一種極其怪異的思想風格，而這種思想風格，無論在過程或結果上，看來都正好與維也納圈子的整體文化路線格格不入。這樣的印象越來越明確，終於無可否認：如果真有一位大師在此發言，那絕對不是邏輯實證論的大師。因為維根斯坦完全不認為邏輯形式化的技術能夠在真正意義上證實知識的主張，而是僅視之為一種有用的辦法，只用於避免最常見與最無謂的錯誤見解。尤其被歸類在這類見解中的是，「唯有能以實證實驗方式回答的問題，才是根本上值得探討的問題」這樣一種看法。就像康德從前所做的一樣，維根斯坦將有意義的言說範圍加以縮限，其首要目的也是要讓那些核心的、也就是形上學的問題，免於受到所謂將對象客體化的研究方法的為難。是的，根據他的確信，現代文化真正需要治療的不成熟狀態，就在於以為對真正的哲學問題來說，有所謂可檢證的研究法、有學院專業化，特別是有可衡量的知識進步可言。對維根斯坦來說，哲學並不是單字拼寫問題，也不是某種思想工程，甚至根本不是可以傳授或可以依照議題區隔的學科。然而這些卻正好是維也納學圈的核心信念。

在大師與門生之間彼此唯一實質上一致的是，形上學與宗教的論斷必然超越意義的可檢證範圍。因此這兩個領域對維也納學圈來說是無效的，但是對維根斯坦而言是真正的關鍵。維也納學圈認為，邏輯是一切思想的基礎，是其建構性的證成；但是對維根斯坦來說，這個決定意義的基礎是永遠懸浮在空中的不可解之謎，是造物恆久的奇蹟，只能虔誠地予以讚嘆，不應以分析的方式來掌握。對維也納學圈來說，形上學不外乎是對自身文化的一種持續性的意識型態的突襲，而且是帶來相當致命後果的那種；但是在維根斯坦看來，如果起意要把形上學的問題澈底排除，並宣告其為無意義，就無異於決定要文化自殺了。所以兩邊都認為對方必然需要再做進一步的釐清。只不過這共同的努力，事實上卻朝向兩個正好相反的方向。

於是，這幾年的維也納星期一會談就像一場拔河比賽，其中施利克這一隊想要把他們偉大的老師——而且是以老師據稱的提攜人弗雷格與羅素之名——拉過一條所謂的可檢證判準的界線；（施利克：「一個論斷的意義取決其檢證的方法。」）而拔河纜繩的另一端，一位神話般堅忍不拔的維根斯坦則聯合叔本華、托爾斯泰與齊克果一起抵抗著，希望趕快推翻這整個實證取向的隊伍。甚至海德格的名字也被扯進了論戰中。在某一次會談上，彷彿要給整個維也納學圈予以致命的最後一擊，維根斯坦說：

我大概可以知道，海德格說存有與恐懼是什麼意思。人類有一種衝撞語言界線的本能。譬如說，請想一下那為了「世界的存有」而感到的驚訝。這種驚訝根本不能以問句的方式加以表達，而且也根本沒有答案。我們可能說的一切，都先驗地（a priori）只能是無意義的。但即便如此，我們還是衝撞語言的邊界。8

快來保護海德格！這一步已經跨越最關鍵的防線了！

維也納的星期一聚會充斥著根本是怪異的互不理解。因此，我們實在有理由認定，在導師維根斯坦與他實證主義取向的自封的門徒之間，毫無疑問存在著哲學史上最奇怪也最引人莞爾的誤會。然而哲學研究者不但沒有順著這個明顯的情境喜劇彼此和解，反而從那時起，在世界上所有的哲學系所與學院中，幾乎是每天重新並且簡直惡劣地搬演這一齣劇。其過程大多形成兩個部族，一個是所謂的分析哲學族，另一個是所謂的歐陸哲學族，雙方塗上全套的戰鬥彩繪，互相指控對方從一開頭就沒有弄懂哲學究竟在研究什麼。

然而在近一百年之後，這個劇碼已經被重複過如此多次，現在頂多只適合當作鬧劇來看了。這組對立已經跟活的哲學沒有什麼關係，而且維根斯坦從一開始也是如此堅信。然而偏偏他的著作與影響，在這個學院部落戰的框架內，直到今天都還是主要的爭論據點。特別是在過去數十年所謂的維根斯坦研究裡，人們咬牙切齒地為書頁上每一公分爭奪著詮釋的主權，彷彿重點在毫釐不差地落實一位天才大師絕對無誤的建築藍圖，而不是秉持著盡可能通透的世界關係，獨立且自由地思考下去。好像哲學家是靈魂的工程師，而不是在沒有最後地基也沒有穩固天花板的開放空間中充滿創意的追尋者。

我們至少可以從維根斯坦一九二七至一九二八年轉行為建築師的過程中學到：他在思想中追求絕對精準的理想，無法純粹用數學或邏輯來加以表達。因為那種精準的理想同樣需要一種極度主觀的空間感，以及一種不容挑戰的自我定位，以便在此空間中找到自己與理解自己。無論作為哲學家或工程師，維根斯坦只有在這一點絕不退讓。就像他強迫維也納學圈的門徒再次好好考慮他們「邏輯實證論」的方法架構，儘管此時圈子中主要的聲音認為這套方法絕對堅實可靠，同樣地，他在昆德曼街當施工負責人也是這樣：一九二八年十一月，當建築已大致完工，清潔工作已開始進行時，路德維希「決定一個類似大廳的空間的天花板要再增高三公分」，因為依照他的感覺，那樣才是對的。而且關於他這個評估，並沒有客觀可理解的理由被記載下來。這又怎麼可能寫得出來呢？

此外，在這個住在維也納的冬天裡，顯然有一件事讓他感覺到越來越大的主觀確定性：他的哲學任務事實上還沒有結束。搞不好這個任務才正要開始。

崩潰邊緣【班雅明與拉齊斯】

「我經歷了一次精神崩潰（這個說法真好聽）；或者更準確地說，崩潰了一次又一次；每次發作之間的好日子只使得最後更糟糕……」[9]班雅明在一九二六年九月十四日在寄自馬賽（Marseille）

的信上說道。他懷著「幾乎不動筆」的意圖從巴黎搬到那裡去。他的狀況在這個秋天一樣很緊張，無論是在精神、社交或財務方面。他一直努力讓各方面穩定下來（或至少抱著這樣的盼望），但是一點頭緒也沒有。整個春天他以一種「橢圓型的生活方式」在柏林與巴黎之間來來去去。差不多在所謂的「箴言書」（Aphorismenbuch）完成的同時，也就是在六月中旬，他的父親去世了。班雅明在之前的兩年裡或多或少持續撰寫的這本書，本來要叫做《此路不通！》（*Straße gesperrt!*），這時則定名為《單行道》。[10]考慮到他在一九二六年秋天的生活處境，《死巷》也會是個很適切的書名。

無論如何，根據班雅明的判斷，這本新書（以類似編輯雜誌的方式集合了六十篇多半有自傳意味的回憶速寫）指出了一條通往新形式書寫與思考的道路。他認為這本書最重要的動力是來自一九二四年在卡布里島度過的夏天，因此他在扉頁有這樣的獻詞：

> 這條街
> 名為阿西亞．拉西斯街，
> 她正是這條街的工程師
> 在作者心中鋪就了道路。❶

❶ 編按：引文中譯見：《單向街》，陶林譯，二〇一五，江蘇鳳凰文藝出版社。以下引文不再加註。

這個歸功於拉齊斯的突破（打通），指的是把日常生活的物件當作哲學思維的首要出發點的這個轉向。不再透過理論或古典藝術品，而是直接以當代的物件與行為方式為例來探討所處時代的本質。主要目標是展示出「事物（及狀況）與大眾得以交互影響……的機制」。

《單行道》的第一段文字就明白顯示了這個新轉向的結果。這段文字的標題是〈加油站〉：在現有的社會條件下，

> 真正具有意義的文學的主要功能及其有效性……它們有另外的表現形式，其相應的影響力，必須在宣傳小冊子、雜誌文章和廣告海報中展示出一些不顯著的形式。與書籍千篇一律的精緻面孔不一樣的是，這些形式能較好地在社會生活中產生影響。[11]

而且其形式依照所捕捉的情境；一旦印在紙上，以文類來說就近似於傳單、小冊子或廣告標語。就像這本最新的作品中由班雅明所刻劃的一枚枚的徽章。作為標題，《單行道》內含了一種模稜兩可、讓人認出書中的每一個思想圖像或甚至當中每個文句（如果進一步觀察）都是文學的珠寶，邀請你做出極為不同的、理想情況下甚至互不相容的解讀。《單行道》聽起來一方面像是筆直往前方向清晰沒有逆向的車流，但也喚起完全是這個世代的生命聯想：一條致命的、無可閃避也沒有轉向可能的歧途。這是一個「失落的世代」的生命感受，如當時旅居巴黎的女作家葛楚・史坦（Gertrude Stein）在一次與海明威（Ernst Heimingway）的談話中所表達的那樣：他們迷失、長時間無法決斷，也正因為如此而傾向了極端。

此外，班雅明的思想圖像也被刻意設計成某種文學的曖昧圖形，類似於當時在完形理論（Gestalttheorie）與完形心理學（Gestaltpsychologie）中特別流行的那些圖案，依照所採取的不同視角，可以在不同時候呈現不同對象，譬如一筆黑線畫成的鴨子頭，下一刻又可以顯示為兔子頭的圖樣，使人的感官在這兩個認知之間難以區分地來回切換，以至於最後無法固定在其中一個詮釋上。只有能同時在這類圖案中同時認出兩種解釋的人，才算是「正確地」看到。這種「只有在彼此矛盾的選項間來回切換才真正顯現的身分」[12]的活動狀態，按照班雅明的設想，也是他以對象為中心的新書所寫的關鍵效果。確實，如果時代沒有欺騙他，那麼這種在兩個互斥狀態之間「自由切換」的閃爍動態，甚至是符合物理學最小粒子的矛盾的基本法則的（這些是組成一切存在物最終的粒子，也就是物理學家普朗克〔Max Planck〕所稱的量子）。

總之，以維爾納・海森堡、尼爾斯・波爾（Niels Bohr）以及馬克斯・玻恩（Max Born）為首的研究小組從一九二三年起已經研究出，這些量子同樣沒有固定可觀察的身分了。也就是說，量子難以掌握的本性就在於，依照不同的觀察角度，量子可以一下子呈現為波，一下子呈現為粒子，但是兩個狀態在任何狀況下都不會同時出現。這因此種依賴於觀察者的「狀態切換」，就是生成中的宇宙的基本運動。此外這個過程——海森堡與他的同事相信他們也證明了這一點——並不依照嚴格決定論的法則，最多依照統計隨機的法則來進行。所以，不只是社會存在的基礎，就連物理存在的基礎也是由一種無法去除的模稜兩可與不確定性所統治。

這種存在於一切事物中的存有模糊性（ontologische Unschärfe），正好就是班雅明的思想圖像想嘗試呈現的，辦法是對周遭的商品世界進行盡可能準確與深入其內在結構的描述。所以他轉向具體日常事物，並以此為反思的出發點，確實代表朝向唯物主義的哲學轉向，只不過不是馬克思或列寧的那種辯證唯物論。畢竟班雅明的重點完全不在於為客體中所察覺的矛盾指出可預見的調和。剛好相反。對他來說，認知到這種調和是不可能的才是要點所在。

班雅明在一九二六年用《單行道》裡這些微觀的小圖像，真正想要處理、並且用文學放大鏡加以檢視的「東西」，最終來說不外乎就是包括其整體變化在內的**歷史世界**。所以他這種毋寧應該稱為「有魔法」的唯物主義特有的魅力或甚至魔力，就在於透過訓練有素且銳化的描寫技術，「不斷深入到對象的內在之中」，直到這些對象「最終構成一個只在其自身之內的宇宙」——並因此使這整個永遠在片刻的救贖與永恆的詛咒之間危疑不定的**歷史過程**，能在這濃縮的描寫中得到一個簡直如單子一樣的忠實的寫照。

在潛入「此時此地」全然內在性的探索中，也要打開一扇通往救贖的超越性的窗戶。在班雅明這裡，這一道與此知識論（反）程序相結合的絕對命令是這樣的：

> 任務……不在於做一次終極的決定，而是在每個時刻上做出決定。然而做決定……進行最重要的事情時永遠激進，不求一貫——即使有一天我加入了共產黨，我也還是這個看法（至於是否加入，就看偶然的機運是否促成我最後的決定）。[13]

然而接下來理所當然沒有發生的，當然就是這樣的決斷。尤其是在他的生活中。早在一九二六年四月他就苦於嚴重的精神抑鬱。現在，在完成了《單行道》的計畫以及失去了父親之後（無論這個人對他有多麼重要），班雅明坐在飯店房間裡，看著地中海，具體考慮著自殺。恩斯特．布洛赫起初也跟他一起從巴黎去了馬賽。據他回憶，當時班雅明已經多次想到人生最後的選項了。自盡，最終極的決定！這個選項其實是一個人真正說來不能「選擇」的，因為根據班雅明的認定，自盡的前提是某種無條件的自我決定，其激進的特性使任何合理的後續結果都不可能。

然而事情畢竟沒有發展到這一步。班雅明沒有提前結束自己的生命，而是關在一個飯店房間裡三星期之久，閱讀勞倫斯．斯特恩（Laurence Sterne）的一本幽默小說《項狄傳》（*Tristram Shandy*）。這本總是自我嘲諷、偶爾無聊乏味的書，或許在一九二六年的九月末的日子裡救了班雅明一命。至少這是文學辦得到的事。

然而他的心情一直跟先前一樣黯淡。我們看到他十月初時再度返回柏林。如果有一位年長又關心他的朋友遞出申請，找他做「合夥」建築師，那麼班雅明，這位《單行道》的作者，或許立刻就會參與其中。然而他並沒有這樣的朋友，他的家姓也不顯赫。無論如何他在柏林的名聲不夠響亮，在巴黎更不用說：幾個月前他還在巴黎試著打進法國文壇的核心圈子，但也徒勞無功。

他還是沒有一本較大的書被印行上市。雖然校對稿已經印好、出版合約也已經簽訂了一年多，但是羅沃爾特卻暫停出版《愛的親合力》與那本談哀悼劇的書。《單行道》基本上也預計要在這家出版社出版，不過何時出版、如何出版以及究竟是否還要出版的問題，卻比任何時候都更不確定。班雅明生活中還持續進行的，就是普魯斯特小說系列的翻譯工作。只不過，因為他感覺到普魯斯特的藝術企圖跟他自己的頗為接近，以至於這個翻譯工作越來越造成他「某種內心中毒的現象」。14

終點站莫斯科？【班雅明與拉齊斯】

一九二六年十一月初，班雅明接到消息，阿斯雅．拉齊斯（仍是他一生最愛）同樣也遭遇了嚴重的精神崩潰。在顯著惡化之後，她住進莫斯科一家療養院接受治療。

莫斯科。冬天。精神療養院。就是這種組合特別讓班雅明覺得看到了個人危機的出路。當一個人陷入對自己的生命意義的嚴重懷疑時，還有什麼比去照顧另一個他所愛的人更讓能他重新活過來呢？尤其是當對方過得明顯比他自己更糟糕？此外，反正他也面臨了一個生涯的抉擇；他希望住到莫斯科能幫他更靠近最終的答案。莫斯科當時還是共產主義革命動盪不安的實驗室；在那裡，他將能用自己的雙眼看清楚這世界與他自己接下來會遭遇什麼情況。

不過他在蘇維埃首府裡既沒有可靠的連絡人，也沒有派得上用場的俄文知識。因此在阿斯雅以外，他唯一能信賴的人就是戲劇評論家伯恩哈德．萊希博士，也就是阿斯雅的生活伴侶。多年來，萊希已是莫斯科戲劇界備受肯定的一號人物，而且作為「無產階級作家協會」（Assoziation proletarischer Schriftsteller）的成員，他也是國家機器的官方代表；這正是班雅明為自己想像的另一條可能的出路。

一開始兩個男人同心協力，每天下午都坐在阿斯雅的床邊，為情緒極度不穩定的病人不時遞上蛋糕、紅茶、圍巾、肥皂、雜誌或者書籍。在萊希的提議之下，這些時間主要在多米諾骨牌遊戲中度過。儘管班雅明從一開始就幾乎沒有一分鐘能單獨與阿斯雅共度，但他起先還是擺出愉快的表情。尤其是萊希還在遊戲之餘的時間裡，大方地向他介紹體制內重要的場所、劇院以及文化機構。

在這個俄羅斯的百萬人大都市裡，班雅明作為一個主要靠眼睛觀察的人，首先得調整他觀看的技術，不只是因為「沒有暖氣的電車」的窗戶，在零下二十度以下的氣溫中永遠結上一層冰。更重要的是，因為「街道完全結冰」，人行道又非常狹窄，走起路來需要非常小心，以至於他幾乎沒機會抬起頭來，像個閒逛的人那樣四處張望。儘管如此，他從第一天起獲得的印象是如此強烈，以至於他相信這一切只能用流水帳形態的日記來捕捉：[15]有雪橇但沒有汽車；有破舊的夏季住宅但沒有多層的樓房，其種類與顏色如此豐富、不一致，堪比街上熙來攘往的小販與乞丐；穿著襤褸皮毛的蒙古人，販賣藝術紙花的中國人；在每個街角嚼著菸草的韃靼人，上方巨大的看板是革命的標語或列寧的肖像；莫斯科河（Moskwa）左岸有紅軍士兵在一座教堂與一處工地之間來回跑步鍛鍊身體，小孩們夾在他們中間踢著足球，腳上只有破爛的毛氈鞋……

至於把所觀察到的內容濃縮成思想圖像——這得等到日後才行。因為這裡「一切都在興建或改建中，幾乎每個片刻都會冒出關鍵的問題。公共生活中的張力（這些東西很大程度簡直具有神學的性格）如此之大，以至於一切私領域都被封鎖到不可想像的程度……俄羅斯再來會變成什麼模樣，完全無法預見。也許是真正社會主義的社會，也許是完全是另一回事，那決定終局的鬥爭仍在進行之中。」[16]

在列寧死後不到三年的這個冬天裡，史達林終於擊敗托洛斯基（Trotzki），奪下了大權。社會主義實驗開始轉向極權政治。十年內有數百萬蘇維埃公民死於這個政權之下：強迫遷徙、政治清洗、任意放逐、酷刑、古拉格集中營中的強迫勞動。這股帶來無邊痛苦的怒潮，即使事後觀之，也只有用神學範疇才能理解。

無論是觀光客班雅明還是萊希，當時對此都一無所知。儘管萊希在會面的第一個晚上就對客人坦白，「尤其在文化事務上，黨內反動的轉向」令他非常憂慮。情況很可能從一個極端短時間就倒向另一個極端。在一九二六年的莫斯科，這是一個籠罩一切領域的生活感受，讓所有圈子的人危疑不安，甚至在蘇共最高層的幹部間也不例外。不過這種澈底不可支配的情勢，不但沒有帶來解放性的決心與激進態度，反而（正如班雅明在自己身上所觀察到的）助長了一種虔敬的宿命傾向：「沒有一件事是依照起初的安排與人們的預期那樣發生——這本來是一句形容人的事情錯綜複雜的老掉牙的話，但它在這裡如此可靠與強烈地應驗在每個個案上，以至於你很快就能理解俄國的宿命論（Fatalismus）是怎麼回事。」17

然而此刻，如果往正面看，一切仍舊是開放的，一切都是新的，都仍在革命的運動中。到了第四天上，阿斯雅因為一件住房的事情與萊希吵了一架，我們看到過度疲倦的班雅明搬回了旅館：「我在房間裡讀普魯斯特，一面大嚼杏仁糖。」

住房在莫斯科（以班雅明的感覺已經是當時「世界最貴的城市」）似乎是生活中真正決定一切的問題。作為旅館房客，他很快也親身感受到了這一點。政府指派給萊希博士住處的室友顯然是個精神病患，因此萊希在接下來的幾個星期裡，大部分時間都到班雅明的房間同住。萊希睡在床上，睡時鼾聲非常大。班雅明則睡在阿斯雅專門為此準備的躺椅上。有可能也只是出於策略考量。不過在這種情境下，對競爭者班雅明來說，已經完全無法想像與阿斯雅私下相處的片刻了。在這種三角關係中，隱私也成了角力政治的手段。

他人的地獄【班雅明與拉齊斯】

班雅明在停留八個星期的期間所寫的文字，見證了一個非常荒謬的關係組合，其過程如此痛苦，即使今天的人讀來也能喚起椎心刺骨的感受。這本《莫斯科日記》（*Moskauer Tagebuch*）提供了永久的教訓：如果處在一個疑似共享的愛情裡，連本性善良的人也能互相施以莫大的侮辱：阿斯雅與萊希吵架，班雅明與阿斯雅吵架，萊希與班雅明吵架，阿斯雅與班雅明吵架——吵架的理由可以從女裝上衣的剪裁樣式、漏水的水龍頭、現金短缺、被認為升遷狂熱，一直到阿斯雅的女兒達嘉在市區邊緣一間公立的兒童之家即將無人照顧。不過吵得最厲害的還是關於共產主義下作家的角色、邁爾霍爾德（Meyerhold）最新上演的劇、布爾加科夫（Bulgakow）的劇場藝術、《大都會》（*Metropolis*）的最後一幕，或者「階級鬥爭」這個詞在一部蘇維埃百科全書中關於歌德的條目中至少應該出現幾次。有時他們一連數日互相冷戰，好幾次氣到心臟病發作，結果隔天晚上三人又毫無嫌隙地一起坐在劇院的二樓座位上。儘管班雅明一個字也聽不懂，但是透過阿斯雅在他耳邊小聲的同步翻譯可以大致跟上。在狀況特別好的時刻，他還能順便得到幾個吻。不過前提是阿斯雅有興致，而且看護者萊希有事不能來。所以次數屈指可數。「只有當你盡可能在許多面向上經驗過一個地方時，才算是認識這個地方。一個廣場，你必須曾經從東西南北四個方向朝它走來，才能擁有它，當然也必須曾經向這四個方向離開過它。」[18]班雅明於一九二六年十二月十五日在旅館房間裡寫下這段話時，萊希就坐在他旁邊。這個觀察同樣適用在人際關係的領域上。十二月二十日這一天，班雅明把城市與人做了明確的類比：「莫斯科此刻對我來說是一座壁壘；那侵襲我的嚴酷氣候（即使對我如此有益）、對俄文的無知、萊希的在場、阿斯雅十分受限的生活方式，這些也同樣都是一道一道的壁壘，我完全不可能向前挺進；阿斯雅的疾病，或者至少她身體的孱弱，多少讓一切與她有關的私事都變得不重要，而這一點使我不至於被那些壁壘完全壓垮。我能多大程度達成此行附帶的目的，也就是躲掉聖誕節假期極盡的憂鬱，至今還不知道。」[19]

十二月三十日時，這個問題也有了答案。這一天班雅明與阿斯雅一起去劇院看戲，當兩人站在一張節目單前時，班雅明坦白說：「如果今天晚上我得在某處獨自度過的話，我一定會因為痛苦而上吊。」

沒有框架的男人【班雅明與拉齊斯】

新年一開始，不只莫斯科的氣溫來到新低點，阿斯雅（她又開始一陣一陣地發燒了）在療養院裡也被指派了一位聒噪、熱情、談吐粗俗的室友。最不幸的是，她也講德文，所以任何談話她都立刻興高采烈地加入。萊希繼續住在班雅明的旅館房間裡；他已經把這裡當成辦公與工作的地方了。現在已經沒有吵架的餘裕了。情況太過惡劣，三位主角也已筋疲力竭。一月八日萊希發作了一次嚴重的心臟病，阿斯雅的情況也更糟了一些。班雅明在旅館房間裡越來越自我防衛。片刻之間，他突然痛苦地對自己有了清楚的認識：

> 我越來越清楚，接下來我的工作需要一個穩定的框架。翻譯當然不予考慮。另一方面，這個框架要建立起來的先決條件是要表態。我之所以還不加入德國共產黨（K.P.D.），完全是出於表面的顧慮。現在看起來時機正確，再錯過也許是危險的。因為入黨很可能只是階段性的，所以並不適合推遲下去。所謂表面的顧慮是（現在仍舊是）能不能靠密集的工作，在議題與經濟上如此包裝一個左翼的外圍崗位，得以確保我在目前的工作圈子裡繼續進行廣泛創作的可能性。然而這樣的創作能否過渡到一個新的階段而不至斷裂，就真的是個問題。而且即便如此，這個「框架」也仍然需要有外在條件的支撐，譬如一份編輯的工作。無論如何，接下來的時期與前一個時期的差異，以我的情況來說，似乎就在於情欲元素的決定性減弱了。我之所以意識到這一點，一定程度來自於我對萊希與阿斯雅關係的觀察。我注意到，萊希在阿斯雅一切情緒起伏面前都非常堅定，遇到她那些會讓我崩潰的行為方式也不太受影響（或者說看來如此）。即使只是看起來如此也很可觀了。關鍵就在於他為自己在此處的工作所找到的「框架」。[20]

這一段話總結了班雅明在一九二〇年代末的生活處境。修道院之於維根斯坦所代表的意義，就跟共產黨之於班雅明是一樣的。在毫不留情的自我坦白中，這位社會與經濟階級下跌的個人主義者一下看到自己欠缺的成熟過程，一下又赤裸裸地打起機會主義的算盤。如果所做的決定真的沒有最終理由的話，那麼至少也要帶來利益吧！於是激進的務實主義成了選項，「編輯職位」這種中產市民的白日夢從意識中隱約飄出。什麼都好，就是既有的狀況不要再持續下去了！三十多歲的班雅明不得不意識到，他在生活中沒有任何支撐，甚至連生活本身都沒有。就連阿斯雅與萊希都比他好。他們至少還有彼此，此外阿斯雅還有共產主義的使命，黨幹部萊希還有他頻繁開會的日常行程：

> 繼續考慮：入黨嗎？有顯著的好處：職位固定、還有一點（哪怕只是虛幻的）權力。與其他人的連繫有組織、有擔保。但壞處則是：在一個無產階級當道的國家當共產黨員，意味著完全放棄個人的獨立性。也就是說，得把安排自己生活的工作交給黨……然而只要我還在旅行，幾乎不可能考慮加入共產黨。[21]

就繼續旅行吧。這一直是班雅明最愛的選擇。不論在一九二七年冬天還是日後的任何時刻，他都沒有加入任何政黨。最後是追求獨立的意志獲得勝利，因為他深知那是自由思想存在的可能性的前提。他在一九二七年一月三十日離開莫斯科。他與阿斯雅在一起的最後幾分鐘就像《齊瓦哥醫生》中充滿情感與矛盾的一幕：「對她的不滿與對她的愛在我心中像狂風一樣快速翻轉，最後我們彼此告別，她從搭電車的平台往下看著我，我則留在原地，不，我在考慮，是不是應該跳上車，跟她一起走。」

一人派對【班雅明】

這種深刻的失落感伴隨著班雅明回到巴黎（或其實是班雅明追隨這股失落感？）。幾乎整個春天他都在「寒酸、狹小、狀況極差」的旅館房間裡度過，「除了一張鐵床」與一張小桌子以外幾乎什麼都沒有。「適應困難，問題重重，工作多到做不完，少到賺不了錢。」他於一九二七年四月九日給尤拉·柯恩（他這幾年當中第二個最愛的女人）的信上寫道。他跟以前一樣積極地對她獻慇勤。

巴黎這些年的主流是安德烈·布勒東（André Breton）、崔斯坦·查拉與路易斯·布紐爾（Luis Buñuel）、讓·吉侯杜（Jean Giraudoux）與路易·阿拉貢（Louis Aragon）、詹姆斯·喬伊斯（James Joyce）與恩斯特·海明威、葛楚·史坦與畢卡索（Picasso）、F·史考特·費茲傑羅（F. Scott Fitzgerald）與薩爾達·費茲傑羅（Zelda Fitzgerald）、約翰·多斯·帕索斯（John Dos Passos）與威廉·卡洛斯·威廉斯（William Carlos Williams）、阿娜伊斯·寧（Anaïs Nin）與可可·香奈兒（Coco Chanel）。這裡是超現實主義（Surrealismus）的搖籃，《尤里西斯》（*Ulysses*）（一九二三）、《太陽依舊升起》（*Fiesta*）（一九二五）以及《大亨小傳》（*Der Große Gatsby*）（一九二六）一部分的誕生地。此時的巴黎是前衛藝術的實驗場，是創造力匯聚之地。這裡不只是文學世界精神的住處，每天清晨它甚至顛狂地在歡慶與舞蹈中降臨——至少文學要角們是這麼報導的。從特里亞農劇院（Trianon）或麗思飯店（Ritz）一路穿過整個蒙帕納斯區（Montparnasse）都是如此。每個星期六葛楚・史坦都在弗勒呂街（rue de Fleurus）自宅辦「開放參觀」（open house）的活動，對每個願意聽（或不願意聽）的人說，她自己，而不是喬伊斯，才是這個時代真正的天才。即使有少數人半夜兩點就想離開，也會在回家的路上碰巧遇到如此多的朋友與認識的人，以至於聚會不可避免地要延續到次日中午。班雅明基本上都不在其中。一九二〇年代中期，在便宜的法郎匯率的吸引下，光是美國就有二十萬人住到巴黎來。[22]他們大多年輕、喜歡熱鬧，而且多少對藝術感到興趣。遠離家鄉，又有便宜到荒謬的匯率做後盾，他們玩樂起來毫無顧忌。

確實，班雅明三不五時也會在巴黎某間「性交大舞廳」（Tanz- und Bumspalast）墮落一下，而且作為適度的白酒愛好者（這一點他一輩子都沒變），他甚至有兩三次也跳起像小犢牛屈膝那樣的舞步，還因此引來了兩個對妓院方面特別熟悉的文學同行法蘭茲・赫塞爾（Franz Hessel）以及唐克瑪・馮・明希豪森（Thankmar von Münchhausen）的嘲笑。但這只是例外。因為法國法郎雖然弱，但還沒有弱到班雅明可以在情色方面縱情歡樂的程度。然更重要的是，即使班雅明對買春的冒險與賭博有一定的癖好，但最終說來其實與狂放的尋歡客正好相反，他甚至連有半吊子魅力的浪子比不上。要是把他於一九二六與一九二七年在巴黎度過的春天想像成一齣充斥著香檳、社交沙龍與情色冒險的海明威風格的仙女劇，那就大錯特錯了。在狀況較好的時候，他一起床——在還沒梳洗與吃喝任何東西之前——就埋首翻譯普魯斯特好幾個小時，或者為《法蘭克福日報》（*Frankfurter Zeitung*）或《文學世界》（*Literarische Welt*）撰寫有酬勞的書評，然後在完成當日的工作量之後，當天剩下的時間他就盡可能不花錢地在巴黎的大街小巷間閒逛，留意有沒有新來的、他還不知道的、小巷裡的中國人能提供還過得去的超值套餐。

雖然他的法文流利，大致上毫無錯誤，但畢竟是使用外語，他的表達意志所要求的標準又特別高，所以他從來不覺得他的法文夠用。如果他與巴黎當地的文學人士約見面，通常都會立刻獲得同意，只不過靠的從來都是記者這樣工具性的角色。如果以作家的身分，則是從來不曾建立起長久或哪怕只是有用的連繫。至於他對熱鬧活躍的英美作家圈子，似乎從來沒有顯示過最起碼的興趣。他不讀英文書，也不會講。儘管如此，他興趣的這一塊空白並不尋常，幾乎有點敵意抗拒的意味。可能的原因是，他的妻子朵拉主要就是靠英美文學作品的翻譯工作來賺取自己與他們兒子的生活費。朵拉在一九二七年六月時曾帶著史帝芬來探望他，雖然打斷了他的工作，但他很高興。除此之外，班雅明覺得他的才能在這十年裡遭到兩座黃金般的世界大城可恥的拋棄（「柏林是個很棒的樂器，前提是你得拿來吹」❷）。

「我現在就已經覺得非常孤單了，而且十四天後我在這裡將完全是孤單一人。」他在七月寫信對舒勒姆說。後者此時正從耶路撒冷出發（他已在一九二五年成立的希伯來耶路撒冷大學教書了一段時間），正要到倫敦與巴黎進行考察旅行。暌違四年後，兩人預計在一九二七年八月首度重逢幾個星期。班雅明為自己困窘的處境感到羞愧，也因為舒勒姆「明顯展示的自信」而膽怯，所以一開

❷ 譯註：雙關：你對它嗤之以鼻。

始對於重逢感到畏懼，不過整體來說，兩人再度見面的過程是正面的。他們大多於傍晚在蒙帕納斯大道（Boulevard Montparnasse）附近的咖啡店碰頭，「多摩咖啡（Dome）與圓頂咖啡（Coupole）」是班雅明最愛的當地店家。這些年來舒勒姆已經找到了他的框架，班雅明一直還在醞釀當中。此時他開始進行做一個新計劃，主題是巴黎的購物大街，預計要與《單行道》中主要位於柏林的各式思想圖像形成某種互補。舒勒姆回憶，「他當時說，這本書再幾個月就能完成。」他在咖啡店裡對朋友朗讀的不到五十頁的手稿，就是這本《拱廊街計畫》（*Das Passagen-Werk*）的雛型。後來的十年裡他一直在寫這本書。但這本書將永遠停留在——一部巨大的——斷簡殘篇的狀態。

班雅明對舒勒姆講莫斯科的狀況；舒勒姆（他清楚知道班雅明困難的生活處境）則告訴他耶路撒冷的事，說到猶太民族新創建的國家，以及新成立的大學在鞏固猶太認同的工作中預計扮演的角色。碰巧尤達．里昂．馬格內斯（Judah Leon Magnes）（耶路撒冷大學校長，而且還會說流利的德文）也在巴黎停留。於是舒勒姆安排了會面：據他回憶，「我們三人就這樣聊了兩個小時；談話中班雅明（他對這次會談顯然有周全的準備）用出色的陳述方式說明了他的思想狀態，準確地表達了他用希伯來文研究猶太文學經典的願望，不是用文獻學的方法，而是從形上學的角度切入，同時還表明，若有可能的話，他願意前往耶路撒冷，不論只是短期或者長期。……他願意把他創造性的作品獻給猶太文化……」[23]

他又來了，多麼矛盾的片刻，從一個極端翻到另一個極端：永遠激進，不求一貫！舒勒姆於段落結尾處圓融地說：「連我都為他堅定與正面的表達形式感到驚奇。當然他這些想法之前也已經在不同場合說過很多次，當中我也有一定的貢獻。」

當晚班雅明就向馬格內斯確認，他願意前往耶路撒冷一年，以便全力投入希伯來文的學習——當然，前提是校方願意負擔財務問題。當晚最神奇的轉折或許是，馬格內斯相信班雅明說的每一個字，還承諾會用他的力量來促成此事。他唯一的條件是，需要提供班雅明著作的書面評審，而且最好是由知名的權威學者來進行。突然間，在班雅明的面前打開了一個具體的生涯展望。如果莫斯科行不通，那就去耶路撒冷。一年之前他不是才在信上對舒勒姆說過嗎？他要讓偶然的機運來幫他做出最後的決定。

柏林的情況也突然朝著正面發展。他的著作終於要在一月由羅沃爾特出版了！班雅明於十一月時回到柏林，以便親自追蹤出版的過程。雖然他先是因為黃疸病臥在床三個禮拜，但這段空閒剛好夠他考慮有哪些聲望最高的審查人選。為了耶路撒冷，為了一段有框架的新生活！

霍夫曼斯塔是他多年來唯一始終不渝的仰慕者，可以設為評鑑人的首選。至於第二份評鑑，如果可以安排連絡的話，應該由卡西勒來執筆。不過障礙並不小。因為到了一九二八年三月時，班雅明連第一步都還沒跨出去，甚至還以典型班雅明的風格揣測有很多人密謀要對他不利。就像他對舒勒姆所說的：「卡西勒評鑑的重要性對我來說毋庸置疑，但是你也看到我的表兄弟威廉・施特恩在漢堡顯然對我不懷好意。而且瓦爾堡身邊至今都是一團迷霧，沒有人看得清楚裡面能冒出什麼來。我若得知卡西勒對我的評價如何，再告訴你。」[24]

卡西勒對班雅明評價如何？真是個好問題。

大海上【卡西勒】

卡西勒在一九二七年十月三十日順手寫下了一段自我觀察：這段話若是當作他整體哲學性格的寫照也無不可。「我需要說的東西，我全都能表達出來，沒有任何困難。」他在從倫敦寄給妻子的信上說。你可以在維根斯坦、海德格與班雅明的日記、書信裡無止盡地翻找，但是絕不會看到一句類似的話。在語言的邊界與世界的邊界的問題上，卡西勒思考的一直是可能性而非不可能性。

他這種欣喜的訝異，具體說來與他抵達帝國首都之後很快就進入狀況的經驗有關；他的適應之快令人訝異。為了準備國王學院的邀請，除了只在出發前幾星期私下找人學了幾個小時之外，他這輩子從未說過一句英文。抵達幾天後，在十一月三日，他就信心十足地告知妻子，「毫不費力就能聽懂學者們所說的話」。這位哲學家是使用符號的天才。

事實上在一九二七年這個秋天，世界上也許沒有人比卡西勒（在最廣的意義下）流利使用更多種語言。因為卡西勒認為他的哲學真正的任務，就在於盡可能精熟掌握大量「語言」，並讓它們互相闡明。不只英文、法文、梵文或中文，尤其也包括神話、宗教、藝術、數學，就連科技或法律對他來說也都是語言，各自有完全屬於自己內在形式與形塑世界的力量。因此他認為，《符號形式的哲學》的目標不是別的，正就是讓目光「朝向理解世界的一切方向」，並且為每個不同的世界形構（Gestaltungen zur Welt）大致上標示其專屬的特定折射率（Brechungsindex）。〔符號形式的哲學〕想要認清這些折射率各異的介質的本性，也要洞視這些介質各自的內在屬性和結構法則。[25]

一九二七年秋天，隨著《符號形式的哲學》第三卷第一版的完成，卡西勒的這個計畫也終於告一段落。一般所謂的正常人如果完成了這種畢生的巨著，一定會心力交瘁或者至少生一場大病。但是卡西勒只是繼續他的日常工作。這個秋天裡他唯一為此犒賞自己的，就是上述英國和荷蘭為期兩星期的演講行程。他隻身前往，沒有帶小孩或太太。因為東妮在九月被一輛汽車撞到，一連幾個月都需要密集的復健與物理治療。

卡西勒從漢堡搭乘〈紐約號〉（New York）客輪前往南安普敦（Southampton），並在船上為東妮報導了旅行的見聞。[26]住進「奢華與舒適之極的船艙」才幾分鐘，他就感到強大的衝動，真想從南安普敦「一路乘船到紐約去」。難以想像的是，卡西勒竟然沒注意到，在他的哲學計畫形式與搭乘遠洋蒸氣船的旅行之間，有一個近乎完美、富含寓意的一致性。畢竟不過幾天前，他在他的主要著作第三卷的導言最後一段裡，還曾經特別把自己形容為一個在符號形式的世界海洋上充滿好奇的發現者：「只不過我們可以要求，這個『環遊世界的旅行』也要把智性世界（globus intellectualis）真實的整體包括在內」。

並不是從尼采的呼籲「上船吧，各位哲學家們！」開始，海洋的隱喻才首度在哲學思潮中出現。海洋作為可移動的、環抱整個地球的暫時性空間（Raum der Vorläufigkeit），對於當前知識生產幾乎看不見全貌、更遑論掌握的動態而言，正好是最適合的象徵。特別是在一九二〇年代，一種與知識擴張相關的、文化決定性的、腳下彷彿再也踩不到地板的感覺，以同樣的力道席捲了經濟、藝術、政治與科學等領域。就連物理與邏輯都遭遇了根本性的危機，一切為人類知識大廈提供堅實與無矛盾基礎的努力也遭到嘲笑。維也納學派最重要的成員之一的紐拉特，也許是對維根斯坦降神帶來的幻滅有所感觸，很快就為他們的哲學處境做了如下的形容：「我們就像一群得在大海上改建船隻的水手，從來沒有在船塢裡好好拆解、並用最好的零件重新打造船隻的機會。」27

在暴風眼中【卡西勒】

「臨時的、稍縱即逝的、偶然的。」波特萊爾不過在幾十年前指稱的這些現代性的核心特質，現在哲學也完全具備了。並不是檯面上的所有主角都覺得充分擁抱這種新的存在感受是容易的事。如果一個水手所過的日子要長期保持愉快，還要能平靜度過每一場風暴，那麼最有可能的狀況就是待在一艘現代的遠洋蒸氣船上。卡西勒現在就在這樣一艘船上，而且他帶著如孩童般的好奇心開始到處勘察船的內在結構與運作方式，彷彿眼前這艘蒸氣船本身不外乎只是一個象徵形式，也就是存在於世界上的一種方式。

在船上待了六個小時之後，他就「參觀了從上到下的一切，就連三等艙我也去過了，也請一位很快就結識的『朋友』幫我介紹與解釋了種種細節。即使與頭等艙不可置信的奢華形成顯著的對比，但是這裡的一切也是舒適與狀況非常好的。」卡西勒完全沒想到，在三等艙之外船上可能還有其他他沒看到的床位，就像他不會想到去調查偷渡客或船上廚房裡的老鼠一樣。就在其他同時代的觀察者，譬如布萊希特把遠洋蒸氣輪當成是絕佳的背景，讓屬於這個時代的「上甲板與下甲板」之間的巨大社會落差清楚浮現時，[28]卡西勒卻請一位「朋友」為他介紹三等艙的環境，並大致放心地判斷：「基本上狀況非常好！」

他自己住在「幾乎是船上最高的部分」，而且「有電梯可以搭乘」。他描述在頭等艙旅遊的感受「相當不真實」，特別是輪船前進時「非常安靜」，有時會讓人「完全失去船在移動的感覺」。即便當半夜有風暴在北海肆虐，而且風力如此猛烈強大，以至於「所有近親好友都帶著快哭的語調打電話給東妮．卡西勒」時，她的先生卻再度地展現了他不受風雨影響的絕佳範例：

……將近凌晨三點時（我被）狂風的呼嘯聲給叫醒了……這裡半夜的風暴是什麼聲音，妳一定不難想像。由於我無法立刻再度睡著，就讀了一會兒書，然後我又累了，便一路睡到早上八點——也算是非常不錯的成績。我一點暈船的跡象都沒有……儘管浪打得非常高，但是輪船的航行一直都平靜得讓人讚嘆。[29]

這幾行文字再度證明，卡西勒是大海哲學家當中無可爭議的豪華郵輪。再怎麼強烈的暴風也無法奪去他的平靜，更不可能讓他偏離航向。

重大事件法蘭克福【卡西勒】

一直到一九二八年六月，當卡西勒也逐漸達到他國際影響力的高峰時，我們才首度發現他似乎也對自己的生涯有了某種動搖。法蘭克福大學（Frankfurter Goethe-Universität），一間跟漢堡大學一樣仍處在建設階段的年輕學校，對他發佈了聘任的邀請，而且校方明確期望（甚至是要求）他「重新改造整個哲學系」。[30]這是一個非常難得而且前景極為看好的機會，薪水也非常高。卡西勒立刻知會了漢堡校方高層關於他接到聘任邀請的事。他要在七月中做出決定，並完成與法蘭克福和漢堡兩方面需進行的交涉。

這件事情牽連重大。尤其對漢堡這座漢薩城市（Hansestadt）、對瓦爾堡以及他圖書館的「館員陣容」而言。也許因為對自己的研究活動的當前發展與後世名聲感到憂慮，瓦爾堡決定在《漢堡外事報》（*Hamburger Fremdenblatt*）上刊登一篇公開信，標題是「恩斯特．卡西勒：為何漢堡不可以失去哲學家恩斯特．卡西勒」。最晚在這篇呼籲見報的同時——瓦爾堡還把公開信影本寄給「全德七十位深具影響力的人士」[31]——這位德國此時最受矚目的哲學家的爭奪戰就此成了公共事務，甚至是政治事件了。很快地，兩邊市長都親筆撰寫爭取的信件，介入了這次聘任程序（「請您到法蘭克福來吧！法蘭克福有得天獨厚的地理位置，有優秀的文化傳統，有思想活躍與內心自由的市民，請幫助我們也讓法蘭克福大學獲得其應有的地位與重要性吧！」）。[32]

瓦爾堡也在所有方面上積極連繫，譬如他請法蘭克福歌德大學方面負責招聘的學監（Kurator）庫爾特．里茲勒（Kurt Riezler）再三考慮，卡西勒如果離開，那麼他「經過辛苦奮鬥，已在北海岸艱困的土地上紮下的根基」[33]將受到何等嚴重的破壞。另外在財務上——瓦爾堡在這方面也毫不示弱——漢堡完全有意願也有能力回應法蘭克福的出價。不過這是否足夠把卡西勒留在漢堡呢？因為漢堡儘管有許多地方備受讚譽，但是學術聲望在當時（就跟現在一樣）卻不是其中之一。

此時卡西勒開始理解到，自己遠不只是一個學院哲學家。他是自由進步與共和思想光彩奪目的象徵，這在當時德國重要思想人物之間絕非理所當然的事。尤其他作為仍在世的最重要的新康德主義者，作為赫爾曼．柯亨的學生，作為關於康德與歌德作品舉世聞名的權威，還是德國猶太愛國主義的指標性人物。相較之下，在法蘭克福嘗試就職卻慘遭挫敗，在漢堡試著登陸又完全擱淺的班雅明，在這個脈絡下就顯得相當諷刺。他透過霍夫曼斯塔的牽線，把在羅沃爾特出版社上市的《德國悲劇》一書親自寄到漢堡給潘諾夫斯基。不過他收到的回覆（也是透過霍夫曼斯塔轉交）如此冷漠，以至於班雅明甚至不得不向他的介紹人再三道歉，竟為了一件如此希望渺茫的事情麻煩了他。

如果班雅明希望加入瓦爾堡學圈的請求被接受的話，他的生涯發展會是什麼模樣呢？他將不會前往巴黎，而會跟學圈其他成員一樣，早在一九三〇年代初期就已流亡倫敦或美國。日後大概不會依賴由阿多諾與霍克海姆主持的社會研究所（Institut für Sozialforschung）的財務支持，並在寫作上受其影響。

不過，就德語區哲學的未來走向而言，更有意思的猜想是：如果卡西勒真的接受了前往法蘭克福的聘任，以便在那裡完全按照自己的理想，從無到有打造一個哲學系的話，那會發生什麼事？如果是由他作為主導路線的人物，那麼法蘭克福還會產生所謂「批判理論」或「法蘭克福學派」這樣知名的特色嗎？就是那個在一九六〇年代初期把——不是別人，恰好就是——班雅明宗奉為聖人般的創始人物的法蘭克福學派？

總之，卡西勒這位在語言多樣性大海上的領航人，留在船上了，維持了他對漢堡、對瓦爾堡的忠誠，而且最主要的，也忠於他自己愛好連續性的本性。一九二八年七月底，他把最後的決定知會了所有人。與此決定相關的代價——或者說禮物——則是漢薩城市的文化與政治生活的重要性得到更高的提升。

這些聘任協商開始的同時，也許是為了從側面施加影響，卡西勒被邀請在漢堡市政府前在威瑪立憲十周年的慶典上發表演說。按照一般的看法，這是一個很棒的點子。不過他的妻子東妮力排眾議。首先，那樣的話，他們期待已久的瑞士恩加丁（Engadin）夏季假期可能就得整整延後兩星期。不過更重要的是，因為她（由於她身體長期病弱，因此有別於她的先生，對人身性命的威脅特別敏感）考慮到當時的政治氣氛，認為任何太過突出的公開表示都是不智的，甚至完全是危險的。尤其是作為德國猶太人。她已感覺到有一個前所未見的猛烈風暴即將到來。然而她的先生並不擔心這些。而且就算擔心，他也認為自己足夠堅強，能在他的守護神的救助之下，再一次成功地度過風暴。

個體與共和【卡西勒】

這件事情安排得很狡猾，也無法不如此。畢竟講者——他頂著滿頭的教授白髮、身披學院大禮服，正跟其他受邀的貴賓一樣唱著德意志之歌（Deutschlandlied）第三段——的企圖可不小：他要把在全歐洲通行的關於共和政體的法治國（包括其起源與形成）的主流論述，在四十五分鐘內整個顛倒過來。

如果要避免重大爭議，就必須援引多種聲音，佈設多條線索，尤其是只請出最尊貴的意見權威來。對卡西勒來說，這些權威就是：萊布尼茲——康德——歌德。不光是為了這一天，而是在他全部的精神生活中都是如此。他確信，一個文化只需要這些就足以長期保持健康，德國文化尤其如此。但是如果這個精神遺產遭到廢棄與鄙視，就會敞開野蠻的深淵。

有這麼多德國人對威瑪共和抱持懷疑，排名第一的原因還不是這個體制的功能不彰。確實在成立將近十年的期間裡，到一九二八年八月為止，共和國已耗損了足足十位總理，然而就在過去兩到三年內，經濟無疑是好轉的。這個偉大的一戰戰敗民族對於威瑪共和的真正反感是來自於文化記憶：主流論述認為民主共和國的體制，根本來說是從一戰戰勝國輸入的理念：美國（獨立宣言、權利法案）、法國（法國大革命），以及歷史上較為親近的英國（大憲章）。甚至瑞士也有他們的「魯特利山谷牧場宣誓」（Rütli-Schwur）。相對而言，德國在民主創建的神話方面是一張白紙。由此看來，威瑪憲法並非禮物，而是德國歷史的意外事故，是戰爭結果造成的持續性附帶傷害，此外其組成與運作也深受凡爾賽和約的賠償條款所拖累。因此，從德國本身固有的歷史看來，一個真正自主自決的德國有很多可能性，但基本上不會是共和體制。這樣想的人甚至包括現任的威瑪總統暨前任陸軍元帥興登堡本人。所以威瑪的問題，首要是歷史形成的自我形象問題。在這場於漢堡市政廳發表的演說中，卡西勒一開始就從這個傷口切入。畢竟，如果一個哲學家不相信，主宰與推動我們當代世界的重大的歷史政治問題，最終可以代換為人類精神的普遍、基本問題，那麼這樣的哲學家還有什麼價值呢？（系統哲學就是研究這些基本問題，也在哲學史的進程中不間斷地為其解答而努力。）[34]

至此這個巧計的第一部分已經完成了。歷史被偷偷換成哲學的歷史，而且這個歷史，作為政治性的歷史，最終來說永遠圍繞著相同的幾個系統性問題：個體與所屬群體之間正確的關係是什麼？「真正的自我決定」與「自由公開的理性運用」的關係為何？哪些權利是每個理性存有者就其自身而言，不受任何限制皆應享有的？對於忠誠擁護威瑪共和的卡西勒來說，這全都是德國問題，至少在當代哲學史的範圍內是如此。問題的框架設好之後，再靠著對原典精確的解讀，簡直不容否認地證明，「在主要的歐洲思想家當中，第一個在奠定其倫理學、國家理論與法哲學的基礎時，極力強調且無比堅定地主張『個體享有不可讓渡的基本權利』的原則的人，不是別人，正就是萊布尼茲」[35]。然而直到當時（以及今天），未曾有人說過這位系統哲學家懷有任何特別接近民主的思想。

而且萊布尼茲偏偏還是個貴族哲學家！用同樣的可信度，你也能從古斯塔夫．施特雷澤曼❸的大禮帽中變出一隻德國大野兔！

文獻魔術師卡西勒也特意提到，這段相關的、此前的萊布尼茲研究者幾乎不覺得值得一提的文字，出自一篇討論奴隸與農奴的法律地位的論文，而且該文並未質疑奴隸制度本身，而是同意這些

❸ 譯註：威瑪共和政治人物，當時的外交部長。卡西勒演說時，他可能就在台下聆聽。

奴隸主體擁有一定的無條件的最低權利。

這些最低權利距離現代法治國家有選舉權的主體，中間還好幾大步要走。根據卡西勒，這些也都實實在在發生了。萊布尼茲的倡議，經過窩爾夫的推介❹，影響了整個歐陸的政治哲學，然後又透過英國法律哲學界與窩爾夫的讀者威廉．布萊克斯通（William Blackstone），對一七七六年的美國獨立宣言發揮了非常直接的影響，而後者又成為法國的國民議會的榜樣！

卡西勒雖然沒有用歷史文獻詳細引證這個過程，但無論如何，這是一個簡明扼要的德國的反主流論述，而且在一九二八年八月十五日這一天，理所當然地援引了康德作為其啟迪思想的最高點：

康德在一七八四年，也就是法國革命爆發的五年前所著的《在世界公民底觀點下的普遍歷史之理念》（*Idee zu einer allgemeinen Geschichte in weltbürgerlicher Absicht*）一文中指出，人類政治史的目標就在於獲得一個內在完美的（因此也必須外在完美的）國家憲法。康德繼續說，「儘管這個國家的身體目前仍處在十分粗糙的藍圖階段，不過在所有肢體裡彷彿已有某種知覺開始萌發（且每一肢體都重視整體的存續）；這給予我們希望，希望在幾次革命改組後，那自然所意欲的最高目的——即一個普遍的**世界公民的狀態**，作為讓人類一切原初事業得以開展的懷抱——有朝一日能夠實現。」所以當康德十年之後在《論永久和平》（*Zum ewigen Frieden*）

❹ 譯註：克里斯蒂安．窩爾夫（Christian Wolff），在萊布尼茲死後（一七一四年）與康德的批判哲學問世（一七八〇年代）之前，德國最具影響力的哲學家。

這篇論文中為永久和平決定第一條確定條款時，並不是根據外在的世界性事件，只是重複了他自己原先的要求：這個條款是，在每一個國家中，屬於市民的憲法應該要採共和體制。因為唯有這樣的憲法，根據康德，才符合「原初契約」的理念，而一個民族所有的法律制定最終都必須建立在這個理念之上。[36]

於是美國憲法、法國大革命、威瑪共和，全都被放到一個新的、全然德國的基礎上！而且不只如此，就連在德國國內廣受爭議的國際聯盟（德國在許多艱難的交涉後才在兩年之前被允許加入）也一體適用。所以這個哲學史的小魔術，儘管架構很具爭議，但是被卡西勒在這個慶典上如此優雅宜人地施展出來，以至於沒有任何人覺得有問題。甚至在場的人把演說的內容當成最理所當然的說法，報以熱烈鼓掌，特別是當卡西勒講到真正的歷史教訓的時候：

> 我這些觀察所要告訴各位的，是這樣一件事實：共和政體的理念在整部德國思想史上，絕對不是外來產物，更談不上是外部入侵，而是在德國自己的土地上成長，並透過其最內在的力量——也就是透過觀念論哲學的力量，而茁壯起來的。……歌德說，「歷史帶給我們最好的一件事，就是它所喚起的熱情。」所以，深入研究共和政體的理念史，不應該只是一種倒退的心態，而是也能讓我們更加確信，昔日使共和政體誕生的力量，也將能為它指引未來的方向，並盡力幫助它實現未來。[37]

說完後，卡西勒在如雷的喝采聲中走下講台。性情本來就容易激動的瓦爾堡（此時自然也在鼓掌之列）甚至認為這篇演說就是「德意志共和大憲章的前言」，也就是「目前這個可憐的、一直無法滿足其自由飢渴的德國」現在最需要的東西。他再度請卡西勒允許他印製演說的單行本。[38]

只有東妮．卡西勒連在這個節日上也保持懷疑的態度。她日後回憶，「總之，在漢堡市政廳的慶典結束後，『深受感動』的人並不多；會相信的人一直都是那些本來就渴望相信的人。要喚醒當時的德國，你需要其他的手段，只靠恩斯特慣用與願意用的那些是不夠的。」[39]

這個評估，當時的班雅明與海德格一定也會同意。不過卡西勒夫婦在當天晚上就登上了前往瑞士高山的夜班火車。這一次仍是去享受應得的假期。

蓋房子【海德格】

一九二七年十月，海德格還在等柏林的教育部給他明確的消息。雖然《存有與時間》在發表後的短短數月就獲得了極大的關注，並在各地被視為不折不扣的重大事件，不過聘任他接下納托普的遺缺、馬堡哲學系講座的決定，卻一直沒有下文。十月十九日，這封信終於來了，讓海德格鬆了一口氣。這幾天他在梅斯基希他哥哥的家裡——母親於年初死後有一些事情仍待處理，同時埃爾芙利德帶著孩子們留在山上的小木屋裡。他們一家在馬堡的住處與托特瑙山的小屋兩地之間來回奔波已經三年了。這不是可以持續下去的狀況，尤其兒子們也到了要上學的年紀。

隨著被聘為正教授，海德格在生活的安排上也有了全新的選擇空間。「昨天在電話中聽妳的聲音，我注意到妳真的很高興。部長的決定是客觀公正的，是一個可喜的訊號。教育部一定也感到解脫了吧……在我接任納托普的位子之後，胡〔賽爾〕手上現在有一張完全不同的王牌了。……海德格驚人的好運氣看起來還沒有完全用盡。……我們真的可以喘口氣，可以高興一下子了——尤其是『房子』不用只是停在規劃階段，連實現的可能性也有一些頭緒了……」[40] 小胡蘿蔔馬丁於一九二七年十月二十一日寫給他的小心肝埃爾芙利德。如果依照這對夫妻的願望，馬堡只不過是一個必要的中途站，目的還是要跳回弗萊堡去，因為明年胡賽爾就要退休了。儘管胡賽爾準確地了解這位頭號門生的離經叛道與獨立性，但他還是只希望海德格接自己的位子。

精靈時代【海德格】

小孩生了，書也寫了……依照一種對海德格顯然也適用的「人生三大事」的標準，現在他只缺蓋棟房子就達成人生使命。尤其是以三十八歲的年紀來說，他開始覺得自己是個真正的大人了。這樣一間房子，如果真的要算是自己的，對他來說只能是家鄉的房子，也就是只能蓋在家鄉。畢竟居住比房屋本身重要，從家鄉看待世界比一般認定的世界觀更重要，而思想又更重於其他一切！在一九二七到一九二八年的冬天如痴如狂地寫下《存有與時間》之後，他的心裡又有新的動力浮現出來：「在這本書加印完成後，我休息了一陣子——然後我意識到這件事已經結束，那精靈又開始非常急切地騷動與催促了。」[41]海德格於一九二八年一月二十一日從馬堡寫信給他的妻子。此時埃爾芙利德帶著兩個兒子在小木屋附近的一個農夫家裡分租居住。經過討論，既然要回弗萊堡，小孩就不適合在馬堡入學了。

每當海德格那股思想的精神力量開始活躍，他便會迫切尋求情欲的冒險——這個順序也可以反過來。情欲與思想，對他這位精神上的古希臘人來說，不只在哲學史上是同一回事，而且從個人存在的角度來說也是來自同一個源頭。所以在這個階段，伊莉莎白．布洛赫曼再度成為他思想亢奮的對象（即使這並不能取代鄂蘭事件）。她此時已是住在柏林的教育學家，不過她多次到小屋來拜訪海德格一家（馬丁也專程至柏林回訪）。兩人的書信往返密切了起來。

即便正在蓋房子的海德格深深了解，家庭的安全感是他存在的可靠基石，但是打破市民社會婚姻框架的情欲冒險之於他仍是不可或缺。這是一種互相制約的動態關係：打穩基礎與逃出圍籬，確實的獲得與開放的尋覓——作為哲學家，他認為這才是真正自由的**此在**的根本狀態。他的《存有與時間》的此在分析（Daseinanalytik）便是在奠定這個基礎。不過這本書一直是未完成的狀態。依照規劃有兩個部分，但就連第一部分也從未寫完。特別是書名中的「存有」與「時間」到底是什麼關係，在書中也從未處理。基本上，這本書已出版的部分只是對一種存有者——唯有這種存有者才能真正對**存有**發出疑問，也就是**人**——的**在世存有**進行了描述性的分析，而且從未超出這個範圍。然而這個「此在分析」最多也只是預備性的。因此《存有與時間》實際上是一部哈姆雷特，但是沒有王子，只有舞臺被佈置完成。那關鍵的問題，作為主角卻從來沒登場。沒有「to be or not to be」，也沒解釋這個「存有」到底是要問什麼。

用海德格的術語來說，在這個「此在分析」（其內容為對「存有理解的內在可能性的揭示」）之後，接下來應該是「此在形上學」。

其核心應該有兩個問題：第一，人究竟如何理解像**存有**這樣的東西？第二，這個理解跟**時間**之間的關係為何？

所以，在一九二七與一九二八這兩年裡，假設那個精靈繼續活躍的話，他必須「以存有問題為目標與引導，證明**時間性**為**此在**的基本狀態」。

所以，基礎存有學家（何謂「存有」？），就跟這個時期海德格所有探索一樣，必須也在表面上拐一個彎，也就是透過對於發問的**此在**進行具體的**存有理解**。**此在**最終來說並非從**存有**的本性中導出，而是相反：是**存有**從發問的**此在**的本性中導出。而這個此在，在進一步的觀察下，是深刻地受到**時間性**所影響。❺

存有之後【海德格】

關於此在對於存有的理解，無論其規定如何具體，有一點是毫無疑問的：存有者（das Seiende）事實上一直是已經**在**的了！它已經在那裡，已經是既有的，總是在整體中表現為已被探

❺ 譯註：這一段文字的黑體多是譯者所加，主要是考量其可讀性。

索完畢的模樣，至於是哪一種存有者具體進入此在的決定性的視野裡，完全無關緊要（房屋、杉樹、椅子、香菇、鐵鎚、釘子、細菌、量子……）。所以存有（das Sein）本身，相對於具體的存有者，至少還具有一個東西，即仍需進一步探索的**前時性**（Vorzeitigkeit）。用康德的語言來表示，就是具有一種**先驗**的性格：「在一切對**存有者**的掌握中，**存有**總是已經事先被了解；那事先的**存有理解**就像一道光，照亮一切對**存有者**的掌握。」[42]

至少對要進一步理解**存有**與**時間**的關係的人來說，這個對**前時性**的經驗就已經是一個重要的存有學的線索。因為有一點是從一開始每個人、甚至每個小孩都要弄清楚的：**存有者**與**存有**之間有明顯的差別。世界上一切對我們呈現為具體可確定的事物，一切在那裡的事物（包括房屋、狗、椅子、鐵鎚、釘子、量子……），都**存在著**。然而在這一切背後總是還有一個看起來意義重大的問題：那麼，所有這些**存有者**的**存有**，最終來說有什麼特別之處？這就是存有學的核心問題，使一切哲學思考誕生的永恆問題：這裡說的「存有」到底是什麼意思？這「存有」本身也**存在**嗎？如果是的話，它存在的方式跟其他一切**存有者**是相同的？還是以另外一種完全不同的方式存在著？這個問題，海德格稱為對「存有學的差異」（ontologische Differenz）的追問。而關於這個差異，唯一真正可以說明的是：無論如何，**存有**總是先於**存有者**。所以**存有**與**存有者**之間是一種建立在**時間性**上的根本差異的關係。於是海德格，作為以此在為中心的基礎存有學家（Fundamentalontologe），就可以具體地繼續提問：對此在來說，他在什麼經驗裡最能鮮明體會到這個差異？

換個角度來說：此在之所以是此在，最終的關鍵就在於他會去問存有學差異的本質，也就是會提出「存有的意義」這個形上學問題。也就是說，他會進行哲學思考。海德格在給布洛赫曼的一封信上寫著：「人類此在的本質在於，只要他一日存在，就會思考哲學問題。『身為人類』已經意味著『哲學思考』——正因為如此，現在要解放**真正的**與**最明確的**哲學才如此困難。」[43]

正因為這個世界在人的經驗中，總是呈現為根本上已被探索的狀態（而且原因正是在於存有本身具有的先行本性），所以大多數人並不（或者不再）追問這個被探索狀態的真正原因為何。他們生活在一種沒有疑問的、對他們而言未被探究的開顯性。譬如他們接受一種世界觀、一個從其他人那裡接受的世界圖像，譬如一個宗教的、神話的、科學的或者辯證唯物論的立場。尤其是他們會侷限在一個所謂理智健全的日常世界觀裡，其中通常包括主體與客體、自然事物與文化事物、可食用的與不可食用的、實用的與無用的、神聖的與世俗的等等。

這些通常從未被質問過的背景預設，亦即各種不同的世界圖像（很多人也喜歡稱之為「某某哲學」）賴以成立的基礎，現在不只必須被明確地提出來、被當成問題（譬如卡西勒所做的那樣），而且海德格認為，我們還必須更澈底地、毫無保留地追問下去，這些各類背景預設的背後又有什麼背景：也就是提出**基礎存有學**的問題，追問為什麼會有**先行的開顯性**（vorgängige Erschlossenheit）（以使各類科學、世界圖像、語言以及一切符號形式得以奠基於此），其真正的原因到底為何。具體來說，問題是這樣的：我們會為自己或彼此在絕大多數日常的所作所為、認知與行動、疑問與回答中賦予各式各樣的理由，那麼是否存在這樣一個理由（Grund），是其他一切理由最終的前提？這就是形上學究竟的問題、存有學的核心內容，也就是關於**存有**的學問。

因此，**理由**❻的概念成為海德格在《存有與時間》之後時期的所有演講與作品中佔了主要的地位：包括一九二八年夏季學期在馬堡發表的《邏輯的形上學原初根基》（*Metaphysische Anfangsgründe der Logik*）、一九二九年《論根基的本質》（*Vom Wesen des Grundes*）、一九二九至一九三〇年冬季學期的《形上學的根基概念》（*Die Grundbegriffe der Metaphysik*），或者同樣於一九二九年問世的康德詮釋《康德與形上學問題》（*Kant und das Problem der Metaphysik*）——後者的四個章節也全都圍繞著「形上學根基的奠定」（Grundlegung der Metaphysik）問題打轉。

根基與深淵【海德格】

不用說，關於這個形上學的終極根基，哲學也曾提出不少可能的候選答案，譬如上帝、柏拉圖的理形（Idee）、永恆本體、純粹的邏輯基本法則（像是同一律「A＝A」），或者某些從可為真語句的結構中抽離出來的思想基本範疇（Grundkategorie），譬如亞里斯多德與康德所提出的那樣。所有的候選答案都具有永恆或甚至超越時間的特性：全部都被理解為**先於**人類，或者甚至獨立於人類之外。而且這些（不只根據海德格）全部至少產生了兩個問題的其中一個：要不其存在是人類有限的理性與有限的經驗範圍根本無法證明的（上帝、本體），要不就是我們無法釐清，這些據稱的終極根基與生活世界（一個此在已經活生生處於其中並展現其行動能力）之間的中介關係究竟為

❻ 譯註：或者說根基（Grund）。

何。最後，康德所謂的重大啟發，也就是最好跟古典形上學，尤其是和它的存有學告別，並轉為研究人類理解力的基本範疇：這些基本範疇讓這個世界成為我們所能見的世界（是對象遵守人類理解力的範疇，而不是相反）——康德的轉向預設了一個絕對的分離：**意識主體**與**被認識的客體**完全分開了。然而海德格認為，這樣的分離並不像表面上絕對而理所當然，而是必須揭露它。因為當康德把主體與客體加以區分時，不正是預設了**原初開顯性**的**經驗**（Erfahrung der Ur-Erschlossenheit）（而在康德的哲學計畫進程中，那經驗又據稱是由主客體明確的界限去證明的）？

重返起源【海德格】

就像我們在一九二二年，為此在分析預作準備的亞里斯多德研究裡見到的那樣，海德格在一九二八年在嚴格的意義下，對邏輯與形上學所做的存有學研究，也是意在拆除整套西方的形上學。因為傳統的存有學問題都是從根本錯誤的前提出發：這些討論要不是常常無法解釋，一個有限的、嵌在時間性之內的存在究竟如何界定、甚至如何得知那些不被有限性與時間性約束的對象或根基。要不就是他們理所當然地預設了一些根本應該要質疑的前提（主客分離、知識論）。所以現在很重要的是，要再一次返回存有學問題的源頭，回到那已經由巴門尼德斯（Parmenides）所提出的存有意義的問題。不過對海德格來說，此在的每個好問題最終都是建立在一種情境上，即此在已經有了「一切都成了問題」這樣充滿混亂的經驗。

所以為了重返哲學思考真正的起源，我們無需親身或在文化上回溯差不多兩千五百年的歷史（事實上對我們這種深深被嵌在歷史中的存在也根本絕無可能）。而是說，我們需要重新製造那特定的混亂經驗，那才是這個問題真正的根基！於是，一個概念的形上學（或存有學的形上學、邏輯的形上學、範疇的形上學）在海德格手上首先且最主要又變成一種**經驗的形上學**，而且指的是個有限並且知道自己有限的此在的經驗！

然而這個特殊的混亂經驗，這個對於清醒的此在來說，構成存有學問題根基的經驗，則是完完全全、真正全然地與一種特定形式的、總是在變動中的、人類處於其中的**時間性**息息相關：即對自身**時間性**的經驗，而這樣的經驗在正確的描述下，也是一種對自身**有限性**的經驗。

這種經驗是與生命中特殊、關鍵的片刻和情境相結合的；這個時候對於存有的探問會以特別的方式出現，浮起、衝出來：按照海德格的說法，不是我們提出那些問題，而是那真正的問題呈現在我們面前！

但那會是怎樣的經驗呢？根據海德格，那些是顯著、強烈地感受到存在無根與深淵的經驗，尤其是瀕死的經驗，特別是憂懼的經驗，還有良心吶喊的經驗。

在我們形上學問題的根基底下，也就是形上學本身的根基之下，那真正的根基根本不是地基，而是深淵；根本不是某種穩固的東西，而是虛無。我們（依本質而論）形上學的存在是根本地立足於**無根基性**（Grundlosigkeit）之上！也正因為如此，形上學的存在作為真正自由者，才成為可能的與可經驗的。從存有學的角度說，形上學的存在是深不可測的，就像每一個此在的個別存在一樣。

在這個意義下，人們（作為文化的動物）為自己設定的世界觀與哲學框架（為了緊抱住作為人生的嚮導、讓自己在這個世界上的存在盡可能可以忍受），正好讓他看不到存在的**核心本質**。那些都是表象的一部分，而非存有的一部分。唯有直視深淵的目光才能生出真的東西。

一切此在意義（Daseinssinn）的真正可能性條件，即是對虛無的具體經驗。不過這個「虛無」的「是」的程度，追根究底就如同「存有」的「是」一樣薄弱。海德格認為，這兩者都非「是」，而是「有」。有虛無、有存在，這些是時間裡的有限存在的**經驗**。

不過誰要是如此進行哲學思考，就必然會撞上「語言的極限」——對此海德格一定會第一個表示同意。只不過**此在**也只在這種衝撞中，才能真正產生出那些大致上可被稱為意義的東西：也就是經驗一個充實的、為自己自由創建與決定的生活。

維根斯坦會反駁他這一點嗎？反正在維也納學圈裡他擺明不會。而且班雅明不也在同一時間高唱著讚頌偶然機運的都會聖歌嗎？而他的機運，在一切無根基性的基底下，正為了開啟另一個能挽救一切、讓他解脫的存在方式，在等待登場的時刻。

返鄉【海德格】

所以海德格頗有進展。無論如何他繼續向前走了，尤其是在職業生涯上。一九二八年春天，他連弗萊堡教授的職位也攻下了最後的堡壘。在獲得聘任後沒幾天，他於一九二八年四月十六日，在弗萊堡的澤林根區（Zähringen）羅特別克街（Rötbuck）二十三號買下一塊地準備蓋房子。到一九二八至一九二九年的冬季學期、正式接下胡賽爾的位置時，這房子也將可以入住。房子的設計、監造以及內部裝潢，就跟一九二二年蓋小木屋時一樣，由埃爾芙利德來負責。海德格充滿期待與感激，即便他的哲學口號是一種形上學的全無居所，但是他自己近日的生活卻是全面晉升市民中產階級，兩者間形成的強烈對比確實讓他頗有感觸：「這些天我想了不少關於『我們的房子』的事——我是說，我們也讓我們心中那座愛情的老房子煥然一新，變得更加豐富了。我真心地感謝妳，謝謝妳對我展現了全部的信任。我知道，在我並不敏於真正地學習生活，而我內心的聲音每次明白無誤告訴我的，我也總是很慢才在生活中奉行。儘管我們永遠不該只倚賴外在的協助，但我相信，我們的房子（因為這樣的房子完全不是什麼外在事物，尤其因為那是源自妳慈愛意志的作品）將會重新貫穿我們兩人與孩子們的生活。我們的旅途現在才要啟程……」[44]海德格於一九二八年九月二十七日在一封從小屋寄給房屋監造人埃爾芙利德的信上這麼說。至少依照這家人內部的標準來看，蓋好的房子只能用成功來形容：有點像小木屋，有點像雙併家庭住宅。一半是黑森林式的，一半則是市郊風格。房內的牆上鑲了木片，屋外則蓋上木瓦。最大的那間房間，當然，就是馬丁的書房。

高山滑雪【海德格】

海德格感覺到，在弗萊堡落地生根後，他正好能以此為基地與真正的基礎，朝向全新的高度與深度前進。在房子建造期間的夏日小屋裡，他在寫給布洛赫曼的信上甚至說得更明白：「我逐漸適應弗萊堡了，不過就像我在這段假日裡一天比一天更了解到的那樣，現在的任務更加深刻，或者說我越來越敢於嘗試那些我在弗萊堡最初那段時間還達不到的事情。……這個夏天在馬堡的最後一門課就已經是一條新道路了，或者說是在描繪一條（我相信）我還需要揣摩很久的路徑。……〔房子的〕進展順利，毫無延宕。」[45]

如果重點在於「把哲學從純學究的框架中解放出來」，那麼現在要選的方向就不只是一條路徑，也要換一種方式走路。因為像海德格這樣的思想家，無法滿足於只是自己示範如何前進。而是他必須在他的聽者面前成為一個真正的**此在領路人**（Daseinführer），而他所宣揚的那些絕對本質性的、甚至是作為人性保證的諸般經驗，也要實際上能讓其他人親身體會。換句話說，海德格把深淵與虛無事件標舉為真正哲學思索的唯一真實的可能性條件，也就使他的哲學教學活動不得不採取新的角色認知：指導必須改成表演，教授必須換成傳教。學院教師必須成為大師，討論課主持者必須變成此在領路人——為了把他們一起帶進虛無。率先前進，擺脫一切推論的虛假解答與扭曲真相的中介嘗試（這樣做的人太多了），一路向下進入極盡深邃的屬己性之中。什麼都好，就是不要僵死在純粹的學究與空談裡。

對於天生有人格魅力的海德格來說，這也許是最容易的事。然而風險也最大。跟憲法的忠誠擁護者卡西勒正好相反，作為倡議解放與崩潰的先知，在一九二八年的夏季裡，「撼動德國」所需要的一切，他全都具備。此時的舞台已經佈置好，職位已經到手，房屋也已入住，而且他很快就要遇到無法拒絕的大好機會。他於一九二八年聖誕節前兩天寫信給布洛赫曼說，「我接到明年三月達佛斯大學課程的邀請，也已經同意前往，其中一個答應的重要原因是有高山滑雪的機會。」

VIII. 時間——一九二九年

海德格與卡西勒在山頂，班雅明凝視著深淵，維根斯坦發現了新的道路。

自由滑行【海德格】

上山的旅程即將到了終點，海德格「倒是有點不安，不知道結果會如何」。海拔兩千七百公尺，他從未來到這麼高的地方。高山的空氣，稀薄的空氣。他的技術以及他從弗萊堡帶來的裝備，真的足以應付要求嗎？現在就是驗證的時候了。總之，已經沒有自我懷疑與猶豫不決的餘地。這裡就是達佛斯！有本事就拿出來吧！

雪道一開始就好滑得讓他訝異。在頭幾次自由滑行後，海德格就明白，他「遠比」所有的其他與會者「更厲害」，甚至連在這個場地比他更有經驗的人也追不上他。從帕森滑雪道（Parsenn-Abfahrt）一路滑下至標高八百公尺的山谷裡，這是他至今在瑞士阿爾卑斯山區滑雪的巔峰了——海德格於一九二九年三月二十一日在達佛斯會議期間給妻子埃爾芙利德的信上如此寫道。卡西勒無法一起來滑雪，海德格說，這位同事「完成第二場演講後就病倒了，他是帶著感冒上山的」。倒是法蘭克福大學學監庫爾特．里茲勒也一起來了。他就是不到一年前想把卡西勒從漢堡挖到法蘭克福，請他全權重建哲學系的那位先生。在卡西勒拒絕之後，那個位置由馬克斯．謝勒接下；他的主要著作《人在宇宙中的位置》（*Die Stellung des Menschen im Kosmos*）出版於一九二八年，在卡西勒的《文藝復興哲學中的個體與宇宙》出版之後不到十二個月，早於《符號形式的哲學》第三卷。不過出乎意料地，謝勒於一九二八年五月過世了。

在人群中【海德格與東妮・卡西勒】

所以當卡西勒裹著溫暖的駱駝毛毯，與妻子東妮一起坐在飯店房間的陽台上，像《魔山》裡的漢斯・卡士托普（Hans Castorp）等待著儘快康復的同時，海德格正與新的阿爾卑斯山滑雪迷好友里茲勒共度每一分鐘的自由時光。里茲勒也許不只是順帶跟他套了一點學院交情：「我跟里茲勒都混在一起。他跟我說，他真希望我能接到法蘭克福的聘請——只不過這需要一點時間。」不過至此其他方面多少都讓海德格感到相當失望，特別是達佛斯這個地方。「真是糟糕：建築無比媚俗，民宿與飯店完全混在一起毫無秩序。然後還有許多病人……」[1]

從前他在馬堡與漢娜・鄂蘭一起讀《魔山》時，達佛斯在他心中的形象顯然比現在好多了。就連會議的內容以及與會者至此都讓他感到失望。儘管他評估自己關於康德的《純粹理性批判》的兩場演說（每一場講一個半小時，不看稿自由發揮）「非常成功」，尤其是他得到一種印象，「年輕人能感覺到我的論述的根源是來自別處，是今天的都市人已經沒有的——甚至再也不能理解的東西」。

不過最糟糕的是，他看到「年輕人多麼精打細算、躁動、缺乏本能，再也找不回此在的單純」。[2]三月二十三日的第二封信裡他補充，「卡西勒今天會試著從床上起來，所以『工作小組』要星期一或星期二才會舉行」。

這些到達佛斯來聽海德格與卡西勒演講的「嚴重迷失的年輕人」當中，有不少是後來二戰之後全球哲學界的明星，譬如列維納斯（Emmanuel Lévinas）、伊里亞斯（Norbert Elias）、里特（Joachim Ritter）以及已不再年輕的卡納普。就跟在達佛斯幾乎齊聚一堂的所有德法哲學界新生代一樣，卡納普也對海德格的表現印象特別深刻：「大學課程。卡西勒講得不錯，但有點像牧師講道。……海德格嚴肅又實在，人格極具魅力。」他在一九二九年三月十八日的日記裡寫道。三月三十日他又記載：「與海德格散步。做了討論。他的立場：反對觀念論，特別是在民眾教育中。新的『對存在之探問』。欠缺救贖。」[3]

卡納普在會議所在的飯店裡四處逛，也與此時漸漸康復的卡西勒做了交談。他們特別聊到學院裡接下來會有哪些職位空出來。卡西勒與卡納普在維也納的指導老師莫里茲・施利克長期有密切的書信來往：牽線、說情、群組的維護與連結、打聽印象與做出評斷。在這塊永遠打蠟得如此光滑的地板上，懂得該怎麼走路的人可有福了。就連海德格也了解這個道理：「即便基本上學不到什麼東西，但我還是很高興跟著一起做這類事情——靈活一點，跟人保持來往以及維持一定的外部安全網……這只會帶來好處。」[4]

確實，在富麗堂皇的貝維德大酒店度過的這幾天，很可能是海德格第一次見識到這種絕對頂級的豪華飯店。不過，尤其是在這種極度重視禮儀舉止的環境裡，你必須先仔細掌握與完全弄懂他們的「慣例」，如此你打破禁忌時才會產生真正的效果。海德格在這方面學得也很快：「傍晚時，在美好的疲倦中，滿載著高山的陽光與自由，長距離下坡時曲線滑行的巨大聲響還留在身體裡，我們總是就這樣帶著全身的滑雪裝備直接走進穿著優雅晚禮服的人群之中。」[5]

東妮．卡西勒對此也感覺不快。尤其是她從一開始就享有（看起來豈只可疑的）特權，在大廳用餐時被分配到坐在海德格的旁邊。她回憶，「我的問題是，如果我認定他是敵人的話，我又該如何坐在一個敵人旁邊度過這十四天？」由於恩斯特在第一個星期幾乎都病臥在床，她也就「每天兩次跟這個古怪的傢伙坐在一起——這個人念茲在茲的，就是要詆毀柯亨的畢生成就，可能的話也想要消滅恩斯特」。[6]

東妮．卡西勒對達佛斯的回憶，是所有現存文獻中唯一提到海德格有明顯「敵意」以及故意展示「毀滅意志」的一份（不過這是她一九四八年在流亡紐約之後所寫的，所以一定程度增添了某種情緒）。其他可查的證人，尤其是積極與會的幾位，都一致強調當時氣氛十分友善、親切且開放。

儘管如此，每個與會者也都心知肚明，有一道陰影從一開始就籠罩著這場會議，尤其籠罩著卡西勒與海德格預定進行的那場辯論。

在慕尼黑的前夕【背景事件】

不過在一個月之前，一九二九年二月二十三日，在慕尼黑大學的一間演講廳裡，維也納社會學家奧特瑪．斯潘（Othmar Spann）在一場由「德意志青年戰鬥聯盟」（Kampfbund für die deutsche Jugend）所舉辦的活動中以《當代的文化危機》（Die Kulturkrise der Gegenwart）為題發表了演說。演說中他表示有一件事情令他很悲傷，那就是「德意志民族竟需要外國人來提倡自家的康德哲學」；而柯亨、卡西勒等著名哲學家就被他算在「外國人」之列……斯潘的說法是：「柯亨、卡西勒一干人對康德哲學所做的解釋……有很大的缺失」，因為「他們並沒有把真正的康德，也就是作為形上學家的康德，介紹給德意志民族。」[7]

《法蘭克福日報》一位記者在二月二十五日關於這場活動的報導中說，「斯潘教授的演說根本上是……對民主政治的攻訐……他認為德國的大學生、學者與藝術家的精神自由被扼殺，以及民主與階級鬥爭都是個人主義的空洞口號，同時還短暫但清楚地影射了普魯士文化部長。」[8]

顯然斯潘在慕尼黑的公開發言成了一項醜聞。首先這個「德意志青年戰鬥聯盟」是後來的納粹首席理論家羅森伯格（Alfred Rosenberg）所創辦的組織，明顯支持與宣揚國家社會主義德國工人黨的政治目標。然而在慕尼黑，就跟在其他地方一樣，大學的政策並不為任何政治活動提供空間。在斯潘登上講台之前，希特勒才在大批「佩戴納粹卍字章的支持者震耳欲聾的歡呼」下踏入演講廳，還在演說結束後與斯潘「握手致意，互相深度鞠躬」。[9]

所以斯潘的演講嚴重違反了大學的活動使用規範。更重要的是，斯潘的演講屬於一種早在第一次世界大戰期間就已經由國社黨傾向的康德研究者所提出的主張，其首要人物是布魯諾．鮑赫（Bruno Bauch）；這些人把康德詮釋劃分成兩個派別，即真正德意志傳統的路線與猶太傳統的路線，並早在一九一六年就把矛頭指向柯亨以及馬堡的新康德主義者。這種言論當時在哲學社群內引起了很大的騷動。卡西勒當時威脅，如果鮑赫不立刻辭去主席職務的話，他就要退出康德學會（Kant-Gesellschaft）。於是鮑赫讓步了。然而現在，在慕尼黑大學的縱容下與希特勒的喝采聲中，這個煽動種族主義與納粹主張的活動再次大張旗鼓。而僅僅在四個星期後，一場備受國際矚目的、以康德的「人是什麼？」為總主題的會議就要開始，其中一位講者海德格以他個人獨具的形上學角度對康德的主要著作提出他的解讀。不論主要的與會者高不高興，這個情境必然充滿了政治氣息。

放鬆吧各位！【海德格與東妮．卡西勒】

因此，在與海德格共度的這些時刻裡，不只東妮．卡西勒盡全力讓氣氛變得緩和一些：

> 那時我突然想到，我也可以矇騙一下這隻狡猾的狐狸（這個人的名聲於我就是如此）。我非常天真地跟他聊天，好像我對他在哲學上與個人方面憎恨什麼一無所知。我問他所有我們共同認識的人，尤其是問他私下對柯亨有何認識，而且提問時已經假定他當然也是十分推崇柯亨。我還不問自答地對他描述恩斯特與柯亨的關係；我談到這位傑出的學者因為猶太身分而遭受的可恥對待；我告訴他，柏林哲學院沒有一個人在他出殯時前來送行。我甚至以為他在凝神傾聽，滔滔不絕對他講述恩斯特生活中的各種事情，同時很享受地看著這個死硬的麵糰像浸在牛奶裡的小麵包那樣軟化下來。當恩斯特病好了的時候，因為海德格已經知道恩斯特的許多事，也就很難再堅持那種他本來打算採取的敵對態度。此外因為恩斯特待人親切，也對他十分敬重，所以海德格要與他正面衝突並不容易。[10]

另一方面，海德格事先也擔心整個情況會「引起騷動」，以至於「我可能成為關注的焦點，這是我人在現場時寧可避免的」。尤其是卡西勒已經決定他的演說主要針對海德格的《存有與時間》（大概是為了避免與他就康德問題發生正面爭論）。另一方面，海德格因為擔心過度成為焦點，便決定以他對基礎存有學的興趣為背景，整篇演說都討論康德的《純粹理性批判》。所以在真正的辯論登場之前，早就已經開始有了各種策略性的考量。而且以卡西勒看來，海德格佔了優勢：因為他挑選康德作為題目，就可以在卡西勒最本行的地盤上正面挑戰他；這裡卡西勒有更多可以輸的東西，或甚至輸掉一切。所以當兩人於一九二九年三月二十六日早上十點會面時，即使沒有公然的敵意，氣氛仍是極度緊張。如在場見證的雷蒙德·克里班斯基（Raymond Klibansky）所回憶，這場在德法兩國哲學後輩面前進行的辯論，「某種程度也是在爭辯德國哲學的未來」。11

在言語的暴雨中——達佛斯辯論【海德格與卡西勒】

卡西勒先出手。他決定先處理再度變得具爆炸性的新康德主義議題。「**海德格究竟如何理解新康德主義呢？……新康德主義只是代替新哲學受罪的羔羊。但是我看不到一個真實存在的新康德主義者。**」12

這一拳沒有揮空。尤其是新康德主義從來不是「**獨斷的理論體系，而是個提問的方向**」。卡西勒繼續說，「**我必須承認，我發現海德格原來是新康德主義者，這是我始料未及的。**」作為開場，這一招可不笨。第一：我不是新康德派的！第二：如果我是新康德派，那麼海德格也是！

現在海德格就點名了：「**柯亨、溫德班（Windelband）、里克特……**」他不是來和解的，這一點毫無疑義。另一方面，柯亨是卡西勒的博士指導老師，里克特則是海德格的博士指導老師。所以兩人都有新康德派的特徵。那這個特徵是什麼呢？海德格繼續補充。新康德主義的源頭其實是把一個困境當成獨立的研究路線。這個困境在一八五〇年前後是這樣的：「**如果存在事物的全體都被區分為各種科學的領域的話，那麼哲學還剩下什麼呢？就只剩下對科學的認識，而沒有對存有者的認識了。**」這拳打中了。海德格從這裡繼續反擊：所以哲學單純只是科學的女僕嗎？這不就是卡西勒《符號形式的哲學》努力想做的事：根據內在結構來認識知識體系？不就是拿知識論來取代存有學嗎？海德格繼續保持攻擊模式，現在直接援引康德作為他的主要證人：「**康德並不是要提出自然科學的理論，而是想指出形上學——特別是存有學——的難處何在。**」用直白的話來說：康德才不是新康德派，而是一個基礎存有學者。就跟我海德格一樣。

現在卡西勒明顯落入下風。要跟柯亨劃清界線嗎？在現在這個狀況下絕不考慮。那麼，最好還是拿康德對抗海德格！他欠缺防備的側腹就是倫理學。這是康德的核心。海德格在這裡門戶洞開。卡西勒：「**如果你整體考慮康德這部作品，會看到其中透露許多重要的問題。其中一個是自由問題。這對我來說一直是康德真正的主要問題：自由如何可能？康德說，這個問題是不可理解的，我們所能理解的，只是自由的不可理解性。**」

他要說的是：康德確實是形上學家，然而他的形上追求並不是存有學，而是倫理學！重點是那行動中的有限的**人**，而不是**存有**。而且特別是在倫理學上——卡西勒現在拉開架式——康德突破了界線，跨入了形上學的領域，而且成果豐碩：「**定言令式（kategorische Imperativ）必須有這樣的性質，以使被提出的法則不只適用於人，也普遍適用於一切理性存在。這裡突然間有了一個奇特的跨越……嚴格意義下的道德義務超出了現象世界之外。關鍵的形上學意涵就是：竟然在這一點上發生了這樣的突破。**」

非常清楚：這是突破有限的領域而進入無限的領域，從內在性跨入超越性。海德格對這一點畢竟是無話可說！而且這挑明了他《存有與時間》的整體構想、整套此在分析以及基礎存有學的根本問題。卡西勒揮出一串問題組合拳：「**海德格曾經指出，我們的認知能力是有限的，是相對性的，也是受到束縛的。然而這就產生了一個問題：一個這樣有限的存在到底要如何獲致知識、理性與真理？……這個有限的存在要如何界定那些嚴格說來不受有限性約束的對象？……**」

這就是形上學真正的問題！這是康德真正要提出的問題。這也是卡西勒真正要問的問題。不過這也是海德格要問的問題嗎？卡西勒現在奮力一擊：「**海德格要放棄一切客觀性嗎？他要完全退回有限的存在嗎？或者如果不是，那他進入客觀性領域的突破口在哪裡？**」

好問題。這一拳正中要害。海德格現在被逼到角落。他必須用康德反攻，或者至少靠海德格自己。倫理學的確不是他的專長，但如果非談不可的話：「**所以卡西勒想證明，有限性在康德的倫理學作品中變得超越了。——定言令式確實內含了某種超越有限存在的東西。但是『令式』的概念嚴格說來卻剛好指出了與一個有限存在的內在關聯性。**」

沒錯！每個小孩都能理解：上帝並不需要任何令式，只有有限的理性存在才需要這些東西。此外上帝不需要存有學，海德格補充，存有學就其本身來說也是一個「**有限性的指標**」。所以根本沒有什麼突破，而是完全相反。海德格現在又帶著康德衝上來：「**這裡所謂的超越與進入更高範域，其實總是也只到達一個有限的存在，到達一個受造之物（天使）而已。**」

等一下，一九二九年，在達佛斯，兩位德國當代最重要的哲學家在公開場合上竟然在辯論天使需要的定言令式？沒錯。不過海德格真正的論點是：「**這裡的超越性也仍然是在受造性（Geschöpflichkeit）與有限性範圍之內。**」

所以康德的超越性也只是一種內在的超越性，回頭倒向有限性為其所限制的，甚至是透過此有限性才真正成為可能！海德格現在大占上風：若是想理解康德、理解形上學，也就是真正理解何謂哲學思考，就必須把這個發問的方向完全顛倒過來：真正的問題並不是人如何從有限性跨入無限性，而是要理解，我們要如何從存有者的超越性（也就是從人類先前自以為的開顯性〔Erschlossenheit〕）出發，去找到作為一切問題真正源頭的此在的有限性！這當然直接連結到對此在的存有的探問。所以真正的問題變成：「**此在本身的內在結構究竟如何？是有限的還是無限的？**」大廳內的每個人都知道海德格的答案是什麼：此在的內在結構是澈底有限的，而且其各種可能性是由內而外被時間性決定的。這就是《存有與時間》的核心論點。

卡西勒還是一直不見蹤跡。海德格繼續發難：「**現在來談卡西勒提出的關於普遍有效永恆真理的問題。如果我說：真理是相對於此在的，那麼這（……）是一個形上學的論斷：究竟說來，真理**

之能夠作為真理而存在，真理之能夠作為真理而有意義，前提都是此在的存在。如果此在不存在了，那也就沒有真理，也就什麼都沒有了。唯有像此在這樣的存在出現後，真理才能進到此在本身之內。」海德格要強調的是，並不是個別命題的真理會相對於某個人可能的想法，而是真理此一概念或理念本身，就本性而言即是關聯到此在的有限性之上，甚至唯有在這個有限性之上才能找到其真正的源頭。對上帝來說並不存在任何真理問題，就像對大象或狗來說也不存在這個問題一樣。只有對此在而言，真理的問題才會出現。這就是形上學，而且是從此在發展出來的！

這些論述很難辯駁。那關於所謂的知識的永恆屬性又怎麼說？海德格繼續說：「**我提一個相反的問題：……我們究竟從何處得知這個永恆？……這個永恆會不會只是一種靠著時間本身的內在超越性（innere Transzendenz）才成為可能的東西？**」時間本身的內在超越性？這是什麼意思？很簡單：時間在不斷的流動中永遠指向它自己之外，而對此在來說，這就是時間真正的本質：「**在時間的本質中有一種內在的超越性，意思是，時間不只以超越性為其可能性條件，而且本身還有一種視域（Horizont）的性格：我在看向未來、憶起過去的同時，總是也會看到一個包含現在、未來與過去的整個視野……在這樣的時間規定中，最先被建構出來的就是像『實體恆常不變』這樣的東西。**」

基本上不是太複雜：海德格認為時間不是外在的事物或容器，而是一個在一切經驗底下的進程（Prozess）。然而只因為這個進程（某種程度來說依照其本性）偏偏會否定那實際上使其成立的動力，也就是否定其持續的流動狀態（Im-Fluss-Sein），所以才會有人——作為此在——誤以為，真有恆常不變或甚至永恆這樣的東西。所以，永恆的實體只是一種形上學的假象，是此在的心靈所產生的幻覺！實際上只有時間進程是真實的。而且這進程不是一個物，更不是永恆的，而只是「有」（"es gibt ihn"）。而時間又「賦予存在」（er "gibt es"）。最後則賦予在其過程中存在、生成與消逝的一切。也就是存有與時間。

順帶一提，柏格森（Bergson）與普魯斯特的觀點也類似於此。班雅明也是。還有胡賽爾。還有威廉・詹姆士（William James）以及他的兄弟亨利・詹姆士（Henry James）。還有懷德海（Alfred North Whitehead）。以及吳爾芙。以及詹姆斯・喬伊斯。還有達利（Salvador Dalí）。還有卓別林（Charlie Chaplin）……。這個理念是一九二〇年代的時代精神，本身就是時間的產物！（還能是什麼別的呢？）只不過現在必須斷然澈底地從中得出正確的形上學結論。海德格現在回到他的主場。再也沒有一個字提到康德。現在他——海德格——的重點完全在於：「**在考慮到對於存有之理解（Seinsverständnis）的各種可能性的情況下，把此在的時間性清楚地凸顯出來。然後一切問題都以此為準。死亡分析的功能在於把此在的澈底時間性朝一個方向凸顯出來……恐懼分析只有一個功能，就是為另一個問題提供準備：要以此在本身的哪一種形上學意涵為基礎，一個人才根本上有可能被置於像虛無這樣的對象之前？……只有當我理解虛無或懷有恐懼時，我才有可能理解存有……而且只在對於存有與虛無的統一性理解下，『為什麼』的問題才會跳出來。為什麼人能夠問『為什麼』，以及為什麼他必須問這個問題？**」

這就是形上學關注的對象。存有的經驗是與虛無的經驗綁在一起的。它為一切問題提供了無根基的根基。它把一個人形塑為一個人，讓他在真正意義上開始存在！人是唯一在存有的根基上，對這個虛無經驗敞開的存在，也就是一個永恆發問的源頭。他只在最終說來沒有根基的問題上跨越界線，但在他的認知能力中從不如此。

卡西勒還是什麼反駁都沒有。海德格就繼續說下去。現在在自由問題上海德格也兇猛地反攻了：「**卡西勒說：我們不理解自由，而是只理解自由的不可理解性……然而這並不代表這個非理性的問題某種程度就到此為止，而是代表，正因為自由不是可理論掌握的對象，而是哲學思考的對象，所以這只能表示自由只（而且只能）存在於解放中。人與自由唯一適切的關聯就是人的自由的自我解放。**」

所以自由是一種行為真理，本質上並不取決於某個預定的永恆法則，而是取決於當下最終來說無根基的決定，即決定照自己的意思來使用這自由。這還是康德嗎？又是康德嗎？是純正德意志形上學的、正宗康德路線的康德嗎？

一位姓名已不可考的學生出於同情，把卡西勒帶回拳擊場裡。他的問題非常簡單，而且直指核心。

「**對卡西勒的問題：人有什麼途徑可以通往無限性？再者，人參與這無限性的方式為何？**」

「**哲學的任務在多大程度上是要讓人擺脫憂懼？還是說，哲學的任務就在於把人澈底交給憂懼？**」

這時，大廳裡每個人包括卡西勒自己都感覺到，他不能再只是挨打而不反擊了。他一秒都不遲疑，並施展了他所能的一切。人有什麼途徑可通往無限性？「**不外乎透過形式的中介。這就是形式的功能：人把他的此在變化為形式，意思是，他必須把自己經歷的一切轉化成某種客體的形態，在其中他把自己如此對象化，以至於他雖然並未澈底從他出發點的有限性中解放出來（因為這經歷仍然一直是關聯到他自己的有限性上的），但是既然他的成長已然超出了有限性的範圍，這就把他的有限性引到某種新的東西裡去了。而這就是內在的無限性。（immmanente Unendlichkeit）**」

這就是他符號形式哲學的形上學核心：自己的經歷在體現為符號形式之後，創造出一個自己的、獨立的領域，超越了自己有限性的邊界或甚至有限性本身。譬如在邏輯、數學的領域……等符號的形式系統，雖然是由作為文化存在的人類所創造，但是其法則與有效性卻並不侷限在人的身上。因此：「**人所擁有的無限性只在這個形式下存在：『無限性從這個精神國度的聖盃中為他湧出』。這個精神國度並非形上學的精神國度：真正的精神國度其實是由人類自己所創造的精神世界。人之能夠創造這種世界，就是他無限性的印記。**」

再度地，總是在最危急的時刻，這一套組合拳出現了：康德——歌德、席勒、歌德——康德。這樣夠嗎？總之這看起來並不特別激進，在一九二九年甚至有點老套。不過有一點無論如何是確定的：這是觀念論的化身，而且有「正宗德意志」的特徵（假如這個概念有任何意義的話）。此外這還可能是真的。卡西勒如此確信。他為此擔保。他毫不退縮。他非如此主張不可。

現在談到恐懼——以及哲學：該怎麼回應呢？卡西勒集中力量，挺直腰桿：「**這是一個極為根**

本的問題，只能以宣示信仰的方式回答。哲學已經讓人如此自由，只要能夠自由之處無不自由。然而我相信，哲學在使人自由的同時，在一定的意義下，是讓他澈底擺脫了憂懼，僅僅視之為一種心理狀態。我相信，即使照海德格的論述……，自由基本上也只能在持續解放的道路上被找到，而這個道路對他來說也是個無止盡的過程。……我希望自由的意義與目標，實際上就是這個意義下的解放：『請拋開世俗的恐懼吧！』這就是觀念論的立場，也是我永遠擁護的信仰。」

深呼吸。震撼。緊張的等待。海德格會如何回應？他認為哲學真正的任務是什麼？他認為真正的解放與突破是什麼？至此每個人大概都已明白，對他來說沒有什麼東西長期可確認與保證，就連提問本身也不行。恰好相反的是：根據海德格，人「**在最終的意義下……是如此偶然，以至於此在最高形式的存在，在此在從出生到死亡的期間內，也只出現在少數罕見的片刻中，人只在極少數的片刻裡存在於他自己的可能性的尖峰之上，其他時候只是在存有者之間活動而已。**」

所以重點只在這幾個片刻上，特別是在哲學思考裡。因此海德格繼續表示，「**對人的本質的探問，其唯一的意義與合法性就在於，這個問題的動力是來自於哲學本身的核心困難，這個核心困難必定讓人走出他自己之外，並回到存有者的整體裡，好讓他在全然自由的情況下清楚看到他的此在的虛無，然而這種虛無並不是要讓他走向悲觀主義或消沉喪氣，而是要讓他理解，真正的影響力只在有抵抗之處才能發揮，以及，哲學的任務在於，把人從怠惰的面向中（以為人只要使用精神的產物就好）重新拋回到他命運的艱難之中。**」

像拳頭一樣的論題。一片寂靜。該如何整體看待呢？大家怎麼判斷？

哲學家卡西勒想要的是：作為創造性的文化存在，請你們拋開憂懼，請在共享的符號交換中擺脫你們原先的狹隘與限制！

哲學家海德格想要的是：文化是人類本質怠惰的面向，請你們把文化拋開，作為無根基的被拋者（這是你們的真貌），請你們每個人各自一次又一次地投入那你們存在的真正解放的源頭：那就是，請投入虛無與憂懼中！

達佛斯，世紀的辯論，一整個十年的單子。在從內到外幾乎爆炸的緊張氣氛中，在一九二九年三月二十六日，這場辯論針對同一個永恆的問題產生了兩個徹底相異的回答。問題是：哲學思考的本質為何？或者：人是什麼？

就連永遠心懷善意的卡西勒至此也知道，已經沒有同意彼此的可能：「**我們現在這樣的局面，光靠邏輯論述已無能為力。**」海德格則一直都知道這一點。從一開始，重點就不在論述，而在大膽一跳！在這樣的勇氣中，沒有什麼比溫吞的斟酌與共識的尋求更礙手礙腳的了：「**光是調解異見永遠不會有創造性的進步。**」他現在把視線從卡西勒身上轉開，對大廳內的學生們說出結語：「**重要的是，你們從我們的辯論中能理解到一件事：不要把哲學人士的立場差異當作標準，不要把卡西勒與海德格當成研究目標，而是要能夠感覺到，我們要再次認真面對形上學的核心問題，我們現在都在這條道路上。**」

就算他們或許沒有完全理解，希望他們至少有感覺到這一點。感覺到這一點。感覺到他。感覺到深淵。作為通往全面屬己性的道路上必要的第一步！是這樣嗎？

是的，他們感覺到了。他們踏出通往深淵的第一步。在他們的內心深處。至少他們當中大多數是如此。海德格在走出大廳的時候，感覺到自己是勝利者。

舔舐傷口【辯論的後續】

埃爾芙利德是第一個接到消息的人：「我剛才與卡西勒進行了一場兩個小時的辯論，過程很精彩，而且給學生們留下了很深刻的印象（內容理解暫且不論）……」[13]不過隨著時間的距離，海德格的判斷也有些改變，如他在給布洛赫曼的信中所說：「卡西勒在討論中表現非常高尚，幾乎是親切和藹。所以我遇到太少抵抗，以至於無法就問題給出必要的犀利陳述。基本上這些問題對公開討論來說是太困難了。不過重要的是，討論的形式與引導可以單純透過舉例來展現。」[14]我們再度看到：引導是海德格新的論證方式。這是達佛斯這幾天的核心洞見。至少對他來說是如此。

那場辯論事實上並沒有成為真正的廝殺，連真正的搏鬥都談不上。拳套綁得好好的，護頭套也沒有拿下來。《新蘇黎世報》（*Neue Züricher*）的記者也感到有些無聊，用失望的語氣寫著：「我們沒有看到兩個世界的對撞，最多只是觀賞了一場表演，其中一位非常和善的先生與另外一位非常激烈（但付出驚人的努力去表現和善）的先生兩人互道獨白。儘管如此，所有聽眾看上去都非常感動，並慶幸參與了這場盛會。」[15]

無論如何，這場辯論似乎給年輕的學生衛隊帶來夠大的刺激，以至於在達佛斯峰會結束的當天晚上，他們用諷刺劇的形式把辯論又搬演了一次。列維納斯在頭上灑了白灰，扮演卡西勒的角色。為了製造卡西勒的觀念論教育理想已經完全落伍的戲劇效果，列維納斯在扮演的過程中不斷讓白灰從褲子口袋中掉下來，同時口吃地大喊「洪堡，教育，教育，洪堡……」（如果有什麼事情是一輩子都會讓人感覺丟臉的，那麼列維納斯的這場表演一定算是其中之一）。短短兩個月後，一九二九年六月，海德格的《康德與形上學問題》[16]就問世了；他把在達佛斯提出的論題用書本形式陳述出來。卡西勒在一九三二年再度書面談到海德格的康德詮釋，但是除此之外沒有他對於此次辯論的任何聲明流傳下來。也許他認為這次事件根本沒那麼重要。又或者，多年之後他會痛苦地覺得太過重要。無論如何，他終身對此保持沉默。在辯論結束後，他跟一群學生從達佛斯出發前往錫爾斯瑪麗亞山區（Sils-Maria），到尼采在那裡的家一日遊。海德格沒有同去。他寧願繼續在白雪覆蓋的山坡上向下俯衝。

春天的感覺【班雅明】

一九二九年三月最後幾天，當海德格在達佛斯的貝維德大酒店進行他的第二場康德演說，為流感所苦的卡西勒首度從病榻起身的同時，班雅明正緊急尋找一位能教他希伯來文的老師。「我正寫信給馬格內斯博士，希伯來文的鐘點課——每天都有——也已經開始。」他於一九二九年三月二十三日向舒勒姆保證。後者在耶路撒冷等他這個消息，等了好一段時間後已經失去耐性。班雅明在這個春天也有嚴重的問題，只不過顯然不像之前那麼糟糕。考慮到他飽受挫敗的求職之路，過去這十二個月可說是班雅明成年以來遠遠最成功的一段時間了：《德國悲劇的起源》以及《單行道》在一九二八年一月底真的以書籍形式出版了，也得到評論界密切的討論，當中多數甚至是正面的。尤其是《文學世界》與《法蘭克福日報》——班雅明的通訊地址所在——也登出了近乎歌頌的好評。在《福斯日報》（*Vossische Zeitung*），甚在奧地利與瑞士也有很好的回響。連知名的赫曼・赫塞（Hermann Hesse）也立刻寫信給羅沃爾特出版社，以表達他對《單行道》的熱切歡迎。波茨坦橋（Potsdamer Brücke）附近的一間書店甚至在櫥窗裡放滿班雅明的作品集，還加上一座由尤拉・柯恩製作的班雅明的寫意造型胸像。即使每本書幾乎不超過一千本的全國銷量還落在可理解的範圍內，班雅明仍在一年之內成為廣為人知的有個人特色的作家了。

三百文錢的歌劇【班雅明】

班雅明作為評論家的地位也獲得顯著的鞏固。無論是威利・哈斯（Willi Haas）主編的《文學世界》還是克拉考爾主編的《法蘭克福日報》副刊，都把他列為固定邀稿的作者。是的，如果看得更仔細一點，班雅明已經是一個副刊小圈子的固定成員（甚至是引領思想的核心），這些人彼此毫不避嫌地在相關媒體上為圈內其他人的作品打廣告。克拉考爾替班雅明寫書評，班雅明為克拉考爾寫書評，布洛赫評論班雅明，班雅明評論布洛赫……包括阿多諾（這時仍然以「維森格倫德」的本名發表文章）也固定屬於這個圈子。

人生第一次，班雅明也擁有了業界的人脈網絡（這段時間他開始為黑森電台〔Hessische Rundfunk〕的廣播節目寫稿），這讓他在財務方面穩定許多。他現在不再絕望地什麼稿子都接，而是三不五時也會自主推掉案子；他也無需再三向對方懇求書評的工作樣書，而是還沒開口書就免費寄到家裡。這段日子他甚至感到自己的地位已夠穩固，還能協助窮困的友人如阿爾弗列德・柯恩（Alfred Cohn）（尤拉・柯恩的弟弟）進編輯部來任職——同時也警告他這個職業是無可爭辯的艱苦：「靠文學，一個月哪怕只賺三百馬克，也要熬很多年之後才有可能，而且即便辦到了，也絕非有保證的起碼進帳。」[17]

班雅明知道自己在說什麼。不過現在一切事情終於像是往對他有利的方向移動了。羅沃爾特想把他最好的評論文章集結成書，關於《愛的親合力》的論文也仍然可以出版。克拉考爾不久後到柏林當派駐記者，阿多諾與布洛赫也越來越常到首都來。班雅明則打入了環繞在布萊希特與他太太海倫娜・魏格爾（Helene Weigel）周圍的精英小圈。

隨著《三文錢的歌劇》（*Dreigroschenoper*）在柏林劇團（Berliner Ensemble）首演，布萊希特的階級鬥爭劇場藝術在一九二八年秋天終於闖出一片天。這位年方三十一歲的戲劇天才現在在德國被寄予極大的期望，特別是有社會革命色彩的那一類。政治方面，在一九二八年五月的國會選舉中，左派的勢力獲得明顯的增長，國社黨的得票率則萎縮到僅剩百分之二點五九。至此共產陣營的人（作為一直活在革命將至的期待裡的人）都相信自己已清楚察覺，某個重大行動正祕密進行中。

這幾個月裡，班雅明也越來越確定覺得自己是運動的一份子。而且他這裡也有不小的動靜，那創造性的精靈越來越朝階級鬥爭的方向翻攪。起先只當作寫作小練習的《巴黎拱廊街》（*Pariser Passagen*）這段時間已有了自己的生命，並主宰他一切的文學寫作：「巴黎拱廊街的寫作露出了一張越來越謎樣、越來越急迫的臉，如果我白天沒有讓牠泡在最冷僻的文獻來源裡喝個飽，牠就在我的夜裡像一頭小野獸那樣嚎叫。天知道當我哪一天放牠自由的時候，牠會生出什麼事情來。」[18]班雅明在一九二八年五月時如此寫道。而一年之後，狀況也沒什麼改變。由於在柏林國家圖書館查閱大量資料，這個寫作計畫幾乎占去他全部的時間。他寫作真正的重點在《拱廊街》。在這段期間裡，其他所有作品與賺稿費的文章都落於次要的地位，最好情況下也只是不失新意的副產品。

一九二九年三月，班雅明為《文學世界》寫了兩篇有相當分量的文章時就是這樣。一篇是關注普魯斯特全部作品的《關於普魯斯特的圖像》（*Zum Bilde Prousts*）。[19]另一篇則是討論自一九一九年以來，當代法國超現實主義的發展：《超現實主義：歐洲知識份子的最後快照》（*Der Sürrealismus – die letzte Momentaufnahme der europäischen Intelligenz*）。[20]同時你能在每一行文字裡感覺到，班雅明的思想（以及他筆下作者的思想）從現在起多麼一貫地以大都會的經驗為出發點；這樣的經驗永遠在加速，是一個鄉下人完全不認識也不能理解的。

兩篇文本在這個春天茂盛地開展在經典的班雅明世界裡。意思是，包括這一次，班雅明也是一貫用他自己當時的人生閱歷與研究興趣來觀察他所挑選的作者。

在一九二九年，這些興趣牽涉到的是哪些課題呢？是牽涉對時間本質的探問，也就是牽涉到人有可能突破有限性並跨入永恆的問題，牽涉到在重大體悟與決斷的片刻上市民社會的衰敗如何形塑的問題，也牽涉到生活在當代大城市中的人，在他現實存在的條件下，如何獲得自由、其真實的（自我）認知如何可能的問題。

門【班雅明】

所以這些完全是達佛斯辯論的議題組合，只不過是浸透在法國文學中，並且以法國文學為中介。班雅明認為這些議題對一個德國評論家來說，尤其是因為他在文化上似近若遠的距離，正好能提供特別的洞見。因為在談到普魯斯特與尤其是超現實主義的時候，「德國的觀察者……並不站在源頭。這是他的機會。他站在谷底。他可以估計那運動的能量。作為德國人，他早已十分熟悉知識份子的危機（更確切地說，對人文主義的自由概念的危機），所以他知道，在一個運動中，覺醒的人們會何等狂熱地要求走出無止盡的討論階段，要求不計任何代價也要做出決斷；他還得在無政府主義者的反抗與革命派的規訓之間最無處可逃的位置上，肉身承擔這個決斷的後果，所以如果只是表面地看了一眼就認為這項運動是『藝文的』、『詩意的』，這對他來說不可原諒。」

班雅明在這段文字裡主要是控訴他自己，因為他自己在一九二〇年代初期就是這樣看待超現實主義者與達達主義者（Dadaist）。在《悲劇》一書的陰影下，他把他們理解為一整個失落與墮落時代在藝術上的退化現象。這也是他的時代。只不過現在他的雙眼打開了。超現實主義其實是社會革命運動！「這個圈子所寫的並非文學，而是別的東西：宣言、口號、文件、唬弄、造假。」超現實主義不談「理論」，而是談「經驗」。而且是極其日常的經驗；這些經驗表明，資本主義下大都會主體的物化與異化已進展到如此末期，以至於在意義與荒謬、現實與作夢、酒醉與警醒、清醒與昏睡、藝術與廣告之間，再也無法劃出清楚的界線。

換句話說：一九二〇年代真正解放的、真正革命性的**現實主義**（Realismus），一開始只能是**超**現實主義的！班雅明認為，如果可以透過對於我們司空見慣的狂喜狀態最直接的表現形式，打開一扇通往他所謂「**世俗的頓悟**」（profane Erleuchtung）[21]的大門，那麼超現實主義所追求的目的就達成了。大麻與其他毒品可以為這個頓悟「提供預備訓練」（班雅明從一九二八年起就開始嘗試使用這些毒品，而且對於從始祖韓波〔Rimbaud〕以降的超現實主義者來說，毒品當然也扮演了一定的角色）。然而那真正解放的狂喜狀態、那真正通往「世俗頓悟」（作為革命之前提的事件）的道路，並不在別處，而在於像吸毒一樣全心投入那瘋狂加速的大都市生活的體驗。班雅明這時以發表宣言的模式寫道：「超現實主義在所有書本與行動中盤旋，為的就是要為革命贏得狂喜的力量。……他們使隱藏在……事物裡的『聲音』所具有的巨大力量爆發出來。您想想看，如果在一個關鍵的片刻上，一個人的生活偏偏是由一首最不流行的小調來決定，那會是怎樣的光景呢？」[22]

屏息穿過黑夜【班雅明】

班雅明畢竟還是忍住沒有用上宣言模式必不可少的驚嘆號。即便在《普魯斯特的圖像》裡他沒有直接宣稱，普魯斯特在創作中最終還是以共產主義的世界革命為目標。但是班雅明當然認為，在永遠回溯的追憶模式中，普魯斯特這部作品的重點不外乎還是尋找那「世俗頓悟」的片刻：

他〔普魯斯特〕如此狂熱尋找的是什麼東西：這些無止無盡的努力的根本原因何在？我們可不可以說，一切算得上一回事的生命、成就與行動，從來不是別的東西，而是一個人的此在中最乏味、最匆促、最感傷與最脆弱時刻的堅定開展？……在普魯斯特這裡，我們是來訪的客人，在搖晃的門牌下踏過一道門檻，門檻後等著我們的是永恆與迷醉……不過這永恆絕非柏拉圖式的，也非烏托邦式的，而是充滿迷醉的永恆……普魯斯特讓我們見到的這個永恆是交錯的，而非無止境的時間。他真正的關切所在是時間的流逝，包括其最真實的（也就是交錯的）形態。時間流逝的最扭曲之處，在內部是回憶，在外部則是衰老。[23]

當然，這整個普魯斯特宇宙，正因為永遠徘徊在深層記憶與當下之間的門檻上，所以展現為這樣一個世界，在這個世界之中，夢境與現實、事實與虛構、意識與無意識、既有物與效果、完全的扭曲以及最無遮蔽的真實性，都再也無法可靠地加以區分：所以就連有著最真實感覺的片刻也仍然讓人起疑，那會不會只是人——在造物的根基上依據外在與內在符號——追求意義時所製造的可疑結果。白天與夜晚、清醒與作夢、存有與假象……——這些界線已經無可挽回地模糊起來了。

煤氣燈照明【班雅明】

我們不難想像，這幾段引自班雅明於一九二九年三月形上學與革命的創作階段的文字，其實也可以直接看做在達佛斯辯論會上的發言。事實上，若要把這些文字直接編入達佛斯的辯論紀錄，你只需要使用班雅明的拼貼技巧就行——這是他從一九二九年春天起，在拱廊街計畫中逐漸發展出來的架構性的基本原則。具體說來是這樣：當海德格把此在的救贖寄託在原初自然的憂懼中，班雅明就寄託在藝術天堂的狂喜裡；尖峰時間各式車輛狂野的達達聲響可以取代黑森林地區的風暴體驗；漫無目的的遊蕩可以代替朝向深淵的滑雪道俯衝；對外在事物的領悟可以替換走入內心的沉思；看似任意的消遣可以取代集中精神的冥想；那失根的、被剝奪權利的國際無產階級大眾可以替代在家鄉落腳生根的民族……然而兩人——班雅明與海德格——都同樣渴望革命的翻轉，都願意付出他們所是與所有的一切。就是要走出現代性的單行道！要回到先前走錯方向的叉路口。此外，兩人對於在這種追求中，絕對必須避免哪些源頭與傳統的意見也完全一致：市民階級的教育、所謂自由派的基本規範、夸夸其談的道德原則、德國的人文主義觀念論；還有學院派哲學；康德、歌德、洪堡……

如果起源思想家海德格在一九二九年以診斷的眼光回顧從前，他會把哲學思想的開端本身視為一個神聖的、覺醒一直可能發生的「所在」。這個所在位於此在的內心深處，透過時間性的本質得以永恆確保。然而班雅明那已經唯物主義化的歷史概念沒有這個選項。他必須揭露那致命的源頭、那歷史上通往虛假幻象的真正入口，並使其成為盡可能具體可經驗的對象。

一九二九年，班雅明再度覺得自己能十分準確地指出，他的時代是在什麼時候、什麼地方、透過什麼手段發生了突破，走入了這個非現實的、偽造一切的時代精神裡。就是在巴黎，在十九世紀的首要都市裡。而且不是透過一個人或一本書，而是透過由鋼與鐵構成的一種新建築形式——巴黎的拱廊街，作為即將到來的商品資本主義永遠打著黯淡照明的珍奇展示場。在拱廊街的櫥窗裡，大量迥異的商品、形式與符號直接並排，供人仔細觀賞與最後購買取得。既不完全是室內，也非街景的一部分，拱廊街在空間上有意被設計為跨界的場所，任何基本區分都被抹平。一半是棚子，一半是屋子，一半是通道，一半是房間。

在拱廊街之終，漫無目的閒逛的個體是有限的，但是永遠重新擺滿內容的玻璃櫥窗卻在他們心中製造了無限供應的假象，而這假象很快就由內而外貫穿（以及麻醉）整個世界的感受。如果未來還有一扇拯救之窗能保持敞開，我們就得深入與分明地看穿拱廊街的狀況。我們必須探討的問題是這樣的：包括現在與過去，是哪些具體的物質條件使拱廊街成為可能？在寫作計畫的一開頭：

> 巴黎大多數的拱廊街都是在一八二二年後的十五年中出現的。它們出現的第一個條件是紡織品貿易的繁榮。「新商店」（magasins de nouveautés），即最初用來儲藏紡織品的設施開始出現，

這就是百貨公司的前身……拱廊街是豪華物品的交易中心，它們的構造方式展示了適於為商人服務的「藝術」。當時的人對它讚嘆不已。在以後相當長的時間裡，它們一直對外國人具有吸引力。有一份《巴黎導覽圖》（*Illustrierter Pariser Führer*）這樣說：「這些拱廊街是工業奢侈的新發明。它們的頂端用玻璃鑲嵌，地面鋪著大理石，是連接一群群建築物的通道。它們是本區屋主聯合經營的產物。這些通道的兩側排列著極高雅豪華的商店，燈光從上面照射下來。所以，這樣的拱廊街堪稱是一座城市，更確切地說，是一個世界的縮圖。」第一批煤氣燈就是安裝在拱廊街的。

鋼鐵在建築中的使用是拱廊街出現的第二個條件。法蘭西帝國洞察到這項技術對翻新古希臘形式建築的貢獻。❶[24]

這就是《拱廊街計畫》最早的草案大綱的開頭。班雅明看似隨便挑了一本出版品（即一本旅遊指南）並從中隨便引用了一句話，卻用這句話在計畫開頭標誌了關鍵的哲學要點：這很清楚說明他貫穿全書的拼貼技巧是怎麼回事。因為，即便這本巴黎旅遊指南裡該條目的作者並沒有特意總結、很可能也根本沒有那樣的用意，然而在他的描述中，卻反映了整部形上學的歷史。這段多少以旅遊雜誌語言來呈現的歷史，彷彿在不可見的巨手推動下，對後世有極大的影響：就像柏拉圖洞穴裡的

❶ 編按：引文中譯見：《發達資本主義時代的抒情詩人：論波特萊爾》，張旭東、魏文生譯，二〇一〇，臉譜出版，頁二五八至二五九。

影子遊戲，拱廊街深處玻璃通道內所展示的商品同樣「由上方採光」，其形式是人為的火光（煤氣燈照明）。就像在萊布尼茲的《單子論》（*Monadologie*）裡一樣，沒有窗戶的拱廊街本身表現為「一個世界的縮圖」。就像在康德（當然還有馬克思）那裡一樣，把穿越所有這些房屋群（所以本身也只是虛假的建築）的通道結合起來的，完全只是店舖主「投機的意志」——他們是為了這個虛假的目的（即不為了其他更高的目的）而「匯聚起來的」。

一個文本單子被安裝在另一個文本單子裡，不為別的，只為了能在一個明亮的片刻下清楚呈現，時間本身如何以不可探究的方式讓諸般事物彼此交錯。這就是班雅明對現實的想像，對書寫、對「回憶即認知」的想像。

自我毀滅的性格【班雅明與拉齊斯】

一九二九年春天，作為思想家與評論家的班雅明正處在創作的高峰。不過這當然不代表他作為一個真實存在的人，在這個時點上就不會掉入各種不同、彼此糾葛、根本具有形上學深度的困境之中。他的災難是如何發展的，第一個在腦海中完全看清楚的人也許是哥舒姆．舒勒姆。他在一九二八年八月初接到老友從柏林寄來的一封信，信上提到：「我將前往巴勒斯坦，並嚴格遵守在耶路撒冷的閣下所規定的學習進度，是已完全確定的事。……現在來說一些實際的細節。首先是關於我抵達的時間，也許要延到十二月中。首先這取決於在我離開歐洲之前，我是否能提前完成《拱廊街計畫》。第二取決於我能否在秋天在柏林見到我的俄羅斯女友。這兩件事到現在都還不確定。」[25]《拱廊街計畫》當然沒有在一九二八年秋天完成。班雅明的寫作在這個時候才真正順暢起來。再者，直到一九二九年三月，他的希伯來文學習仍是毫無進度。他前往巴勒斯坦的航期也同樣沒有確定。主要的因素是阿斯雅．拉齊斯從一九二八年九月起來到了柏林，而且是被正式派遣，或者更正確地說，是「奉命派駐」到柏林的蘇維埃貿易代表處的電影部門裡。她被賦予的任務，是作為「無產階級劇團的一員……與『無產階級作家協會』（Bund proletarischer Schriftsteller）取得連繫。」[26]萊希也再度來到德國，不過他一開始的職務在慕尼黑。

當班雅明獲知阿斯雅前來的訊息時，他已經先收到另一個令他高興的消息了。即使並未收到第二份評鑑（不管是來自卡西勒還是其他有分量的文學人士），希伯來大學的馬格內斯博士已經批准了班雅明全年語言課程的費用，也包含了前往耶路撒冷的旅程與住宿。原先這些錢應該是按月依照他完成的學習進度分批撥付，這也是舒勒姆在耶路撒冷所堅持的。畢竟他不只太了解班雅明，而且一開始也是由他為班雅明做了擔保。然而在一九二八年十月發生了一個讓班雅明與舒勒姆非常訝異的狀況（這時阿斯雅剛到柏林三個禮拜）：

一九二八年十月十八日

親愛的哥舒姆：

非常感謝你，我即刻在此向你確認，我已收到馬格內斯博士寄來的支票，編號 M 3042

70/100。請代我向他表示我誠摯的謝意。他之後也會直接收到我的訊息。其他一切過幾天再談。

誠摯地問候你，

你的華特[27]

在沒有與舒勒姆商量或稍微知會的情況下，馬格內斯就把補助金的全額（相當於班雅明整整一年的收入）一口氣用支票匯過來了。

兩個星期後，班雅明就為自己與拉齊斯在杜塞道夫街上租了一間寬敞的寓所。同住不到兩個月，兩人就感到難以忍受，不過儘管每三天一次爭執，慷慨的花費仍然讓兩人維持著良好的關係。班雅明把寓所留給拉齊斯，自己搬回代爾布呂克街，跟他剛剛再度失業的妻子朵拉、他的兒子，以及因中風而衰弱臥床的母親住在一起。至少現在不缺錢。

在這段期間裡，拉齊斯促成了班雅明與布萊希特的往來，班雅明讓拉齊斯對柏林的文化界以及夜生活打開了新的視野；拉齊斯讓班雅明對文化領域的職業革命家的生活與行動有進一步的認識，班雅明讓拉齊斯見識到他此時在文壇風向上已頗有分量的人脈。皮斯卡托（Piscator）與克拉考爾、克倫佩勒（Klemperer）與李奧．史特勞斯、布萊希特與阿多諾。他們會面、閒聊、討論、談新的計畫。與很快又加入的萊希博士一起，他們穿梭在柏林——這一九二〇年代真正的首都——面貌多樣的夜生活中。

香腸四周【班雅明】

每天晚上都有夠他們經歷與驚奇的東西。譬如一位名叫約瑟芬娜・貝克爾（Josephine Baker）的女子讓他產生十分獨特的感悟：「午夜過後到巴黎廣場（Pariser Platz）邊的弗爾莫勒家，為了見貝克爾。弗爾莫勒這次又找了一群奇特的人，而且沒人知道另一個人是做什麼的……女人的衣著什麼裸露程度都有，名字難以聽懂，也不知道說的是『女友』、『妓女』、還是『女士』……留聲機不間斷地唱著過去的流行歌曲，貝克爾坐在沙發上，沒跳舞，而是吃著一條又一條的香腸（叫作『熱狗』），他們還在等利赫諾夫斯基（Lichnowsky）女侯爵、馬克斯・萊茵哈特（Max Reinhardt）、哈爾登（Harden），但一直等不到。就這樣一直到三點我才告辭。」[28]一九二八年十月底，艾爾溫・皮斯卡托（Erwin Piscator）在家裡辦了一個聚會：「漂亮、明亮的房子，由格羅皮烏斯（Gropius）所佈置，『樸實』但很吸引人，裡面的人也很好看。相當大的聚會，四十到五十個人，有男有女，而且直到半夜人數越來越多；看起來這場聚會是為了向俄羅斯猶太裔導演格蘭諾夫斯基（Granowsky）致敬而舉辦的……認識了布萊希特。」[29]這段話是班雅明寫的嗎？不是。但完全可以是他的話。這引自熱衷社交的哈利・凱斯勒（Harry Kessler）伯爵的日記，因為他什麼聚會都參加。

爵士歌曲到處都是，此時也有用德文唱的男子團體「喜劇和聲者」（Comedian Harmonists）。這種「介於原始森林與摩天樓之間」（語出凱斯勒）半路上的音樂產物該如何看待，班雅明、維森格倫德與其他人在這些天裡大概不會有一致的意見。[30]不過所有人都完全同意一件事：俄國電影藝術無疑是衡量一切事物的標準。

班雅明把拉齊斯介紹給克拉考爾認識，她的上級也對此表示嘉許。她將到法蘭克福進行一場專題演講，不過先在柏林先就當代蘇維埃戲劇發表了一場演說：

「我建議把這場演說在演講廳對失業工人再講一次。那是一個巨大的講廳，而且坐滿。失業工人聽得非常專注。不過演講進行到一半卻被打斷了。靠近入口處讀講台另一端，有人在高喊：『紅色莫斯科煽動人士滾蛋！』闖進來的是一些納粹衝鋒隊（SA）的人。會場的糾察隊迎了上去。兩邊混戰了起來——你能聽到指節套環擊打的聲音。這時不知道從哪裡冒出一群紅色陣線少年團（Rotfront-Jungen）。他們對我喊著：女同志，不要怕——但是妳必須立刻離開！貝歇爾（Becher）抓住我的手把我從講台帶走。他一路拉著我，上樓梯又下樓梯，穿過一個院子，經過一條小巷，然後又是一個院子。我們抵達一個街角，然後走進一家啤酒小館。我們找了一張桌子坐下來，貝歇爾叫了小香腸跟啤酒。他說這種情況很常見。只要有共產黨的活動，衝鋒隊馬上就來。但是紅色陣線會打斷他們的鼻子。」[31]

這本來不是班雅明的世界，尤其不是他的風格。不過拉齊斯接著這段回憶又寫道，「整體說來，班雅明現在更專注也更重視實踐，更與土地結合。……這段時間他也更常與布萊希特見面。班雅明總是陪我到工人大會堂參加無產階級作家協會的公開活動……」

愛情真的會造成奇蹟與突破。至少在一些片刻或特定時期裡是如此。但是不消說：這樣是無法學習希伯來文的。而且這筆錢到五月時已經蒸發大半，基本上都是慷慨送掉的。

不過班雅明還是在一九二九年五月二十二日時非常自豪地通知舒勒姆，他終於「畫了最初的幾個希伯來文字母」。他現在真的開始上課了，也有勇氣首次親自向馬格內斯博士寫信道謝——距離接到支票已經超過半年了。然而這課程只維持了兩個禮拜。費了好大力氣才找到的鐘點老師有事得遠行，他的母親生了重病。班雅明又能怎麼反對呢？這種狀況在自己身上是再熟悉不過。

他不得不再次搬回代爾布呂克街上的老家。一九二九年六月六日，他寫信給真的生氣了的舒勒姆：「可惜我完全無法反駁你的指責；你說的絕對有理，而我在這件事情上產生了已經是病態的拖延心態；很不幸地，我三不五時就是會發生這種事。我秋天去找你的事全部只取決於我的經濟狀況。其他一切都是確定的。」[32]

獎助金已經花光了，所以他的經濟狀況又回到了朝不保夕的正常狀態。在這個春天，只有一個方面能讓班雅明克服他「病態的拖延」。阿斯雅已經「奉命」要在秋天返回莫斯科，只有結婚才可能讓她繼續留在柏林。我們不清楚班雅明是否特地為此與阿斯雅商量過或只是做過知會，總之他在一九二九年春天快結束時，遞出了與朵拉的離婚申請書。理由是妨礙婚姻的行為。

八月時他搬出了代爾布呂克街的老家，這次帶著他所有的家當。他把藏書裝箱，暫時住到朋友與譯者同行法蘭茲·赫塞爾那裡去。這時秋天已過了一半。如果一切都按照他曾做的承諾進行的話，現在他已經在耶路撒冷至少待上八個月了。又是再次寫一封信給舒勒姆的時間：「我不知道我有沒有跟你說過，我有一位女友，拉齊斯（！），在德國已經待了一年。她不久就要返回莫斯科，但前天她忽然急性腦炎發作（至少看起來是這樣），然後昨天，趁狀況還允許的時候，我把她送上了前往法蘭克福的火車，戈爾登史坦在那邊等她。戈爾登史坦認識她，也治療過她。我不久……也得過去……最近這段日子我工作異常勤奮，但都不是學希伯來文……」[33]

順帶一提，神經科醫師庫爾特・戈爾登史坦（Kurt Goldstein）是卡西勒最好的朋友之一。但這對班雅明已經不重要了。他現在有別的煩惱，而且他一直有工作計畫。一九二九年秋天，他在柏林與法蘭克福之間來回奔波。他與阿多諾、阿多諾的妻子格蕾特・卡普拉斯（Grete Karplus）、馬克斯・霍克海姆以及拉齊斯在療養勝地柯尼斯坦（Königstein）的一間度假屋裡做了好幾次聚會。在那裡，班雅明在小組面前朗讀手上的《拱廊街計畫》草稿。這幾個在柯尼斯坦度過的週末，在今日被視為所謂「法蘭克福學派」（Frankfurter Schule）真正的創始事件。這個學派後來在戰後統治了德國的人文思想將近五十年。

漫遊者【維根斯坦】

穿著法蘭絨短褲與厚重的農夫皮靴，背上背著旅行背包，這位年輕模樣的男子一站到眾多前來參加會議的人當中，立刻顯得非常不同。也許是一名學生，因為追隨羅賓漢（Robin Hood）的腳步在諾丁漢（Nottingham）迷了路，不知道這間飯店只接待會議的演講人。約翰・馬博特（John

Mabbott），牛津大學教授，試著用一句話把狀況說清楚：「這裡恐怕正要舉行一場哲學會議。」這位陌生人則回答：「我也怕是如此。」[34]

維根斯坦直到最後一秒都還在掙扎，是不是真的要前去參加這場「亞里斯多德學會」（Aristotelian Society）的年度會議。這是英國最重要的學院哲學家協會。總之，那個預告的題目《關於邏輯形式的幾點意見》（Einige Anmerkungen zur logischen Form）他是不會講的了。雖然他已經特地為此寫了一篇學術論文，他這輩子的第一篇論文，但是對於與此主題相關的問題，在經過與拉姆齊連續好幾個晚上的討論後，他比任何時候都更不明白。所以還是自由地思索《數學中的無限性概念》（Begriff der Unendlichkeit in der Mathematik），然後再看當場想說些什麼。此外這位《邏輯哲學論叢》的作者在這場會議上，特別是在此處，再度不抱任何被其他參與者理解的希望，哪怕只是一點點。「我擔心的是，不管你說什麼，在他們的腦袋裡要不是無法理解，就是還會製造更多不相干的混亂。」[35]

這是他在會議前幾天，用多年不改的語調對重新贏回的友人（而且現在也正式成為他的博士指導老師）羅素在信上所說的話。他還急切地請羅素務必出席。只是希望落空了，如會議上所顯示的那樣。

不上課【維根斯坦】

事實上，維根斯坦在一九二九年七月十四日的這場演講是他這輩子唯一一次出席學術會議，他為此撰寫的論文也是他這輩子僅有的「學術發表」。跟海德格一樣，他完全不把這類學術場合與會議論文當一回事。同樣地，在思想或政治領域，他也不想與任何宣言、自封的運動或甚至學派沾上絲毫的關係。在維也納，一群人在弗里德里希．魏斯曼的領軍下，準備編一本《科學的世界觀：維也納學派》（*Die wissenschaftliche Weltauffassung. Der Wiener Kreis*）作為向莫里茲．施利克致敬的祝壽文集。如果可能的話，他們希望維根斯坦也貢獻一篇文章。魏斯曼於是很小心地問了一下。這不是個好主意：「正因為施利克不是尋常人，所以更不應該用自吹自擂的文字，讓他以及他所代表的維也納學派變得滑稽可笑，即使是出於善意。如果我說『自吹自擂』，我指的是任何形式的自鳴得意與自我陶醉。『對形上學說不！』好像這是什麼新的東西一樣。維也納學派如果辦到了什麼，你得**指出來**（zeigen），而不是**用說的**（sagen）……你得用**實績**（das Werk）來讚美大師。」36

指出，而不是**說**。維根斯坦就是用這組關鍵的差異為他一九一九年的傑作奠定了基礎。儘管這組區分的重要性對他仍是不可爭辯的，但是對他來說，《邏輯哲學論叢》中的許多其他支柱卻在他返回劍橋僅僅六個月內，變成了問題。顯然並不是「所有問題基本上已經被終極解決」。事實上既沒有被他，也沒有被其他人解決。

內部問題【維根斯坦】

尤其是《邏輯哲學論叢》曾經的主要認定，「一個有意義的語句是一個**現實的圖像**（Bild der Wirklichkeit）」，現在維根斯坦卻覺得越來越可疑。所有有意義的語句真的無一例外都反應一個可能的世界狀態嗎？譬如這樣一句話：「自然數的序列是無限的」該怎麼看待？這句話顯然有意義，顯然不是空洞的，顯然是真的。但是真的有一個可想像的世界狀態能夠顯示這句話的真理嗎？一個這樣無限的狀態，根本來說，是有限的存有者能夠具體想像的嗎？如果可以的話，那麼「可想像」在這個脈絡下又是什麼意思？一個無限長的自然數序列，譬如說是不是跟一條無限長的繩子同等地可想像？還是在另一個意義下「可想像」？還是相反，是在另一個意義下「無限」？這些嚴肅的問題讓維根斯坦在到了劍橋後的頭幾個月裡幾乎無法成眠。另外同樣折磨他的是方法論的問題：像「無限」或「可想像」這樣的字——一個概念的有意義的使用簡直全靠這類字詞——那麼這類字詞不同的用法該如何掌握？真的只需要揭露這些語句有單一、統一的「主詞—述詞」邏輯形式，作為其被推定的基礎，就夠了嗎？**不**，事情確實沒有這麼簡單，維根斯坦在一九二九年夏天不可更改地確認了這一點。因此他在這個階段放棄了那個最後唯一能真正撐起《邏輯哲學論叢》世界圖像的信念：認為**邏輯的語言**是在我們生活形式的根基上的**首要語言**。

返回日常【維根斯坦】

這個重大的思想轉向，作為一九二九年在劍橋頭幾個月的關鍵事件，他很快也通知了施利克與魏斯曼。對兩人來說，這並非無關緊要的新消息，因為「維也納學派」如今已正式成立，作為「邏輯實證論者」（logische Empiristen），比起維根斯坦，他們更堅定地把哲學的希望寄託在「邏輯基礎語言」與「實驗控制的經驗」之間的交互作用之上，相信這種交互作用會窮盡一切有意義的研究。但是維根斯坦已經確定朝另外一個方向出發了。他也直截了當地讓他們知道這一點：

> 我曾經相信，有一種日常語言是我們一般說話時所用的語言，以及一種首要語言是表達我們真正知道的事情（也就是現象）時所用的語言。……我現在要解釋，為什麼我不再堅持這個見解了。我相信，我們本質上只擁有一種語言，而這就是尋常的語言。我們不需要發明一種新語言或者建構一種符號系統，日常語言就已經是那**真正的**語言，如果我們能把隱藏其中的不明確之處加以清除的話。我們的語言已經完全是沒有問題的，只是你要弄清楚，語言所象徵的是什麼。日常語言以外的其他語言也有其價值……譬如，若要陳述推論的關係，一套人為的符號系統非常有用。……但是如果你真正去觀察那事態，就會發現這套符號跟我們真實的語言相比，有很大的缺點。至於說「有一**種**主詞—述詞的形式」，這當然完全是錯的，實際上並不是只有一**種**，而是有非常多種。[37]

現在就連施利克也坦白表示不理解。他十分直接地問維根斯坦，你若放棄作為基礎的純粹邏輯形式，不就直接跌回康德在《純粹理性批判》中已經費力梳理過的那一大堆極易產生矛盾的基本問題裡了嗎？

人要如何跨入無限性與永恆？這要在什麼基礎上才能理解：透過經驗還是形式？透過決斷還是法則？人類語言在這個過程裡扮演什麼角色？而且真的只有一種語言嗎？如何在一切意義的基底上描述經驗的結構，而且用什麼方法：用物理與實驗的、現象學變化的、日常描述的？哪些判斷標準可以毫無疑義地分別存有與假象、意義與無意義？時間又扮演什麼角色，不論是作為物理可測量的，具體被經驗的，或甚至在回想中追憶的？維根斯坦在一九二九年裡就用他對這些達佛斯問題的思索，如痴如狂地寫滿了好幾本筆記本。這些思索也是他與伙伴們——包括拉姆齊、摩爾、施利克以及魏斯曼——討論的主要內容。在談話中，朋友們對維根斯坦極度跳躍的、不久就每天改換的論題發展感到不耐，而且難以負擔。

那不勒斯在劍橋【維根斯坦與斯拉法】

這位重返的上帝，不只在劍橋使徒社因為與人爭吵而引起社交圈的惡感，另外在與使徒社有鬆散連繫、以維吉尼亞與李奧納德．吳爾芙夫婦為中心的布魯姆斯伯里社團裡也是如此。的確，路德維希或許在一九一二年就已經有一點奇特。但是當他一九二九年回來的時候，在圈子中就澈底變成一個毫不妥協、爭執到底或者情緒惡劣滿腹牢騷的角色。特別是與女性的談話和相處為他帶來明顯的困難；與人同桌閒聊時，他頂多只會講一些乏味的笑話，不怎麼有趣。

雖然他多次在凱因斯家裡聚會，但是他從未與吳爾芙談過話。很令人遺憾。對兩人都是。不過在共產主義與具體社會現實的議題上，至少有一個深具啟發性的新朋友走進了他的生活，即來自那不勒斯的經濟學家皮耶洛．斯拉法（Piero Sraffa）。由於他是信仰堅定的社會主義者與安東尼奧．葛蘭西（Antonio Gramsci）的親信與密友，斯拉法不得不於一九二八年逃出墨索里尼統治的義大利。透過凱因斯的推薦，劍橋成了他學者生涯新的落腳處。斯拉法強大的辯論素養與不怕冒犯的個性在這個階段為維根斯坦帶來了挑戰與豐碩成果。有一次，當維根斯坦在談話中再度堅持，一個有意義的語句以及其所描述的世界狀態必然具有相同的邏輯形式，斯拉法就用家鄉的肢體語言來回應。他用手指在下巴下面摩擦，並且問維根斯坦：「那我**這樣**的邏輯形式是什麼？」[38]

在哲學影響力方面，斯拉法就像維根斯坦的那不勒斯與布萊希特兩者合一。他讓維根斯坦的思想降落在說話的基礎上，使之更貼近具體的脈絡，讓他更看到人類符號行為時常交錯與扭曲的多樣性。在第二部主要著作《哲學探討》的前言中，維根斯坦特別強調，他非常感謝斯拉法給他提供了「這本書中極其重要的一些想法」。

為一個目的而回想【維根斯坦】

這本書從一個基本認定出發：人類只有一套真正首要的符號系統，那就是日常的自然語言。但這個語言有內在的多樣性，也受到個別情境的限制，而這本書的突破之處，就在於堅決對這些現象予以探究與釐清。因為光就其本身而言，至少從哲學觀點來看，這個語言一切都非常正常，什麼問題都沒有。但前提當然是，你能夠對其符號使用的一切方式與樣態有盡可能清楚與全盤的認識。

按照這個觀點，如果有人以為存在所謂先天的哲學問題，那麼這不過是一種混亂所導致的結果；用維根斯坦的話來說，是「**我們的理解力因語言而中邪**」[39]的緣故。因此這個釐清或治癒的哲學過程，形式必須是對於已發生的混亂，有耐心且持續地進行拆解、揭發與診斷。主要的方法就是，去回想我們哪些話在哪些脈絡裡的使用是真正有意義的。就這個目的來說，哲學思考就是回想。[40]也就是要釐清，話語在我們的生活中，真正具有怎樣的角色與指涉。然而話語真正的指涉只會在其具體、正確、也就是真正承載意義的用法中才會顯現：「一個字的指涉就是它在語言中的用法。」[41]

話語的城市【維根斯坦】

維根斯坦的新方向也反應在他哲學思考的形式樣態上。他已不覺得必須把自己的思想澆鑄成僵硬、階層嚴明、切口平整的形式，像一部神學證明那樣。而是，他現在把哲學思考調整成思想日誌或既真心讚嘆也關注細節的漫遊者的旅行筆記那樣的文類。維根斯坦就在一九二九年裡踏上了這樣的旅程。這條路他一直堅持走到一九四五年，才終於完成了他的《哲學探討》：如同他在前言中說，這是一個許多想法與意見的彙編，「好像在在漫長蜿蜒的旅程中所留下的許多素描風景」。所以是旅行印象，或者說，是在穿越人類語言自身的多樣性的旅途中所產生的種種思想圖像：「相同的或是幾乎相同的論點，」維根斯坦繼續寫道：「經常是由不同的方向一再的探討，於是新的素描完成了……以便於別人欣賞的時候，可以得到這幅風景的圖像。因此，這部本書只不過是一本風景畫冊而已。」❷[42]

因為總結來說，如維根斯坦在他這第二部主要著作中所指出的，一個哲學問題就像一種感覺，「我迷路了，我已經不知道該怎麼走。」所以他把語言本身比擬為一座有許多狹窄巷道、充滿崎嶇角落的城市，人在裡面非常容易（甚至或許非常想要）走失。因此，做哲學思考的人的任務就是要替這座城市畫一張地圖，好讓迷路的人（他自己一開始也是當中的一個）明白他實際上位於何處，哪些路對於他在這個位置上是可以通行的，以便他能盡可能靠自己朝正確方向繼續前進。**讚美大師的只能是道路！**其他的都是吹噓。或是命運。

為了獲得一座城市適當的圖像，首先你必須先非常紮實地對城市進行探索——而且是從你發問當下的所在地點出發。沒有人先天在腦裡就有一張地圖，就算有也不會有絲毫幫助。畢竟這座（語

❷編按：引文中譯見：《哲學探討》，頁十五。

言的）城市，透過居住其中的人類的行走與活動，本身也持續在移動與變化之中。不斷有新的拱廊街、單行道與死巷出現，也有那些你直到很晚、甚至太遲才辨認出來的道路。那從笛卡兒開始的現代哲學，對維根斯坦來說（同時間的海德格、班雅明與卡西勒也會同意），就是這樣一個牽連重大的改建措施的最佳範例；此時這項改建已經從內到外決定了整個「城市圖像」，使其過度在人工的光芒中閃耀。差不多就像汽車與電力至今在我們的城市裡所造成的改變。無論如何，進步是另一回事。

衝撞圍牆【維根斯坦】

（根據維根斯坦）沒有任何關鍵字比「進步」一詞更會蒙蔽且誤導我們的文化。因此，進步也正是在哲學裡現在沒有、以後也永遠不會有的東西。因為若要進步，哲學得有自己真正的問題，還要有自己獨特的解決方法。但是照維根斯坦來看，這兩個哲學恰好都沒有，有的只是語言及其混亂。而且人還可以用回想的方式在語言中以及通過語言來擺脫這些混亂，這種可能性一直是開放的。但這就是一切了。這個世界上沒有什麼先天就對我們隱藏。這就是維根斯坦從一九二九年夏季起走上的新道路，而且他斷言之嚴格與詩意表達之精準，比他在《邏輯哲學論叢》裡不遑多讓。

即便維根斯坦對語言的見解在返回劍橋之後有了澈底的改變，但是他對哲學思想的目標與限制的觀點，則是與《邏輯哲學論叢》的時期完全一致：事實上並不存在任何哲學問題。本質性的洞見是不能說出來更不可能宣佈的，而是必須在獨立的實踐中浮現與被展示。倫理、價值、宗教、真正的人生意義——這整個領域只是一個虛幻的圈子，包含的都是無法以事實確認並因此毫無意義的主張。我們對這些主張特別必須靜默以對，因為那牽涉到一些真正關鍵的幽微之知。

維根斯坦也就是帶著這些訊息在一九二九年十一月直接面對一群劍橋學生。在「異端協會」（Häretiker）的邀請下（如社名已經暗示的，這是劍橋大學在使徒社之外第二個菁英團體），維根斯坦在他們的「道德科學俱樂部」（Moral Sciences Club）進行了一場關於倫理學的通俗哲學演說。下面是當中他對年輕人講的一些話：

> 我常常想衝撞語言的邊界，而且我相信這是所有曾經試著書寫、談論倫理或宗教問題的人，都會有的衝動。這種朝著我們籠子的牆壁的衝撞，是完全、絕對沒有希望的。只要倫理學順從了願望，開始談起人生的終極意義、絕對的善、絕對的價值，就不可能是科學。這種倫理學不管說了什麼，都不會讓我們的知識在任何意義上有所增加。然而這證明了人類意識中有某種衝動，以我來說，我只能對此表示敬畏，而且無論如何也不願加以嘲笑……[43]
>
> 同時，那些最容易引發此類衝動的經驗是他再熟悉也不過的，是他珍貴的生命體驗：
>
> 我願意描述這個體驗，以便盡可能地鼓勵你們，把自己相同或類似的經驗從記憶中喚起，如此我們就有共同的基礎來進行我們的探索。要描述這個經驗最容易的方式，我想就是告訴各位，

當我感覺到它時，我會對**這個世界的存在**感到驚嘆。然後我就會想使用下面這類表述方式：「多麼奇妙啊，竟然有東西存在」，或者「多麼奇怪啊，這世界存在著」。這裡我接著要提到另外一個體驗，是我同樣熟悉而且或許你們當中也有人有過的。我們可以把這個體驗稱做**絕對的**安全感。我指的是一種意識狀態，你若在這種狀態中，就會傾向說：「我很安全，沒有任何東西能傷害我，不管發生什麼事都一樣。」[44]

在他最好的時刻裡，維根斯坦不只自己能感受到這種充滿驚嘆的安全狀態，還能以一個指導者的形象用思想將之傳遞給其他人。正如當天晚上很可能發生的那樣，這是他在劍橋真正作為哲學老師的誕生時刻。

終曲

海德格在一九二九年七月二十四日，以《何謂形上學？》（Was ist Metaphysik）為題發表就職演說，接下了胡賽爾在弗萊堡的教授講座。在演說中他把人稱為「虛無的占位者」（Platzhalter des Nichts）。新年時他寫信給布洛赫曼：「到校的義務、錯亂的學術工作以及與此相關的一切，都不再落到我頭上了。不過責任也變重了；想到我相信必須做的事情，常常還是會覺得頗為寂寞。」

三年半後，在一九三三年五月一日，海德格以新任弗萊堡大學校長的身分就《德國大學的自我主張》（Die Selbstbehauptung der deutschen Universität）發表演說。此時作為納粹黨的一員，他在一篇伴隨著校長任命而發表的報刊文章中懇請全體德國大學生：「你們存在的準則不是定理與『理念』。而是領袖本身以及唯有領袖才是今天與未來的德國現實及其法律。」[45]

卡西勒於一九二九年七月六日以壓倒性多數被選為漢堡大學校長。他於一九二九年十一月七日發表就職演說，題目是《哲學中真理概念的形式與形態演變》（Formen und Formwandlungen des philosophischen Wahrheitsbegriffs）。就職慶祝活動遭到納粹黨的學生聯合會阻礙。瓦爾堡沒能等到這場就職典禮。他於一九二九年十月二十六日意外地突然死亡。

由於希特勒頒布的《專職公務人員制度重建法》（Gesetzes zur Wiederherstellung des Berufsbeamtentums），實際上強迫他放棄了教職，卡西勒與妻子一起於一九三三年五月二日離開德國，前往瑞士。這對夫妻後來再也沒能回到德國。卡西勒的最後一本書是他在流亡美國期間在耶魯大學擔任客座教授時完成的。書的標題是：《國家的神話》（*Der Mythus des Staates*）。

班雅明不意外地因為離婚官司對他的財務造成「殘酷」打擊而痛苦萬分，在一九二九年十月中陷入嚴重的精神崩潰。他在阿斯雅的陪伴下一起經歷了十月二十四日紐約股票市場的大崩盤。這個新年他獨自一人在巴黎的一間旅館裡度過。他從此再也沒有固定的居所。沒能完成《拱廊街計畫》。沒有再見過阿斯雅·拉齊斯。他也不曾再上過希伯來文課。接下來的十年他主要在巴黎度過。在希特勒上台之後，班雅明發表文章的機會越來越有限。

一九四〇年九月二十六日到二十七日的夜裡，班雅明在躲避被遣送的逃亡路上，在庇里牛斯山（Pyrenäen）距離西班牙邊境只有幾百公尺的小鎮波爾沃（Portbou），用過量的嗎啡結束了自己的性命。他帶在身邊的旅行手提包裡面有一個鐘、一個菸斗、兩件領子襯衫、一張X光照片，還有一份手寫的草稿，標題是《論歷史的概念》（*Über den Begriff der Geschichte*）。

維根斯坦一九二九年的聖誕節（就跟之後的聖誕節一樣，一直到奧地利被納粹兼併為止）是在維也納跟他的姐姐們一起度過。一九三〇年一月他開始在劍橋教書。一次在他出發去度假之前，一位同事問他，他開的課程要用什麼名稱公告在課程表上。[46]維根斯坦想了很久。最後他回答：「『哲學』。不然呢？」

謝詞

沒有人該獨自寫一本書，也沒有人能夠這麼做。我在這裡要特別感謝下列各位：

麥克・蓋伯（Michael Gaeb）與湯姆・克勞哈爾（Tom Kraushaar）從一開始就伴隨著進行這個計畫。

克里斯多福・塞爾澤（Christoph Selzer）、葉琳那・法拉姆（Yelenah Frahm）、多羅提雅・肖爾（Dorothea Scholl）還有克里斯提安・布朗（Christiane Braun）做了審稿與校讀的工作。

麥克・漢普（Michael Hampe）與弗里茲・布雷浩普特（Fritz Breithaupt）和我進行討論，給了我關鍵性的提示。

法布利斯・格舍爾（Fabrice Gerschel）以及《哲學雜誌》（*Philosophie Magazin*）的整個團隊給了我自由的空間與包容。

「哲學與文學」（Philosophie und Literatur）工作小組的主持人與成員（屬於蘇黎世的瑞士聯邦科技大學）允許我提供部分文稿作為討論之用。

布魯明頓（Bloomington）的印第安那大學德文系在二〇一七年春天提供我「傑出馬克斯・卡德（Max Kade）客座教授」的獎勵，讓我得以在絕佳的工作環境下撰寫書稿。並且當地參加GER-G – 625 研究生課程「思想的爆炸」的學生，提出了有益的問題與洞見。

寫了我四位「魔法師」的偉大傳記作家：呂迪格・薩弗蘭斯基（《來自德國的大師—海德格與

他的時代》）、雷伊・孟格（《天才的責任：維根斯坦傳》）、湯瑪士・麥爾（Thomas Meyer）（《恩斯特・卡西勒》）以及豪霍・埃蘭（Howard Eiland）與麥克・捷寧斯（Michael W. Jennings）（《華特・班雅明——一個批判的人生》）。他們的作品在我撰寫本書的過程中一直陪伴著我，並持續給我提供靈感。

我還要感謝皮婭（Pia）、文拉（Venla）以及凱莎（Kaisa）；她們許多年來不只忍受我，還承擔著我。

註釋

I. 序幕——魔法師們

1. 關於博士口試與相關情境的描述，是根據 Monk, R. (1991), S. 255 ff.
2. 關於「使徒社」聚會的氣氛見 Hale, K. (1998)
3. McGuinness, B. und v. Wright, H. (Hrsg.) (1980),（以下作：Wittgenstein, Briefwechsel）, S. 176
4. 引自 Monk, R. (1991), S. 271
5. 同上，S. 272，由本書作者自英文譯出。
6. 關於這場辯論及其脈絡，在 Kaegi, D. und Rudolph, K. (Hrsg.) (2002) 有詳細的描述。
7. Cassirer, T. (2003), S. 186 ff.
8. Friedman, M. (2004)
9. Neske, G. (Hrsg.) (1977), S. 28
10. 引自 Safranski, R. (2001), S. 231
11. GS , Bd. IV -1, S. 237
12. GS , Bd. I-1, S. 227
13. 關於班雅明這個生活階段的詳細描述，請見 Eiland, H. und Jennings, W. (2014), S. 314 ff.
14. 引自 Puttnies, H. und Smith, G. (Hrsg.) (1991), S. 145 ff.

II. 跳躍——一九一九年

1. GS , Bd. II -1, S. 171
2. 見 Lubrich, O. (2016), S. 29
3. 參考 Eiland, H. und Jenkins, M. (2014), S. 102
4. GB , Bd. II , S. 29
5. GS , Bd. I-1, S. 7 – 122
6. 同上 S. 78
7. 同上 S. 58
8. 同上 S. 65 f.
9. GB , Bd. II , S. 51
10. 引自 Monk, R. (1991), S. 171
11. Wittgenstein, Briefwechsel, S. 96
12. 參考 Waugh, A. (2010), S. 38 ff.
13. 8. 7. 1916, WA , Bd. 1, S. 169
14. 同上
15. 2. 8. 1916, 同上 S. 174
16. 引自 Ott, H. (1988), S. 107
17. 同上 S. 106 ff.
18. 同上 S. 114
19. 這場演說對海德格的思想路徑意義重大，見 Safranski, R. (2001), S. 112 ff. 此處的陳述大致跟隨 Safranski 的詮釋。
20. GA , Bd. 56/57, S. 3 – 117
21. 同上，S. 63 f.
22. 同上 S. 67 f.
23. 同上，S. 220
24. Storck, J. W. (1990), S. 14
25. Cassirer, T. (2003), S. 120 f.
26. ECW , Bd. 7, S. 389
27. 參考 Meyer, T. (2006), S. 81
28. ECW , Bd. 6
29. 家族傳記見 Bauschinger, S. (2015)
30. 相關脈絡於 Leo, P. (2013) 有很完整的整理。
31. Cassirer, T. (2003), S. 120
32. 首度由一本傑出的研究考證整理出來：Schubbach, A. (2016), S.

33 ff.
33. ECW , Bd. 18, S. 36

III. 語言——一九一九至一九二〇年

1. Wittgenstein, Briefwechsel, S. 90
2. Wittgenstein, H. (2015), S. 158
3. Fitzgerald, M. (2000)
4. Descartes, R. (1965), Zweite Meditation, 29
5. WA , Bd. 1, PU , 309 (S. 378)
6. 特別參考 anik, A. und Toulmin, S. (1984)
7. 請看 Bartley, W. W. (1983), S. 24 f.
8. 關於這次拜訪的描述是依據 Monk, R. (1991), S. 182 ff.
9. 參考 Monk, R. (1991), S. 182
10. Heidegger, G. (2005), S. 98
11. 同上 S. 96 ff.
12. 同上 S. 95
13. 同上 S. 99
14. 同上 S. 101
15. GA , Bd. 56/57, S. 91 f.
16. Heidegger, G. (2005), S. 116
17. 同上 S. 112
18. GB , Bd. II , S. 87 ff.
19. GS , Bd. II -1, S. 140 – 157
20. GB , Bd. II, S. 108
21. 見 Heidegger, GA, Bd. 1
22. GB , Bd. II , S. 127
23. GS, Bd. IV -1, S. 7 – 65
24. 同上 S. 112 f.
25. GS , Bd. IV -1, S.
26. 同上，S. 12
27. 同上 S. 13 f.
28. 同上 S. 16
29. GS , Bd. II -1, S. 144
30. Scheler, M. in: Witkop, P. (1922), S. 164
31. Cassirer, T. (2003), S. 111
32. Cassirer, E. ›Disposition‹ der ›Philosophie des Symbolischen‹, S. 32, 引自 Schubbach, A. (2016), S. 433
33. ECW, Bd. 12, S. 231
34. WWS , S. 175 f.
35. 同上 S. 101
36. ECW , Bd. 11
37. 同上 S. 48
38. 同上，S. 49
39. 同上 S. X
40. Manuskript 1919, S. 243, 引自 Schubbach, A. (2016), S. 355 f.

IV. 教育——一九二二至一九二三年

1. Heidegger, G. (2005), S. 124
2. Biemel, W. und Saner, H. (Hrsg.) (1990), S. 33
3. GA, Bd. 62, S. 348
4. 同上 S. 354
5. 同上 S. 350
6. 同上 S. 358
7. Biemel, W. und Saner W. (Hrsg.) (1990), S. 122
8. Heidegger, G. (Hrsg.) (2005), S. 127
9. 引自 Cassirer, T. (2003), S. 138
10. 同上 S. 132
11. 同上 S. 131
12. 參考 Cassirer, T. (2003), S. 126
13. 參考 http://www.warburg-haus.de/kulturwissenschaftliche-bibliothek-warburg/
14. 引自 Meyer, T. (2006), S. 102

15. 同上 S. 103
16. WWS , S. 214
17. 同上 S. 24
18. Cassirer, T. (2003), S. 133
19. WWS , S. 38
20. Cassirer, T. (2003), S. 146
21. GB, Bd. II , S. 182
22. 同上 S. 270
23. 同上 S. 274
24. 同上 S. 290
25. 同上 S. 173
26. GS , Bd. I-1, S. 123 – 201
27. 同上 S. 134
28. 同上 S. 139
29. 同上 S. 154
30. 同上 S. 164 f.
31. 同上 S. 185
32. 同上 S. 169 f.
33. 同上 S. 188
34. 同上 S. 189
35. Wünsche, K. (1985), S. 202
36. 同上
37. 同上 S. 140
38. Brief an Engelmann, 2. 1. 1921, in Somavilla, I. (2006), S. 32
39. Russell, B. (2017/orig. 1927)
40. Wittgenstein, Briefwechsel, S. 123

V. 你——一九二三至一九二五年

1. Wünsche, K. (1985), S. 180 f.
2. Wittgenstein, Briefwechsel, S. 109 und 115
3. 同上 S. 126
4. 同上
5. 引自 Wünsche, K. (1985), S. 195
6. Wright, G. v. (1975), S. 69
7. Wittgenstein, Briefwechsel, S. 129
8. 同上 S. 139 f.
9. 同上 S. 142
10. 參考 hierfür SuZ, § 11, S. 50 f.
11. Warburg, A. M. (1995), S. 55
12. 關於這次會面的脈絡與過程，參考 Bredekamp, H. und Wedepohl, C. (2015). 本書的文字描述以此為準。
13. 關於這一點請見 Cassirer, T. (2003), S. 150
14. Marazia, C. und Stimilli, D. (Hrsg.) (2007), S. 112
15. 同上
16. 參考 Safranski, R. (2001), S. 156 ff.
17. 本章一個較早的版本發表於 Philosophie Magazin, 5/17
18. Arendt, H. und Heidegger, M. (1998), S. 14
19. 同上 S. 11
20. 關於鄂蘭與海德格的戀愛，Grunenberg, A. (2016) 有詳細的敘述。
21. Arendt, H. und Heidegger, M. (1998), S. 31
22. 關於海德格與鄂蘭對於愛情概念更進一步的哲學詮釋，請參閱一本出色的研究：Tömmel, T. N., »Wille und Passion« (2013)
23. Safranski, R. (2001), S. 163
24. GB , Bd. II , S. 351
25. 同上 S. 370
26. 同上 S. 406
27. 同上 S. 445
28. 參考 GS , Bd. IV -1, S. 308
29. GB , Bd. II , S. 448
30. Lacis, A. (1976), S. 46

31. GB , Bd. II , S. 466 ff.
32. 同上 S. 486
33. GS , Bd. IV -1, S. 307 – 316
34. 關於這一點，請看 Mittelmeier, M. (2013) 思想豐富的研究。
35. GS , Bd. IV -1, S. 309
36. 同上 S. 310
37. 同樣的看法見 Mittelmeier, M. (2013), S. 44 f.

VI. 自由——一九二五至一九二七年

1. 關於這一點與以下敘述，請參考 Mittelmeier, M. (2013), S. 52 ff.
2. Später, J. (2016), S. 177
3. 參考 Mittelmeier, M. (2013), S. 52
4. 至於一直有人認為，舒爾茲也受反猶偏見的影響，這個看法已經由 Jäger, L. (2017) S. 151 ff. 以充分的證據與非常可信的論述給推翻了。
5. 引自 Jäger, L. (2017), S. 153
6. GB , Bd. III , S. 14
7. GS , Bd. II -1, S. 140 – 157
8. GS , Bd. I-1, S. 217
9. GS , Bd. II- 1, S. 142
10. GS , Bd. I-1, S. 226
11. 關於這一點，請參考 Heidegger, M., »Der Ursprung des Kunstwerks«, in: GA, Bd. 5, S. 1 – 74
12. GS , Bd. I-1, S. 217
13. 一個重要的例子請見 Habermas, J. (1991)
14. GS , Bd. I-1, S. 406 f.
15. GS , Bd. II -1, S. 155
16. 參考 Benjamin, W., »Die Aufgabe des Übersetzers«, in: GS , Bd. IV -1, S. 9 – 21
17. GS , Bd. I-1, S. 403
18. GB , Bd. III , S. 73
19. 根據 Mittelmeier, M. (2013), S. 36 f.
20. GS , Bd. I-1, S. 350
21. GB , Bd. III , S. 102
22. Heidegger, G. (Hrsg.) (2005), S. 140
23. SuZ, § 4, S. 12
24. 參考 WA , Bd. 1, Tractatus, 6.4312
25. SuZ, § 15, S. 66 f.
26. 同上 S. 68 f.
27. 同上 S. 69
28. Biemel, W. und Saner, H. (Hrsg.) (2003), Brief vom 26. 12. 26, S. 71
29. SuZ, § 40, S. 187 f.
30. 同上 S. 189
31. Biemel, W. und Saner, H. (Hrsg.) (1990), S. 47
32. SuZ, § 50, S. 250
33. Biemel W. und Saner H. (Hrsg.) (1990), S. 54
34. Heidegger, G. (Hrsg.) (2005), S. 147
35. Kipphoff, P.: (1995), http://www.zeit.de/1995/17/Das_Labor_des_Seelen-archivars
36. ECW , Bd. 14
37. 關於卡西勒對文藝復興的理解，Schwemmer, O. (1997), S. 221 – 242 做了典範的整理。
38. ECW , Bd. 14, S. 3
39. 這個概念我得自於 Michael Hampe（在談話中告知）。

40. ECW , Bd. 14, S. 131 f.
41. Koder, R. und Wittgenstein, L. (2000), S. 12
42. WA, Bd. 1, PU , S. 237
43. 同上 S. 237 f.
44. 同上 S. 239
45. 同上 S. 243
46. 這 一 點 請 參 考 Wünsche, K. (1985), S. 92 ff.
47. 同上 S. 106
48. 同上 S. 100 f.
49. 此處的敘述根據 Wünsche, K. (1995), S. 272 ff.

VII. 拱廊街——一九二六至一九二八

1. Wittgenstein, Briefwechsel, S. 113
2. 引自 Sarnitz, A. (2011), S. 57
3. Wittgenstein, H. (2015), S. 163
4. 參考 Monk, R. (1991), S. 162
5. 參　考 Janik, A. und Toulmin, S. (1984), S. 248
6. 引自 Sigmund, K. (2015), S. 121
7. 引自 Schilpp, P. (1963), S. 25 ff., 由沃弗朗·艾倫伯格自英文譯出。
8. GA , Bd. III , S. 68
9. GB , Bd. III , S. 188 f.
10. GS , Bd. IV -1, S. 83 – 148
11. 同上 S. 85
12. GB , Bd. III , S. 158 (aus einem Brief an Scholem vom 29. 5. 1926)
13. 同上 S. 158 f.
14. 同上 S. 195
15. 以 »Moskauer Tagebuch« 為標題出版於 GS , Bd. VI, S. 292 – 409
16. GB , Bd. III , S. 221 f.
17. GS , Bd. VI , S. 312
18. 同上 S. 306
19. 同上 S. 317
20. 同上 S. 318
21. 同上 S. 359
22. 見 Blom, P. (2014), S. 94
23. 引自 GB , Bd. III , S. 305. 舒勒姆對這次會面的完整描述見於：Scholem, G. (1975), S. 172 – 175
24. GB , Bd. III , S. 346
25. ECW , Bd. 13, S. 1
26. Cassirer, T. (2003), S. 163 ff.
27. 引　自 Blumenberg, H. (1979), S. 73
28. 請見 Gumbrecht, H. U. (2001), S. 187
29. Cassirer, T. (2003), S. 165
30. 參考 Meyer, T. (2006), S. 109
31. 同上
32. Bauschinger, S. (2015), S. 159
33. 同上 S. 111
34. ECW , Bd. 17, S. 291
35. 同上 S. 295 f.
36. 同上 S. 302
37. 同上 S. 307 f.
38. 見 Meyer, T. (2006), S. 152
39. Cassirer, T. (2003), S. 181
40. Heidegger, G. (Hrsg.) (2005), S. 148 f.
41. 同上 S. 153
42. GA , Bd. 26, S. 185
43. Storck, J. W. (Hrsg.) (1990), S. 25
44. Heidegger, G. (Hrsg.) (2005), S. 157
45. Storck, J. W. (Hrsg.) (1990), S. 25 f.

VIII. 時間——一九二九年

1. Heidegger, G. (Hrsg.) (2005), S. 160 f.
2. 同上 S. 161 f.
3. 引自 Friedman, M. (2004), S. 22
4. Heidegger, G. (Hrsg.) (2005), S. 161
5. Sorck, J. W. (1990), S. 30
6. Cassirer, T. (2003), S. 188
7. 引　自 Krois, J. M. (2002), in: Kaegi, D. und Rudolph, E. (Hrsg.) (2002), S. 239
8. 同上 S. 244
9. 同上 S. 239
10. Cassirer, T. (2003), S. 188
11. 引　自 Kaegi, D. und Rudolph, E. (Hrsg.) (2002), S. V
12. 所有引文都出自 Heidegger, GA , Bd. 3, (S. 274 – 296) 所刊印的辯論會紀錄。
13. Heidegger, G. (Hrsg.) (2005), S. 162
14. Storck, J. W. (1990), S. 30
15. 引　自 Krois, J. M. (2002), in: Kaegi, D. und Rudolph, E. (Hrsg.) (2002), S. 234
16. 見 GA , Bd. 3
17. GB , Bd. III , S. 449
18. 同上 S. 378
19. GS , Bd. II -1, S. 310 – 324
20. 同上 S. 295 – 310
21. 同上 S. 298
22. 同上 S. 307 und 300
23. 同上 S. 312 und 319 f.
24. GS , Bd. V-1, S. 45
25. GB , Bd. III , S. 403 f.
26. Lacis, A. (1976), S. 62
27. GB , Bd. III , S. 417
28. Kessler, H. (1961), S. 462
29. 同上 S. 376 f.
30. 參考 Blom, P. (2014), S. 286 f.
31. Lacis, A. (1976), S. 59
32. GB , Bd. III , S. 463
33. 同上 S. 483
34. 引自 Monk, R. (1991), S. 275
35. 同上
36. WA , Bd. 3, S. 18
37. 同上 S. 44 f.
38. 引自 Monk, R. (1991), S. 261
39. WA , Bd. 1, PU 109, S. 299
40. 同上 § 127
41. 同上 43, S. 262
42. 同上 Vorwort, S. 231 f.
43. Wittgenstein, L. (1989), S. 18 f.
44. 同上 S. 14 f.
45. GA , Bd. 16, S. 184
46. 引自 Monk, R. (1991), S. 289

人名對照表

A

Abraham〔"Aby"〕Moritz Warburg 亞伯拉罕（阿比）．莫里茲．瓦爾堡
Adhémar Geld 阿代馬爾．格爾布
Alban Berg 阿班．貝爾格
Albert Einstein 愛因斯坦
Adolf Hitler 阿道夫．希特勒
Adolf Loos 阿道夫．羅斯
Alfred Cohn 阿爾弗列德．柯恩
Alfred North Whitehead 懷德海
Alfred Sohn-Rethel 阿爾弗列德．索恩雷特爾
Alfred Roenberg 阿爾弗列德．羅森伯格
Alfred Weber 阿爾弗列德．韋伯
Asja Lacis 阿斯雅．拉齊斯
Anaïs Nin 阿娜伊斯．寧
André Breton 安德烈．布勒東
Anna 安娜
Anne 安娜
Antonio Gramsci 安東尼奧．葛蘭西
Arthur Moritz Schoenflies 亞瑟．莫里茲．薛恩福里斯
Alfred North Whitehead 懷德海

B

Baruch de Spinoza 巴魯赫．德．史賓諾沙
Bergson 柏格森
Bernhard Reich 伯恩哈德．萊希
Berthold Brecht 貝爾托德．布列希特
Bertrand Russell 柏特朗．羅素
Bruno Bauch 布魯諾．鮑赫

C

Coco Chanel 可可．香奈兒
Charles Baudelaire 波特萊爾
Charles Lindbergh 查爾斯．林白
Charlie Chaplin 卓別林
Charles Kay Ogden 查爾斯．凱伊．奧格登

D

Darwin 達爾文
David Hume 休謨
David Pinsent 大衛．平森特
Dostojewski 杜斯妥也夫思基
Dora Black 朵拉．布萊克
Dora 朵拉
Dr. Embden 安博登醫生
Duns Scotus 鄧斯．司各脫

E

Edmund Husserl 埃德蒙．胡賽爾
Elisabeth Blochmann 伊莉莎白．布洛赫曼
Engelbert Krebs 恩格貝爾特．克雷布斯
Edgar Wind 艾德加．溫德
Edward Morgan Forster 愛德華．摩根．福斯特
Emmanuel Levinas 伊曼努爾．列維納斯
Ernst Cassirer 恩斯特．卡西勒
Ernst Heimingway 海明威
Ernst Mach 恩斯特．馬赫
Ernst Jahoda 恩斯特．亞赫達

Erich Gutkind 艾瑞克・古特肯德
Erwin Panofsky 艾爾溫・潘諾夫斯基
Er win Piscato 艾爾溫・皮斯卡托
Erich Schön 艾瑞克・薛恩

F

F. Scott Fitzgerald F・史考特・費茲傑羅
Fichte 費希特
Florens Christian Rang 佛羅倫斯・克里斯提安・郎格
Frank Ramsey 法蘭克・拉姆齊
Franz Hessel 法蘭茲・赫塞爾
Franz Schultz 法蘭茲・舒爾茲
Friedel Caesar 弗利德爾・凱薩爾
Friedrich Ebert 弗里德里希・埃博特
Friedrich Gundolf 弗里德里希・宮道爾夫
Friedrich Waismann 弗里德里希・魏斯曼
Fritz Mauthner 弗利茲・毛特納
Fritz Saxl 弗利茲・撒克索

G

Georg 格奧爾格
Georg Lukács 喬治・盧卡奇
George Edward Moore 喬治・愛德華・摩爾
Gerhard Krüger 傑哈德・克律格
Gershom Scholem 哥舒姆・舒勒姆
Getrude Stein 葛楚・史坦
Goethe 歌德
Gottfried Salomon-Delatour 高特弗瑞德・薩洛蒙—德拉圖爾
Gottfried Wilhelm Leipniz 萊布尼茲
Gottlob Frege 戈特洛布・弗雷格
Graf Kuki 九鬼伯爵
Granowsky 格蘭諾夫斯基
Grete Karplus 格蕾特・卡普拉斯
Gustav Klimt 克林姆
Gustav von Kahr 古斯塔夫・馮・卡爾
Gustav Stresemann 古斯塔夫・施特雷澤曼
Gustav Radbruch 古斯塔夫・拉德布魯赫

H

Hannah Arendt 漢娜・鄂蘭
Hans Castrop 漢斯・卡士托普
Hans-Georg Gadamer 漢斯—格奧爾格・高達美
Hans Jonas 漢斯・約拿斯
Harden 哈爾登
Harry Kessler 哈利・凱斯勒
Helene 海倫娜
Heinrich Rickert 海因里希・里克特
Heinz 海因茲
Henry James 亨利・詹姆士
Herbert Feigel 赫伯特・費格爾
Herder 赫德
Hermann Cohen 赫爾曼・柯亨
Hermann Hesse 赫曼・赫塞
Hermine 赫爾米娜
Hölderlin 賀德林
Hugo Ball 雨果・巴爾
Hugo von Hofmannsthal 雨果・馮・霍夫曼斯塔

I

Immanuel Kant 康德

J

James Joyce 詹姆斯・喬伊斯
Jean Giraudoux 讓・吉侯杜
Jerome Stonborough 傑羅姆・史東博勒

Otto F. Bollnow 奧圖・柏爾諾
Otto Neurath 奧圖・紐拉特
Otto Weininger 奧圖・魏寧格

P

Paul 保羅
Paul Engelmann 保羅・恩格爾曼
Paul Klee 保羅・克利
Paul Natorp 保羅・納托普
Peirce 皮爾斯
Picasso 畢卡索
Piero Sraffa 皮耶洛・斯拉法
Piribauer 皮里鮑爾

R

Rainer Maria Rilke 萊納・瑪利亞・里爾克
Raymond Klibansky 雷蒙德・克里班斯基
Rembrandt 林布蘭
René Descartes 勒內・笛卡兒
Richard Herbertz 理查・赫爾柏茲
Richard Weißbach 理查・魏斯巴赫
Robert Binswanger 羅伯特・賓斯萬格
Robert Musil 羅伯特・穆希爾
Rosa Luxemburg 羅莎・盧森堡
Rudolf 魯道夫
Rudolf Bultmann 魯道夫・布爾特曼
Rudolf Carnap 魯道夫・卡納普
Rudolf Koder 魯道夫・柯德爾
Rüdiger Safranski 呂迪格・薩弗蘭斯基

S

S. Fischer S・費雪
Salvador Dalí 達利
Schelling 謝林
Schoppenhauer 叔本華
Semmering 塞莫林
Sigfried Kracauer 齊格飛・克拉考爾
Sigmund Freud 西格蒙德・佛洛伊德
Stefan 史帝芬
Stefan George 史提芬・吉歐格
Sören Kierkegaard 索倫・齊克果

T

Thea Elfride Petri 提雅・埃爾芙利德・佩特理
Theodor Wiesengrund Adorno 提奧多・維森格倫德・阿多諾
Thankmar von Münchhausen 唐克瑪・馮・明希豪森
Thomas Mann 托馬斯・曼
Thomas Stonborough 托馬斯・史東博勒
Toni 東妮
Tristan Tzara 特里斯坦・查拉

V

Virginia Woolf 維吉尼亞・吳爾芙

W

Walter Benjamin 華特・班雅明
Walter Bröcker 瓦爾特・柏洛克
Wladimir Iljitsch Uljanow 佛拉迪米爾・伊里奇・烏里揚諾夫
Wilhelm Braumüller 威廉・布勞慕勒
Wilhelm von Humboldt 威廉・馮・洪堡
Willi Haas 威利・哈斯
William Blackstone 威廉・布萊克斯通
William Carlos Williams 威廉・卡洛斯・威廉斯
William James 威廉・詹姆士
William Stern 威廉・施特恩

Z

Zelda Fitzgerald 薩爾達・費茲傑羅

相關作品

華特・班雅明

Walter Benjamin, Gesammelte Schriften (=GS), 7 Bände, hrsg. von Rolf Tiedemann und Hermann Schweppenhäuser, Suhrkamp, Frankfurt a. M., 1974 – 1989.

GS Bd. I-1 / Der Begriff der Kunstkritik in der deutschen Romantik / Goethes Wahlverwandtschaften / Ursprung des deutschen Trauerspiels, Suhrkamp, Frankfurt a. M.

GS Bd. I-2 / u. a. Über den Begriff der Geschichte, Suhrkamp, Frankfurt a. M.

GS Bd. II-1 / Frühe Arbeiten zur Bildungs- und Kulturkritik / Metaphysisch-geschichtsphilosophische Studien / Literarische und ästhetische Essays, Suhrkamp, Frankfurt a. M.

GS Bd. II-2 / Literarische und ästhetische Essays (Fortsetzung) / Ästhetische Fragmente / Vorträge und Reden / Enzyklopädieartikel / Kulturpolitische Artikel und Aufsätze, Suhrkamp, Frankfurt a. M.

GS Bd. III / Kritiken und Rezensionen, Suhrkamp, Frankfurt a. M.

GS Bd. IV-1 / Charles Baudelaire, Tableaux parisiens / Übertragungen aus anderen Teilen der »Fleurs du mal« / Einbahnstraße / Deutsche Menschen / Berliner Kindheit um Neunzehnhundert / Denkbilder / Satiren, Polemiken, Glossen / Berichte, Suhrkamp, Frankfurt a. M.

GS Bd. V / Das Passagen-Werk, Suhrkamp, Frankfurt a. M.

Walter Benjamin, Gesammelte Briefe (=GB):

Bd. II (1919 – 1924), hrsg. von Christoph Gödde und Henri Lonitz, Suhrkamp, Frankfurt a. M., 1996.

Bd. III, (1925 – 1930), hrsg. von Christoph Gödde und Henri Lonitz, Suhrkamp, Frankfurt a. M., 1997.

恩斯特・卡西勒

Ernst Cassirer, Gesammelte Werke (=ECW), Hamburger Ausgabe, hrsg. von Birgit Recki, Meiner, Hamburg 1998 – 2009.

ECW 6 / Substanzbegriff und Funktionsbegriff. Text und Anmerkungen bearbeitet von Reinold Schmücker, Hamburg 2000.

ECW 7 / Freiheit und Form. Text und Anmerkungen bearbeitet von Reinold Schmücker, Hamburg 2001.

ECW 10 / Zur Einsteinschen Relativitätstheorie. Erkenntnistheore tische

Betrachtungen. Text und Anmerkungen bearbeitet von Reinold Schmücker, Hamburg 2001.

ECW 11 / Philosophie der symbolischen Formen. Erster Teil. Die Sprache. Text und Anmerkungen bearbeitet von Claus Rosenkranz, Hamburg 2001.

ECW 12 / Philosophie der symbolischen Formen. Zweiter Teil. Das mythische Denken. Text und Anmerkungen bearbeitet von Claus Rosenkranz, Hamburg 2002.

ECW 13 / Philosophie der symbolischen Formen. Dritter Teil. Phänomenologie der Erkenntnis. Text und Anmerkungen bearbeitet von Julia Clemens, Hamburg 2002.

ECW 14 / Individuum und Kosmos in der Philosophie der Renaissance. Die platonische Renaissance in England und die Schule von Cambridge. Text und Anmerkungen bearbeitet von Friederike Plaga und Claus Rosenkranz, Hamburg 2002.

ECW 16 / Aufsätze und kleine Schriften 1922 – 1926. Text und Anmerkungen bearbeitet von Julia Clemens, Hamburg 2003.

ECW 17 / Aufsätze und kleine Schriften 1927 – 1931. Text und Anmerkungen bearbeitet von Tobias Berben, Hamburg 2004.

ECW 18 / Aufsätze und kleine Schriften 1932 – 1935. Text und Anmerkungen bearbeitet von Ralf Becker, Hamburg 2004.

ECW 23 / An Essay on Man. An Introduction to a Philosophy of Human Culture. Text und Anmerkungen bearbeitet von Maureen Lukay. Hamburg 2006.

WWS / Wesen und Wirkung des Symbolbegriffs, Darmstadt, 1956.

Ernst Cassirer, Texte aus dem Nachlass:

Disposition 1917 / Philosophie des Symbolischen (allg. Disposition) von 1917 Ernst Cassirers Papers, GEN MSS 98, Box 24, Folder 440 und 441.

Blatt 1 – 241 / Material und Vorarbeiten zur »Philosophie des Symbolischen « Ernst Cassirer Papers, GEN MSS 98.

Manuskript 1919 / Manuskript ohne Titel von 1919.

Ernst Cassirers Papers, GEN MSS, Box 25, Folder 476 bis 480.

馬丁・海德格

Gesamtausgabe, Ausgabe letzter Hand, 102 Bände, Vittorio Klostermann, Frankfurt a. M.

GA 1 / Frühe Schriften (1912 – 1916).

GA 2 / Sein und Zeit (1927), zuerst erschienen als Sonderdruck aus »Jahrbuch für Philosophie und phänomenologische Forschung«, Bd. VIII, hrsg. von

Edmund Husserl, hier zitiert nach: Sein und Zeit, 17. Auflage, Max Niemeyer Verlag, Tübingen, 1993.

GA 3 / Kant und das Problem der Metaphysik (1929), enthält u. a. auch »Davoser Disputation zwischen Ernst Cassirer und Martin Heidegger« (S. 274 – 296), hier zitiert nach: Kant und das Problem der Metaphysik, Klostermann Rote Reihe, Frankfurt a. M., 2010.

GA 19 / Platon, Sophistes, (WS 1924/1925).

GA 20 / Prolegomena zur Geschichte des Zeitbegriffs (SS 1925). SuZ / Sein und Zeit, Max Niemeyer Verlag, Tübingen, 1993.

GA 26 / Metaphysische Anfangsgründe der Logik im Ausgang von Leibniz (SS 1928).

GA 29/30 / Die Grundbegriffe der Metapyhsik: Welt – Endlichkeit – Einsamkeit (WS 1929/1930).

GA 56/57 / Zur Bestimmung der Philosophie; 1. Die Idee der Philosophie und das Weltanschauungsproblem (Kriegsnotsemester 1919); 2. Phänomenologie und tranzendentale Wertphilosophie (SS 1919); 3. Anhang: Über das Wesen der Universität und das akademische Studium.

GA 62 / Phänomenologische Interpretationen ausgewählter Abhandlungen des Aristoteles zur Ontologie und Logik (SS 1922); Anhang: Phänomenologische Interpretationen zu Aristoteles (Anzeige der hermeneutischen Situation).

GA 94 / Überlegungen II-VI (Schwarze Hefte 1931 – 1938).

路德維西・維根斯坦

Ludwig Wittgenstein, Werkausgabe (=WA), Suhrkamp, Frankfurt a. M.

WA Bd. 1 / Tractatus logico-philosophicus; Tagebücher 1914 – 1916; Philosophische Untersuchungen (=PU), Suhrkamp, Frankfurt a. M., 1984.

WA Bd. 2 / Philosophische Bemerkungen, aus dem Nachlass hrsg. von Rush Rhees, Frankfurt a. M., 1984.

WA Bd. 3 / Wittgenstein und der Wiener Kreis, Gespräche aufgezeichnet von Friedrich Waismann, Suhrkamp, Frankfurt a. M., 1984.

WA Bd. 4 / Philosophische Grammatik, Suhrkamp, Frankfurt a. M., 1984.

WA Bd. 5 / Das Blaue Buch, Eine philosophische Betrachtung (Das Braune Buch), Suhrkamp, Frankfurt a. M., 1984.

Wittgenstein, Ludwig, Vortrag über die Ethik und andere kleine Schriften, hrsg. von Joachim Schulte, Frankfurt a. M., 1989.

Wittgenstein, Ludwig, Wörterbuch für Volkschulen, öbv, Wien, 1977.

參考書目

Adorno, T. W. (1990), Über Walter Benjamin – Aufsätze, Artikel, Briefe, Frankfurt a. M.

Adorno, T. W. (1924), Die Transzendenz des Dinglichen und Noema tischen in Husserls Phänomenologie: Thema der Doktorarbeit, Frankfurt a. M.

Adorno, T. W. und Kracauer, S. (2008), Briefwechsel 1923 – 1966, Frankfurt a. M.

Apel, K.-O. (1973), Transformationen der Philosophie, Bd. 1 und II, Frankfurt a. M.

Arendt, H. (1971), Benjamin – Brecht – Zwei Essays, München.

Arendt, H. und Jaspers, K. (1985), Briefwechsel 1926 – 1969, hrsg. von Lotte Köhler / Hans Sauer, München.

Arendt, H. (1996), Ich will verstehen – Selbstauskünfte zu Leben und Werk, hrsg. von Ursula Ludz, München.

Arendt, H. und Heidegger, M. (1998), Briefe 1925 – 1975, hrsg. von Ursula Ludz, Frankfurt a. M.

Arendt, H. (2003), Der Liebesbegriff bei Augustinus, Berlin/Wien.

Bartley, W. W. (1983), Wittgenstein – ein Leben, München.

Baudelaire, Ch. (1966), Die Blumen des Bösen, Frankfurt a. M.

Bauschinger, S. (2015), Die Cassirers – Unternehmer, Kunsthändler, Philosophen – Biographie einer Familie, München.

Biemel, W. (1973), Martin Heidegger in Selbstzeugnissen und Bilddokumenten, Reinbeck.

Biemel, W. und Saner, H., (Hrsg.) (1990), Martin Heidegger / Karl Jaspers –

Briefwechsel 1920 – 1963, Frankfurt a. M.

Bloch, E. (1969), Geist der Utopie, Frankfurt a. M.

Blom, P. (2014), Die zerrissenen Jahre, 1918 – 1928, Stuttgart.

Blumenberg, H. (1979), Schiffbruch mit Zuschauer, Frankfurt a. M.

Blumenberg, H. (2006), Beschreibung des Menschen, Frankfurt a. M.

Bredekamp, H. und Wedepohl C. (2015), Warburg, Cassirer und Einstein im Gespräch, Berlin.

Breithaupt, F. (2008), Der Ich-Effekt des Geldes – Zur Geschichte einer Legitimationsfigur, Frankfurt a. M.

Brenner, H. (Hrsg.) (1971), Asja Lacis: Revolutionär im Beruf – Berichte über proletarisches Theater, über Meyerhold, Brecht, Benjamin und Piscator,

München.
Carnap, R. (1928), Scheinprobleme in der Philosophie, Berlin.
Carnap, R. (1934), Logische Syntax der Sprache, Wien.
Carnap, R. (1961), Der logische Aufbau der Welt, Hamburg.
Carnap, R. (1993), Mein Weg in die Philosophie, Stuttgart.
Cassirer, T. (2003), Mein Leben mit Ernst Cassirer, Hamburg.
Cavell, S. (2002a), Die Unheimlichkeit des Gewöhnlichen und andere philosophische Essays, Frankfurt a. M.
Cavell, S. (2002b), Die andere Stimme – Philosophie und Autobiographie, Berlin.
Cavell, S. (2006), Der Anspruch der Vernunft, Frankfurt a. M.
Clark, C. (2013), Die Schlafwandler – Wie Europa in den Ersten Weltkrieg zog, München.
Cohen, H. (1871), Kants Theorie der Erfahrung, Berlin.
Cohen, H. (1902), Logik der reinen Erkenntnis, Berlin.
Descartes, R. (1965), Meditationen – Mit sämtlichen Einwänden und Erwiderungen, Hamburg.
Dilthey, W. (1992), Der Aufbau der geschichtlichen Welt in den Geisteswissenschaften, in: Gesammelte Schriften, Bd. 7, Stuttgart und Göttingen.
Eiland, H. und Jennings, W. (2014), Walter Benjamin – A critical life, Cambridge (MA).
Eilenberger, W. (2006), Die Befreiung des Alltäglichen: Gemeinsame Motive in den Sprachphilosophien von Stanley Cavell und Michail Bachtin, in: Nach Feierabend, Züricher Jahrbuch für Wissenschaftsgeschichte 2, Zürich/Berlin.
Eilenberger, W. (2009), Das Werden des Menschen im Wort – Eine Studie zur Kulturphilosophie M. M. Bachtins, Zürich.
Eilenberger, W. (2017), Das Dämonische hat mich getroffen, in: Philosophie Magazin, 5/17, S. 48 – 51, Berlin.
Farias, V. (1989), Heidegger und der Nationalsozialismus, Frankfurt a. M.
Felsch, P. (2015), Der lange Sommer der Theorie – Geschichte einer Revolte (1960 – 1990), München.
Ferrari, M. (2003), Ernst Cassirer: Stationen einer philosophischen Biographie – Von der Marburger Schule zur Kulturphilosophie, Hamburg.
Figal, G. (2016), Heidegger zur Einführung, Hamburg.
Fitzgerald, M. (2000), Did Ludwig Wittgenstein have Asperger's Syndrome?, in:

European Child and Adolescent Psychiatry, Mar; 9(1): 61 – 65. Förster, E. (2012), Die 25 Jahre der Philosophie – Eine systematische Rekonstruktion, Frankfurt a. M.

Frede, D. (2002), Die Einheit des Seins – Heidegger in Davos – Kritische Überlegungen, in: Kaegi, D. und Rudolph, E. (Hrsg.), Cassirer – Heidegger – 70 Jahre Davoser Disputation, Hamburg.

Frege, G. (1962), Funktion, Begriff, Bedeutung, Göttingen.

Frege, G. (1966), Logische Untersuchungen, Göttingen.

Frege, G. (1989), Briefe an Ludwig Wittgenstein aus den Jahren 1914 – 1920,

hrsg. von Janik, A., in: Grazer Philosophische Studien, 33/34, S. 5 – 33.

Friedlander, E. (1995), Walter Benjamin – Ein philosophisches Porträt, München.

Friedman, M. (2004), Carnap, Heidegger, Cassirer – Geteilte Wege, Frankfurt a. M.

Fuld, W. (1981), Walter Benjamin zwischen den Stühlen, Frankfurt a. M.

Gabriel, M. (2015), Warum es die Welt nicht gibt, Berlin.

Gadamer, H.-G., Philosophische Lehrjahre – Eine Rückschau, Frankfurt a. M.

Gebauer, G., Goppelsröder, F. und Volbers, J. (Hrsg.) (2009), Wittgenstein –

Philosophie als »Arbeit an Einem selbst«, München.

Geier, M. (1999), Der Wiener Kreis, Reinbeck.

Geier, M. (2006), Martin Heidegger, Reinbeck.

Glock, H.-J. (2000), Wittgenstein-Lexikon, Darmstadt.

Gombrich, E. H. (1970), Aby Warburg – An Intellectual Biography, London.

Gordon, P. E. (2010), Continental Divide – Heidegger, Cassirer, Davos; Cambridge M. A.

Grunenberg, A. (2016), Hannah Arendt und Martin Heidegger – Geschichte einer Liebe, München.

Gumbrecht, H. U. (1993), Every day world and life world, New Literary History, 1993/4, S. 745 – 761.

Gumbrecht, H. U. (2001), 1926 – Ein Jahr am Rand der Zeit, Frankfurt a. M.

Habermas, J. (1987), Philosophisch-politische Profile, Frankfurt a. M.

Habermas, J. (1991), Erläuterungen zur Diskursethik, Frankfurt a. M.

Habermas, J. (1997), Die befreiende Kraft der symbolischen Formgebung –

Ernst Cassirers humanistisches Erbe und die Bibliothek Warburg, in:

Frede, D. und Schmücker, R., Ernst Cassirers Werk und Wirkung – Kultur und Philosophie, Darmstadt.

Habermas, J. (2012), Nachmetaphysisches Denken II – Aufsätze und Repliken,

Frankfurt a. M.
Hale, K. (1998), Friends & Apostles – The Correspondence of Rupert Brooke and James Strachey – 1905 – 1914, New Haven and London.
Hampe, M. (1996), Gesetz und Distanz: Studien über die Prinzipien der Gesetzmäßigkeiten in der theoretischen und praktischen Philosophie, Heidelberg.
Hampe, M. (2006), Erkenntnis und Praxis: Zur Philosophie des Pragmatismus, Frankfurt a. M.
Hampe, M. (2015), Die Lehren der Philosophie, Frankfurt a. M.
Haverkampf, H.-E. (2016), Benjamin in Frankfurt – Die zentralen Jahre 1922 – 1932, Frankfurt a. M.
Heidegger, G. (Hrsg.) (2005), Mein liebes Seelchen – Briefe Martin Heideggers an seine Frau Elfride 1915 – 1970, München.
Henrich, D. (2011), Werke im Werden – Über die Genesis philosophischer Einsichten, München.
Hertzberg, L. (1994), The Limits of Experience, Helsinki.
Hitler, A. (2016), Mein Kampf – Eine kritische Edition, München/Berlin.
Hobsbawm, E. (1995), The Age of Extremes – 1914 – 1991, London.
Horkheimer, M. und Adorno, T. W. (1991), Dialektik der Aufklärung, Frankfurt a. M.
Humboldt, W. v. (1995), Schriften zur Sprache, Stuttgart.
Husserl, E. (1966), Zur Phänomenologie des inneren Zeitbewußtseins (1893 – 1917), in: Boehm, R., Husserliana X, Den Haag.
Husserl, E. (1990), Die phänomenologische Methode – Ausgewählte Texte I, Stuttgart.
Husserl, E. (1992), Phänomenologie der Lebenswelt – Ausgewählte Texte II, Stuttgart.
Illies, F. (2012), 1913 – Der Sommer das Jahrhunderts, Frankfurt a. M.
Janik, A. und Toulmin, S. (1984), Wittgensteins Wien, München/Wien.
Jäger, L. (2017), Walter Benjamin – Das Leben eines Unvollendeten, Frankfurt a. M.
Jaspers, K. (1960), Psychologie der Weltanschauungen, Berlin/Göttingen/Heidelberg.
Jaspers, K. (1978), Philosophische Autobiographie, München.
Jaspers, K. (1989), Notizen zu Martin Heidegger, hrsg. von Hans Saner, München.
Jecht, D. (2003), Die Aporie Wilhelm von Humboldts – Sein Studien- und Sprachprojekt zwischen Empirie und Reflexion, Hildesheim.

Jonas, H. (1984), Das Prinzip Verantwortung, Frankfurt a. M.

Kaegi, D. (1995), Jenseits der symbolischen Formen: Zum Verhältnis von Anschauung und künstlicher Symbolik bei Ernst Cassirer, in: Dialektik, 1995, I, S. 73 – 84.

Kaegi, D. und Rudolph, E. (Hrsg.) (2002), Cassirer – Heidegger – 70 Jahre Davoser Disputation, Hamburg.

Kershaw, I. (2015), Höllensturz – Europa 1914 bis 1949, München.

Kessler, H. (1961), Tagebücher 1918 – 1937, Frankfurt.

Kipphoff, P. (1995), Das Labor des Seelenarchivars, in: Die Zeit, 17/1995, Hamburg.

Klages, L. (1972), Der Geist als Widersacher der Seele, Bonn.

Klagge, J. (2001), Wittgenstein: Biography and Philosophy, Cam bridge.

Koder, R. und Wittgenstein, L. (2000), Wittgenstein und die Musik, Innsbruck.

Kreis, G. (2010), Cassirer und die Formen des Geistes, Frankfurt a. M.

Krois, J. M. (1987), Cassirer: Symbolic Forms and History, New Haven.

Krois, J. M. (1995), Semiotische Transformation der Philosophie: Verkörperung und Pluralismus bei Cassirer und Peirce, Dialektik, 1995/1, Hamburg, S. 61 – 71.

Krois, J. M. (2002), Warum fand keine Davoser Disputation statt?, in: Kaegi, D. und Rudolph, E. (Hrsg.), Cassirer – Heidegger – 70 Jahre Davoser Disputation, Hamburg.

Lacis, A. (1976), Revolutionär im Beruf, München.

Langer, S. K. (1984), Philosophie auf neuem Wege, Frankfurt a. M.

Leitner, B. (1995), Die Architektur Ludwig Wittgensteins – Eine Dokumentation, Wien.

Lenin, W. I., (1967), Materialismus und Empiriokritizismus, Berlin.

Leo, P. (2013), Der Wille zum Wesen – Weltanschauungskultur, charakterologisches Denken und Judenfeindschaft in Deutschland – 1890 – 1940, Berlin.

Lewin, K. (1981), Der Übergang von der aristotelischen zur galileischen Denkweise in Biologie und Psychologie, in: Ders., Kurt-Lewin-Werkausgabe, Bd. 1, Wissenschaftstheorie, hrsg. von A. Métraux, Bern/Stuttgart, S. 233 – 271.

Lotter, M. S. (1996), Die metaphysische Kritik des Subjekts – Eine Untersuchung von Whiteheads universalisierter Sozialontologie, Hildesheim et al.

Löwith, K. (1960), Heidegger – Denker in dürftiger Zeit, Göttingen.

Löwith, K. (1986), Mein Leben in Deutschland vor und nach 1933, Stuttgart.

Lubrich, O. (2016), Benjamin in Bern, in: UniPress der Universität Bern, 167.
Lukács, G. (1970), Geschichte und Klassenbewußtsein – Studien über marxistische
Dialektik, Neuwied/Berlin.
Lukács, G. (1994), Die Theorie des Romans – Ein geschichtsphilosophischer Versuch über die großen Formen der Epik, Nördlingen.
Lyotard, J.-F., (1986), Das postmoderne Wissen – Ein Bericht, Graz/Wien.
Malcolm, N. (1987), Erinnerungen an Wittgenstein, Frankfurt a. M.
Marazia, C. und Stimilli, D. (Hrsg.) (2007), Ludwig Binswanger, Aby
Warburg – Unendliche Heilung – Aby Warburgs Krankengeschichte, Zürich.
Mayer, H. (1992), Der Zeitgenosse Walter Benjamin, Frankfurt a. M.
McGuinness, B. F. und von Wright, H. (Hrsg.) (1980), Luwdig Wittgenstein – Briefwechsel mit B. Russell, G. E. Moore, J. M. Keynes, F. P. Ramsey, W. Eccles, P. Engelmann und L. von Ficker, Frankfurt a. M.
McGuinness, B. F. (1988), Wittgensteins frühe Jahre, Frankfurt a. M.
Meyer, T. (2006), Ernst Cassirer, Hamburg.
Mittelmeier, M. (2013), Adorno in Neapel – Wie sich eine Sehnsuchtslandschaft in Philosophie verwandelt, München.
Monk, R. (1991), Ludwig Wittgenstein – The Duty of Genius, Vintage.
Monk, R. (1994), Wittgenstein – Das Handwerk des Genies, Stuttgart.
Moore, G. E. (1959), Philosophical Papers, London.
Müller-Dohm, S. (2003), Adorno, Frankfurt a. M.
Nedo, M. und Ranchetti M. (1983), Ludwig Wittgenstein – Sein Leben in Texten und Bildern, Frankfurt a. M.
Neiman, S. (1994), The Unity of Reason, New York.
Neske, G. (1977), Erinnerungen an Heidegger, Tübingen.
Neurath, O. (1981), Gesammelte philosophische und methodologische Schriften, Wien.
Tömmel, T. N. (2013), Wille und Passion – Der Liebesbegriff bei Heidegger und Arendt, Frankfurt a. M.
Ott, H. (1988), Martin Heidegger – Unterwegs zu seiner Biographie, Frankfurt a. M.
Paetzold, H. (1993), Ernst Cassirer, Hamburg.
Palmier, J.-M. (2009), Walter Benjamin – Lumpensammler, Engel und bucklicht
Männlein – Ästhetik und Politik bei Walter Benjamin, Frankfurt a. M.
Peirce, C. S. (1983), Phänomen und Logik der Zeichen, Frankfurt a. M.

Peirce, C. S. (1991), Schriften zum Pragmatismus und Pragmatizismus, Frankfurt a. M.

Peukert, D. J. K. (2014), Die Weimarer Republik – Krisenjahre der klassischen Moderne, Frankfurt a. M.

Pinsent, D. (1994), Reise mit Wittgenstein in den Norden – Tagebuchauszüge, Briefe, Wien/Bozen.

Platon (1991), Der Staat, München.

Pöggeler, O. (1983), Der Denkweg des Martin Heidegger, Pfullingen.

Poole, B. (1998), Bakhtin and Cassirer – The Philosophical Origins of Bakhtin's Carnival Messianism, in: The South Atlantic Quarterly, 97: 3/4, S. 537 – 578.

Puttnies, H. und Smith, G. (Hrsg.) (1991), Benjaminiana, Gießen.

Quine, W. v. O. (1980), Wort und Gegenstand, Stuttgart.

Rang, F. C. (2013), Deutsche Bauhütte – Ein Wort an uns Deutsche über mögliche Gerechtigkeit gegen Belgien und Frankreich und zur Phhilosophie der Politik, Leipzig 1924, Reprint, Göttingen.

Recki, B. (Hrsg.) (2012), Philosophie der Kultur – Kultur des Philosophierens – Ernst Cassirer im 20. und 21. Jahrhundert, Hamburg.

Rhees, R. (Hrsg.) (1987), Ludwig Wittgenstein – Porträts und Gespräche, Frankfurt a. M.

Rickert, H. (1922), Die Philosophie des Lebens – Darstellung und Kritik der philosophischen Moderströmungen unserer Zeit, Tübingen.

Rorty, R. (1989), Kontingenz, Ironie und Solidarität, Frankfurt a. M.

Rorty, R. (1992), Der Spiegel der Natur: Eine Kritik der Philosophie, Frankfurt a. M.

Rorty, R. (1993), Eine Kultur ohne Zentrum, Stuttgart.

Russell, B. (1903), The Principles of Mathematics, London.

Russell, B. (1973), Autobiographie II – 1914 – 1944, Frankfurt a. M., 1973.

Russell, B. (2017/orig. 1927), Warum ich kein Christ bin, Berlin.

Safranski, R. (2001), Ein Meister aus Deutschland – Heidegger und seine Zeit, Frankfurt a. M.

Sarnitz, A. (2011), Die Architektur Ludwig Wittgensteins – Rekonstruktion einer Idee, Wien.

Saussure de, F. (2001), Grundfragen der allgemeinen Sprachwissenschaft, Berlin et al.

Scheler, M. (1926), Wesen und Wirkung der Sympathie, Bonn.

Scheler, M. (1986), Ordo Amoris, in: Ders., Schriften aus dem Nachlass I, Zur

Ethik und Erkenntnislehre, hrsg. von Maria Scheler, Gesammelte Werke X, Bonn.

Schilpp, P. (Hrsg.) (1949), The Philosophy of Ernst Cassirer, La Salle.

Schilpp, P. (Hrsg.) (1963), The Philosophy of Rudolf Carnap, La Salle.

Scholem, G. (1975), Walter Benjamin – die Geschichte einer Freundschaft, Frankfurt a. M.

Scholem, G. (1994 – 1999), Briefe – 3 Bände, hrsg. von Schedletzky, I. und Sparr, T., München.

Schubbach, A. (2016), Die Genese des Symbolischen – Zu den Anfängen von Ernst Cassirers Kulturphilosophie, Hamburg.

Schulte, M. (Hrsg.) (1989), Paris war unsere Geliebte, München.

Schwemmer, O. (1997a), Ernst Cassirer – Ein Philosoph der europäischen Moderne, Berlin.

Schwemmer, O. (1997b), Die kulturelle Existenz des Menschen, Berlin.

Schwemmer, O. (2001), Zwischen Ereignis und Form, in: Kaegi, D. und Rudolph,

E. (Hrsg.) (2002), Cassirer – Heidegger – 70 Jahre Davoser Disputation, Cassirer-Forschungen, 9, Hamburg. S. 48 – 63.

Sigmund, K. (2015), Sie nannten sich der Wiener Kreis – Exaktes Denken am Rande des Untergangs, Wiesbaden.

Simmel, G. (1921), Goethe, Leipzig.

Simmel, G. (1995), Kant und Goethe, Georg-Simmel Gesamtausgabe, Vol. 10, Frankfurt a. M., S. 119 – 166.

Somavilla, I., Unterkirchner, A., Berger, C. P. (Hrsg.) (1994), Ludwig Hänsel – Ludwig Wittgenstein – Eine Freundschaft, Innsbruck.

Somavilla, I. (Hrsg.) (2006), Wittgenstein – Engelmann, Briefe, Begegnungen, Erinnerungen, Innsbruck/Wien.

Somavilla, I. (Hrsg.) (2012), Begegnungen mit Wittgenstein – Ludwig Hänsels Tagebücher 1918/1919 und 1921/1922, Innsbruck/Wien.

Später, J. (2016), Siegfried Kracauer – Eine Biographie, Frankfurt a. M.

Spengler, O. (1922), Der Untergang des Abendlandes – Umrisse einer Morphologie der Weltgeschichte, Zweiter Band, München.

Storck, J. W. (Hrsg.) (1990), Martin Heidegger / Elisabeth Blochmann – Briefwechsel 1918 – 1969, Marbach.

Taylor, C. (1999), Die Quellen des Selbst, Frankfurt a. M.

Thomä, D. (Hrsg.) (2005), Heidegger-Handbuch – Leben – Werk – Wirkung, Stuttgart.

Tömmel, T. N. (2013), Wille und Passion – Der Liebesbegriff bei Heidegger und Arendt, Frankfurt a. M.

Trabant, J. (1990), Traditionen Humboldts, Frankfurt a. M.

Tihanov, G. (2000), The Master and the Slave: Lukács, Bakhtin and the Ideas of Their Time, Oxford.

Vossenkuhl, W. (Hrsg.) (2001), Ludwig Wittgenstein: Tractatus logicophilosophicus – Klassiker auslegen, Berlin.

Vygotskij, L. S. (2002), Denken und Sprechen, Weinheim.

Warburg, A. M. (1995), Das Schlangenritual, Berlin.

Waugh, A. (2010), Das Haus Wittgenstein – Geschichte einer ungewöhnlichen Familie, Frankfurt a. M.

Watson, P. (2010), The German Genius – Europe's Third Renaissance, The Second Scientific Revolution and the Twentieth Century, London.

國家圖書館出版品預行編目資料

魔法師的年代：跟著維根斯坦、海德格、班雅明與卡西勒, 巡禮百花齊放的哲學黃金十年 / 沃弗朗．艾倫伯格（Wolfram Eilenberger）著；區立遠 譯. -- 初版. -- 臺北市：商周出版：家庭傳媒城邦分公司發行, 2020.10
面： 公分. --
譯自：Zeit der Zauberer
ISBN 978-986-477-919-2（平裝）
1. 西洋哲學史 2.哲學家
140.9 109013566

魔法師的年代：
跟著維根斯坦、海德格、班雅明與卡西勒，巡禮百花齊放的哲學黃金十年

原著書名 / Zeit der Zauberer
作者 / 沃弗朗．艾倫伯格（Wolfram Eilenberger）
譯者 / 區立遠
企劃選書 / 林宏濤
責任編輯 / 張詠翔

版權 / 黃淑敏、劉鎔慈
行銷業務 / 周丹蘋、黃崇華、周佑潔
總編輯 / 楊如玉
總經理 / 彭之琬
事業群總經理 / 黃淑貞
發行人 / 何飛鵬
法律顧問 / 元禾法律事務所 王子文律師
出版 / 商周出版
城邦文化事業股份有限公司
臺北市中山區民生東路二段141號9樓
電話：(02) 2500-7008 傳眞：(02) 2500-7759
E-mail：bwp.service@cite.com.tw
Blog：http://bwp25007008.pixnet.net/blog
發行 / 英屬蓋曼群島商家庭傳媒股份有限公司城邦分公司
臺北市中山區民生東路二段141號2樓
書虫客服服務專線：(02) 2500-7718．(02) 2500-7719
24小時傳眞服務：(02) 2500-1990．(02) 2500-1991
服務時間：週一至週五09:30-12:00．13:30-17:00
郵撥帳號：19863813 戶名：書虫股份有限公司
讀者服務信箱E-mail：service@readingclub.com.tw
歡迎光臨城邦讀書花園 網址：www.cite.com.tw
香港發行所 / 城邦（香港）出版集團有限公司
香港灣仔駱克道193號東超商業中心1樓
電話：(852) 2508-6231 傳眞：(852) 2578-9337
E-mail：hkcite@biznetvigator.com
馬新發行所 / 城邦(馬新)出版集團 Cité (M) Sdn. Bhd.
41, Jalan Radin Anum, Bandar Baru Sri Petaling,
57000 Kuala Lumpur, Malaysia
電話：(603) 9057-8822 傳眞：(603) 9057-6622
Email：cite@cite.com.my

封面設計 / 謝佳穎
排版 / 新鑫電腦排版工作室
印刷 / 韋懋實業有限公司
經銷商 / 聯合發行股份有限公司
電話：(02) 2917-8022 傳眞：(02) 2911-0053
地址：新北市231新店區寶橋路235巷6弄6號2樓

■2020年10月初版
■2022年 3 月23日初版2刷
定價 580 元

Printed in Taiwan
城邦讀書花園
www.cite.com.tw

ISBN 978-986-477-919-2

104台北市民生東路二段141號2樓

英屬蓋曼群島商家庭傳媒股份有限公司　城邦分公司

請沿虛線對摺，謝謝！

書號：BP6031	**書名**：魔法師的年代	**編碼**：

請於此處用膠水黏貼

讀者回函卡

不定期好禮相贈！
立即加入：商周出版
Facebook 粉絲團

感謝您購買我們出版的書籍！請費心填寫此回函卡，我們將不定期寄上城邦集團最新的出版訊息。

姓名：＿＿＿＿＿＿＿＿＿＿＿＿＿＿＿＿ 性別：☐男 ☐女

生日：西元＿＿＿＿＿＿年＿＿＿＿＿＿月＿＿＿＿＿＿日

地址：＿＿＿＿＿＿＿＿＿＿＿＿＿＿＿＿＿＿＿＿＿＿＿＿

聯絡電話：＿＿＿＿＿＿＿＿＿＿ 傳真：＿＿＿＿＿＿＿＿＿＿

E-mail：

學歷：☐ 1. 小學 ☐ 2. 國中 ☐ 3. 高中 ☐ 4. 大學 ☐ 5. 研究所以上

職業：☐ 1. 學生 ☐ 2. 軍公教 ☐ 3. 服務 ☐ 4. 金融 ☐ 5. 製造 ☐ 6. 資訊
☐ 7. 傳播 ☐ 8. 自由業 ☐ 9. 農漁牧 ☐ 10. 家管 ☐ 11. 退休
☐ 12. 其他＿＿＿＿＿＿＿＿＿＿＿＿＿＿＿＿

您從何種方式得知本書消息？

☐ 1. 書店 ☐ 2. 網路 ☐ 3. 報紙 ☐ 4. 雜誌 ☐ 5. 廣播 ☐ 6. 電視
☐ 7. 親友推薦 ☐ 8. 其他＿＿＿＿＿＿＿＿＿＿＿＿

您通常以何種方式購書？

☐ 1. 書店 ☐ 2. 網路 ☐ 3. 傳真訂購 ☐ 4. 郵局劃撥 ☐ 5. 其他＿＿＿＿

您喜歡閱讀那些類別的書籍？

☐ 1. 財經商業 ☐ 2. 自然科學 ☐ 3. 歷史 ☐ 4. 法律 ☐ 5. 文學
☐ 6. 休閒旅遊 ☐ 7. 小說 ☐ 8. 人物傳記 ☐ 9. 生活、勵志 ☐ 10. 其他

對我們的建議：＿＿＿＿＿＿＿＿＿＿＿＿＿＿＿＿＿＿＿＿＿＿
＿＿＿＿＿＿＿＿＿＿＿＿＿＿＿＿＿＿＿＿＿＿＿＿＿＿＿＿
＿＿＿＿＿＿＿＿＿＿＿＿＿＿＿＿＿＿＿＿＿＿＿＿＿＿＿＿

請於此處用膠水黏貼